中证中小投资者服务中心

CHINA SECURITIES
INVESTOR SERVICES CENTER

投资者

INVESTOR

第17辑
(2022年2月)

郭文英　主编

法律出版社
LAW PRESS · CHINA
北京

图书在版编目(CIP)数据

投资者. 第17辑 / 郭文英主编. -- 北京 : 法律出版社, 2022
ISBN 978-7-5197-7309-0

Ⅰ. ①投… Ⅱ. ①郭… Ⅲ. ①投资-研究-中国 ②投资-金融法-研究-中国 Ⅳ. ①F832.48 ②D922.280.4

中国版本图书馆CIP数据核字(2022)第220448号

投资者(第17辑)
TOUZIZHE (DI-17 JI)

郭文英 主编

策划编辑 陈 妮
责任编辑 陈 妮 黄 筝
装帧设计 李 瞻

出版发行 法律出版社
编辑统筹 法治与经济出版分社
责任校对 王 丰 郭艳萍
责任印制 吕亚莉
经 销 新华书店

开本 787毫米×1092毫米 1/16
印张 13.5 字数 256千
版本 2022年2月第1版
印次 2022年2月第1次印刷
印刷 天津嘉恒印务有限公司

地址:北京市丰台区莲花池西里7号(100073)
网址:www.lawpress.com.cn
投稿邮箱:info@lawpress.com.cn
举报盗版邮箱:jbwq@lawpress.com.cn

销售电话:010-83938349
客服电话:010-83938350
咨询电话:010-63939796

书号:ISBN 978-7-5197-7309-0
定价:70.00元

卷首语

2021 年中证中小投资者服务中心（以下简称投服中心）依托第四届中小投资者服务论坛开展了征文工作，围绕“提高上市公司质量，保障投资者合法权益”的论坛主题向社会各界征稿，并评选确定获奖作品。本辑分为 3 个栏目，共收录 14 篇文章，其中包含 11 篇获奖征文和 3 篇优秀投稿作品。

【政策解读】收录 1 篇文章

王蕊、辛烨的《〈证券法〉（2019 年修订）实施背景下上市公司董监高法律责任探讨》一文认为，由于 2019 年 12 月 28 日修订、2020 年 3 月 1 日起实施的《证券法》对董监高法律责任的加重，随之而来的是监管政策的收紧，监管部门对上市公司董监高开出的多张罚单，给上市公司董监高敲响了警钟。在此背景下，文章结合相关规定及近期监管部门的处罚案例对董监高如何正确履职、防范风险进行探讨。

【理论探究】收录 3 篇文章

傅福兴、朱力的《期货公司资产管理业务信用报告的规则构建——基于对期货业协会自律管理的研究》一文认为，当前我国期货公司资产管理业务发展迅速，但相应规范制度尚待完善。基于我国期货市场“五位一体”的监管体系，参考国际期货市场自律管理的模式，在我国，由期货业协会以自律规则的形式构建针对期货公司资产管理业务的信用报告制度是恰当且必要的。信用报告可在稳定性、发展性、专业性及合规性等四个维度对期货公司进行深入的评价，督促期货公司在开展资产管理业务的过程中积极履行信义义务，以期推动我国期货业市场的有序发展。

李正威、张银旗、唐剑萍的《基于 ESG 评级的投资策略研究》一文通过构建 ESG 评级体系，以主成分分析的方法对上市公司在环境、社会与公司治理以及综合 ESG 等方面进行评分，并构建相应的 ESG 因子投资策略。实证发现，环境因子能整体获得超额收益;而社会和公司治理因子只能在部分时间段获得超额收益,但在整体上不能获得超额收益。当E、S和G按照5∶1∶4加权成ESG指标时,策略能在有效降低最大回撤率的基础上,同时较稳定地获得超额收益,说明在进行ESG投资时,应更多地关注环境与公司治理。

樊梦燕的《控股股东的法律规制优化研究》一文认为,应当围绕控股股东的“权”与“责”构建完备的法律规制体系,一方面,重思公司共同决议制度,将控股股东能够单独形成决议明确为一项法定权利;另一方面,明确控股股东负有信义义务,在违反信义义务时承担相应的违信责任,从而促使控股股东充分发挥其在公司治理中应有的积极作用。

【市场实务】收录10篇文章

刘磊的《首例特别代表人诉讼康美药业案的几点思考》一文对2019年修订的《证券法》及配套规则等涉及特别代表人诉讼的制度进行了介绍,对首例特别代表人诉讼案件过程进行了完整的回顾,对案件各参与单位的工作成效进行了全面的总结,对案件过程中遇到的一些问题和法律空白点进行了深入的分析研讨,并提出完善特别代表人诉讼制度的相关意见建议。

薛恒的《论重整投资人遴选权的配置——基于全国企业破产重整案件信息网100份重整投资人招募公告的考察》一文认为,全国企业破产重整案件信息网发布的100份重整投资人招募公告显示,管理人作为招募主体具有唯一性,投资人选任模式及选任主体具备多元化特征。招募权的归属应当区分债务人是采“管理人管理”模式,还是采“债务人自行管理”模式。对于前者,招募权配置给管理人自无疑义;对于后者,则应当肯定债务人的招募主体地位。基于利益平衡原则,应将选任权配置给由债权人代表、职工代表、政府代表、债务人出资人、有关行业专家等组成的专门选任委员会。

陶钧的《提名委员会对我国上市公司治理的影响研究和建议——从董事提名角度》一文从董事提名角度入手,立足我国上市公司治理实践,结合我国现行法律法规和交易规则以及域外相关制度与董事提名的运作过程,分析了提名委员会对上市公司治理的影响,总结、权衡了我国上市公司提名委员会运作实践中的突出问题和其他学者的解决建议,并提出了针对提名委员会的重构思路。

张颖璐、常黎阳、王舒蒙的《证券虚假陈述责任纠纷的分类式审理路径探究》一文通过分析证券虚假陈述责任纠纷的案件特点,提出可将调解手段与示范判决机制和代表人诉讼机制相结合,建立该类案件的分类式审理路径。具体来说,通过召开庭前会议的方式,针对不同案情适用分类式审理程序,以及采取畅通投资者和中证中小投资者服务中心的沟通渠道、利用专业机构核定意见辅助调解、扩大调解协议的司法确认管辖法院、加强法院内部激励等方式作为证券虚假陈述责任案件多元化解纠纷机制的辅助措施展开探讨。

曹明哲的《论债券发行人破产对债券投资者损失认定的影响》一文认为,债券发行人进入破产程序将对债券投资者的损失认定产生影响,主要有四个方面:第一,债券发行人破产对债券违约诉讼中投资者的损失认定产生影响;第二,在民法典有关担保制度司法解释的影响下,债券发行人破产对投资者向担保人主张权利产生影响;第三,债券发行人在破产临界期内对债券投资者的本息兑付、追加担保可能会受到管理人行使破产撤销权的影响;第四,发行人重整还会对债券投资者的诉讼管辖产生影响。

苏美丽的《证券公司投资者保护之投诉纠纷源头治理》一文认为,投资者投诉纠纷处理工作重在"源头治理",证券经营机构应摒弃"接到一笔处理一笔"的传统思维,将被动工作转化为主动工作。在日常管理中强化投资者保护意识,深入开展适当性管理,切实保护投资者合法权益;通过投资者教育的开展和创新提升投资者理性投资、依法维权意识;重视投诉案例和监管案例的分析研究,通过案例分析查找自身薄弱环节和风险隐患,及时整改、提升服务。通过多角度深入开展"源头治理"工作,有效减少投资者投诉纠纷事件的发生。

张泽辰的《司法机关参与的投资者保护问题研究》一文认为,从证券市场投资者的立场出发,尽管证券违法者所受到的惩处越来越严厉,无论是行政罚款还是刑事罚金,数额都屡创新高,但利益真正受损的投资者并未因此有效地填补损失。文章建议从证券领域先行赔付制度、有奖举报制度两个方面入手,探索建立证券罚没款"分成"机制,并尝试开展检察机关公益诉讼的"等外"探索,以期更好地保护证券市场金融消费者的合法权益,进一步为上海国际金融中心建设提供优质的法治保障。

陆华强的《董事履职行为的法律约束与会计约束——以"商赢环球案"为切入》一文认为,我国公司法中董事的勤勉义务长期处于虚置状态,这主要体现在董事的勤勉义务停留于抽象化、概念化的行为标准,难以落实于公司经营的具体商业情景之中。"商赢环球案"表明,董事履职时倾向从法律显性指标判断商业交易的合理性,而忽视从隐性财务视角对商事计划之经济实质的观察。围绕董事履职行为,法律规则如果单独运作,难以对其构成有效约束。法律与会计两种技术性约束力量的同幅共振,将共促董事在履职与商业判断过程中的归位、尽责。

周永明、王玮、郭静的《践行新时代“枫桥经验” 坚持以人民为中心理念构建证券纠纷多元化解机制——以湖南辖区监管实践为例》一文认为,随着资本市场改革进程的进一步加快,证券期货纠纷呈现问题多类、人员多样、诉求多元的特点。党中央强调要“把非诉讼纠纷解决机制挺在前面”,这是提倡矛盾纠纷要从基层、从源头进行化解。争取将矛盾纠纷解决在前面,不仅体现出党和国家对国家治理体系的再调整、再布局,也为建设证券期货纠纷多元化解体系指明了方向。文章从湖南辖区近年来证券期货纠纷化解工作监管实践着手,分析其中存在的问题,总结取得的效果,并在此基础上提出构建监管牵头、多方参与、协同推进的证券期货纠纷多元化解模式。

贺文青的《证券纠纷多元化解机制研究》一文认为,近年来我国证券市场发展迅速,但随之而来的是证券纠纷数量剧增、投资者维权意识薄弱且维权方式偏激等问题层出不穷。在司法压力巨大的情况下,如何利用多元化解机制有效保护中小投资者的合法权益成为当前最紧急的任务。多元化解机制具有调解水平专业、受理范围广、有利于促进券商内部机制完善等特点,但我国多元纠纷化解机制尚不成熟,还存在立法供给薄弱、调解权威不足、调解力量弱势等问题。因此,应积极探索多元纠纷解决机制未来发展方向和实践改善,文章从整体设计和具体解决方式方面着手,结合证券纠纷普遍存在的问题,总结现有调解经验,对证券纠纷多元化解机制提出相关建议。

目　录

CONTENTS

I 政策解读

INVESTOR

《证券法》(2019 年修订)实施背景下上市公司董监高法律责任探讨

王　蕊* 　辛　烨**

摘　要:2019 年 12 月 28 日修订、2020 年 3 月 1 日起实施的《中华人民共和国证券法》不仅对证券的种类、证券发行注册制规则等方面进行了明确规定,出于保障投资者合法权益之目的,也进一步完善了上市公司控股股东、实际控制人和上市公司高管人员的法律责任种类和责任体系,总体上大幅提高了上市公司控股股东、实际控制人和董监高等高级管理人员的处罚力度,加重上市公司董事、监事及高级管理人员的责任。由于 2019 年《证券法》对董监高法律责任的加重,随之而来的是监管政策的收紧,监管部门对上市公司董监高开出的多张罚单,给上市公司董监高敲响了警钟。在此背景下,如何正确履职,防范风险已经是董监高们关心的重点,本文将结合相关规定及近期监管部门的处罚案例进行探讨。

关键词:董监高责任　信息披露　勤勉尽责　履职关注事项

一、《证券法》(2019 年修订)对董监高责任的影响

在《中华人民共和国证券法》(以下简称《证券法》)未明确董监高法律责任之前,董监高的法律责任主要源于《公司法》的有关规定,如《中华人民共和国公司法》(以下简称《公司法》)第 147 条第 1 款之规定:"董事、监事、高级管理人员应当遵守法律、行政法规和公司章程,对公司负有忠实义务和勤勉义务",奠定了整个董监高法律职责的基调。此外,《公司法》对该类主体的法律责任的内容主要规定有:不得利用关联

* 青岛大学法学院教师。

** 上海锦天城(青岛)律师事务所律师。

关系损害公司利益、接受股东质询、限期减持;董监高任职的禁止性行为,如挪用公司资金、将公司资金以其个人名义或者以其他个人名义开立账户存储、违反公司章程的规定,未经股东会、股东大会或者董事会同意,将公司资金借贷给他人或者以公司财产为他人提供担保、违反公司章程的规定或者未经股东会、股东大会同意,与本公司订立合同或者进行交易、未经股东会或者股东大会同意,利用职务便利为自己或者他人谋取属于公司的商业机会,自营或者为他人经营与所任职公司同类的业务、接受他人与公司交易的佣金归为己有、擅自披露公司秘密、违反对公司忠实义务的其他行为等。

而在《公司法》"法律责任"一章中未体现董监高这类主体的法律责任,仅规定由作为直接负责的主管人员承担责任或是对自身行为造成公司损害承担民事赔偿责任,其目的是出于对公司财产利益的保护,但对董监高履职并未发挥威慑作用。2019年《证券法》则是将董监高正式地划分为证券法律责任的承担主体,其立法的目的是维护证券市场秩序以及维护投资者的利益,围绕《公司法》中的忠实义务及勤勉义务,对董监高在证券法律领域提出了更高要求,其对于法律责任的内容及罚则细化的规定,具有更强的威慑力和可实施性。

《证券法》(2019 年修订)对董监高法律责任的影响如下:

(一)处罚力度加大

行政处罚力度加重主要体现在两个方面:一是行政处罚金额绝对值的门槛大幅提高。例如,发行人在其公告的证券发行文件中隐瞒重要事实或者编造重大虚假内容,即便尚未发行证券的,也处以 200 万元以上 2000 万元以下的罚款;已经发行证券的,处以非法所募资金金额 10% 以上 1 倍以下的罚款。对直接负责的主管人员和其他直接责任人员,处以 100 万元以上 1000 万元以下的罚款。[①] 二是行政处罚金额的区间加大,让证券行政主管机关的处罚权自由裁量空间大幅提升。针对上市公司控股股东、实际控制人、董事、监事、高管群体的行政罚款最高有 30 倍以上的涨幅,如《证券法》(2019 年修订)第 181 条对发行人在其公告的证券发行文件中隐瞒重要事实或者编造重大虚假内容,对直接负责的主管人员和其他直接责任人员,处以 100 万元以上 1000 万元以下的罚款。

(二)系统地增加、强化了追究董监高法律责任的方式

在民事责任上,《证券法》(2019 年修订)中的"投资者保护"专章极大地拓宽了

---

① 参见《证券法》(2019 年修订)第 181 条第 1 款的规定。

投资者维权的路径,通过明确和建立先行赔付制度、强制调解制度、支持起诉制度、代位诉讼制度、代表人诉讼制度、中国特色集体诉讼制度等,缓解投资者"求偿难"的问题。在行政责任上,《证券法》(2019年修订)赋予证券监督管理机构更加广泛的调查权限,如将可以查询的账户信息范围扩大到"其他具有支付、托管、结算等功能的账户信息",[①]有权力通知出境入境管理机关依法阻止涉嫌违法人员、涉嫌违法单位的主管人员和其他直接责任人员出境等。[②] 同时,《证券法》(2019年修订)还新增了"吹哨人"制度,鼓励对证券违法违规行为的举报,实名举报线索经查证属实的,给予举报人奖励。这些制度都将提高行政责任实现的可能性。

(三)信息披露义务的细化及扩大

《证券法》(2019年修订)大幅修订了信息披露的有关内容,显著增加了董监高的信息披露义务。此外,《证券法》2019年修订前在信息披露过程中未明确规定责任承担主体范围,导致信息披露的相关规定在实施层面收效甚微,2019年修订后的《证券法》,针对该现实问题,扩大了信息披露义务人的范围,同时也扩大了董监高信息披露义务的范围及责任,董监高在履行职责时需要注意以下几点:

1. 信息披露义务主体扩大。董监高的信息披露义务主体范围由原来的"上市公司董监高"扩大至"上市公司、符合条件的非上市公司包括公司债券上市交易的公司、股票在国务院批准的其他全国性证券交易场所交易的公司等的董监高"。[③]

2. 董监高的承诺需谨慎,信息披露内容范围扩大。从原来的对定期报告的披露,扩大至证券发行文件和定期报告、董监高的承诺信息。同时增加了不履行承诺给投资者造成损失的,应当依法承担赔偿责任的条款。此外,新增了当"公司的实际控制人及其控制的其他企业从事与公司相同或者相似业务的情况发生较大变化"[④]时,需要履行信息披露义务的要求。

3. 信息披露程序及方式的明确。《证券法》在2019年修订前对信息披露的程序并无规定,《证券法》(2019年修订)为了夯实董监高责任,对此作出了明确的程序性

① 《证券法》(2019年修订)第170条规定:"……(六)查询当事人和与被调查事件有关的单位和个人的资金账户、证券账户、银行账户以及其他具有支付、托管、结算等功能的账户信息……"

② 参见《证券法》(2019年修订)第170条的规定。

③ 《证券法》(2019年修订)第79条规定:"上市公司、公司债券上市交易的公司、股票在国务院批准的其他全国性证券交易场所交易的公司,应当按照国务院证券监督管理机构和证券交易场所规定的内容和格式编制定期报告,并按照以下规定报送和公告……"

④ 《证券法》(2019年修订)第80条规定:"……(八)持有公司百分之五以上股份的股东或者实际控制人持有股份或者控制公司的情况发生较大变化,公司的实际控制人及其控制的其他企业从事与公司相同或者相似业务的情况发生较大变化……"

规定:首先,监事应当签署书面确认意见,为了确保监事履责,同时落实监事对披露内容的责任;其次,董监高在无法保证信披内容的真实性、准确性、完整性或者有异议的情况下,应当在书面确认意见中发表意见并陈述理由,而发行人应当披露。发行人不予披露的,董监高可以直接申请披露。[①] 杜绝了董监高以"不知情、有异议"等理由不积极履行职责申辩、逃避处罚的情况。

4. 信息披露应当同时披露。《证券法》在 2019 年修订前为避免重要信息提前披露,提出了"在公告前不得泄露信披内容",《证券法》(2019 年修订)又明确提出了"信息应当同时向所有投资者披露"的"同时性"要求。

5. 可自主披露。作为信息披露义务人,董监高除了"证券发行文件、定期报告、董监高的承诺"等法定的信息披露内容外,2019 年修订的《证券法》赋予了自主披露的权利,即"信息披露义务人可以自愿披露与投资者作出价值判断和投资决策有关的信息"。[②] 当董监高对发行人信息披露内容有异议时,可以要求披露有关信息,可作为董监高是否履行职责的判断依据之一。

6. 发行人信息披露违规的过错推定责任。出于投资者保护目的,《证券法》(2019 年修订)实施后投资者无须对董监高是否存在过错承担举证责任,相关举证责任转移至信息披露义务人。

(四)扩大违法情形的认定范围规制短线交易

《证券法》(2019 年修订)对短线交易的处罚力度由警告及 3 万元以上 10 万元以下罚款提高至 10 万元以上 100 万元以下罚款,此外,还对短线交易的认定范围做了如下变化:

1. 证券类型范围的扩大。短线交易的范围由股票扩大至股票及其他具有股权性质的证券。

2. 适用主体范围的扩大。触发短线交易的范围由上市公司扩大至股票在国务院批准的其他全国性证券交易场所交易的公司。

3. 违法情形认定的对象范围扩大。将上市公司董监高的家属的短线交易行为,视同公司董监高的短线交易行为,同样适用于"上市公司、股票在国务院批准的其他全国性证券交易场所交易的公司持有百分之五以上股份的股东、董事、监事、高级管理人员,将其持有的该公司的股票或者其他具有股权性质的证券在买入后六个月内

---

① 参见《证券法》(2019 年修订)第 82 条第 4 款的规定。
② 参见《证券法》(2019 年修订)第 84 条第 1 款的规定。

卖出，或者在卖出后六个月内又买入，由此所得收益归公司所有”[①]的规定。其中，“家属”的范围包括“其持有百分之五以上股份的股东、董事、监事、高级管理人员的配偶、父母、子女持有的及利用他人账户持有的股票或者其他具有股权性质的证券”。[②]

（五）《证券法》（2019年修订）中落实限期减持制度

《证券法》（2019年修订）实施前，董监高限期减持的依据源于《公司法》以及《上市公司股东、董监高减持股份的若干规定》，《证券法》（2019年修订）对限期减持制度的以下内容予以明确：

1. 认可了交易所的业务规则以及《公司法》等其他法律、行政法规以及证监会关于限期减持的规定，即“遵守证券交易所的业务规则，不得违反法律、行政法规和国务院证券监督管理机构关于持有期限、卖出时间、卖出数量、卖出方式、信息披露等规定”[③]。

2. 明确限制转让主体。持股5%以上股东、实际控制人、董监高以及持有IPO前已发行股份或定增股份的股东。

3. 明确违法转让的情形，包括持有期限、卖出时间、卖出数量、卖出方式、信息披露等方面不符合法律法规、证监会及交易所相关规定。

4. 扩大约束范围，将“限期买卖”变更为“限期转让”。

综上，上市公司及董监高责任的变化，反映出目前资本市场公司治理的发展及变化。资本市场的活力及健康发展取决于投资者保护的力度及范围、公司治理的优化及监管的容忍度。《证券法》（2019年修订）关于董监高责任的强化，是从行政处罚的加强、民事赔偿责任的追究力度加大、刑事责任威慑出发，从法律后果方面给予重拳出击，对董监高形成强大的约束力。同时，从保护投资人利益出发，强化董监高履职的全面性、忠实性、勤勉尽责标准，进而推动上市公司治理的全面提升。

---

① 参见《证券法》（2019年修订）第44条第1款的规定。

② 参见《证券法》（2019年修订）第44条第2款的规定。

③ 《证券法》（2019年修订）第36条第2款规定：“上市公司持有百分之五以上股份的股东、实际控制人、董事、监事、高级管理人员，以及其他持有发行人首次公开发行前发行的股份或者上市公司向特定对象发行的股份的股东，转让其持有的本公司股份的，不得违反法律、行政法规和国务院证券监督管理机构关于持有期限、卖出时间、卖出数量、卖出方式、信息披露等规定，并应当遵守证券交易所的业务规则。”

二、董监高责任相关问题探讨

《证券法》(2019 年修订)第 2 条规定:“在中华人民共和国境内,股票、公司债券、存托凭证和国务院依法认定的其他证券的发行和交易,适用本法;本法未规定的,适用《中华人民共和国公司法》和其他法律、行政法规的规定。”将自身与其他法律规范形成了钩稽关系以作为法律适用的补充。《证券法》董监高法律责任的某些法律概念在实践中的适用,以及责任的认定有赖于其他法律规范的补充。本文结合实践对直接负责的主管人员和其他直接责任人员的认定等主要问题进行了探讨:

(一)董监高与直接负责的主管人员和其他直接责任人员的关系

基于上市公司实际经营管理人员的特殊地位,董监高因具体的违法行为而承担法律责任的“路径”是多样的。董监高既可能因为“董监高”的身份而承担责任,也可能作为直接负责的主要管理人员和其他直接责任人员而承担责任。不只有发行人或上市公司的董监高可能承担责任,作为控股股东、实际控制人的董监高也可能承担责任。尽管《证券法》(2019 年修订)中多次提到“直接负责的主管人员和其他直接责任人员”,但法律本身及相关的司法解释、问答中并没有对其的认定方式作出明确说明,根据相关法律规范性文件与案例,关于直接负责的主管人员和其他直接责任人员的认定可以从以下逻辑入手:

1. 有关文件的规定

“直接负责的主管人员和其他直接责任人员”早期是刑法单位犯罪罚则中的概念,是双罚制中“对单位判处罚金,并对单位直接负责的主管人员和其他直接责任人员判处刑罚”[①],或是单罚制中“只对直接责任人员进行处罚”的规定。但刑法中亦未对这个概念的范围作出明确规定。

2001 年 1 月 21 日,最高人民法院颁布《全国法院审理金融犯罪案件工作座谈会纪要》中关于单位犯罪问题的第 2 条,单位犯罪直接负责的主管人员和其他直接责任人员的认定:直接负责的主管人员,是在单位实施的犯罪中起决定、批准、授意、纵容、指挥等作用的人员,一般是单位的主管负责人,包括法定代表人。其他直接责任人员,是在单位犯罪中具体实施犯罪并起较大作用的人员,既可以是单位的经营管理人

① 参见《刑法》(2020 年修正)第 31 条的规定。

员,也可以是单位的职工,包括聘任、雇佣的人员。①

应当注意的是,在单位犯罪中,受单位领导指派或奉命而参与实施了一定犯罪行为的人员,一般不宜作为直接责任人员追究刑事责任。对单位犯罪中直接负责的主管人员和其他直接责任人员,应根据其在单位犯罪中的地位、作用和犯罪情节,分别处以相应的刑罚。

2019 年 2 月 20 日,最高人民法院、最高人民检察院、公安部、司法部、生态环境部《关于办理环境污染刑事案件有关问题座谈会纪要》第 1 条第 3 款规定,“单位犯罪中的‘直接负责的主管人员’,一般是指对单位犯罪起决定、批准、组织、策划、指挥、授意、纵容等作用的主管人员,包括单位实际控制人、主要负责人或者授权的分管负责人、高级管理人员等”。②

从上述规定座谈会纪要来看,直接负责的主管人员应当是对公司证券违法行为起决定性或支配性作用的人员,通常包括单位的法定代表人、主要负责人、实际控制人、高级管理人员等。

2.《证券法》(2019 年修订)实施背景下的案例

2021 年 3 月 11 日,中国证券监督管理委员会广东监管局作出广东证监处罚字〔2021〕5 号《行政处罚及市场禁入事先告知书》,成为《证券法》(2019 年修订)实施后的首张罚单。广东榕泰实业股份有限公司及 15 名人员均受到了广东证监局的处罚,涉嫌未在规定期限内披露 2019 年年度报告,相关报告未按规定披露关联关系、日常经营性关联交易,2019 年年度报告问询函回复、澄清公告存在虚假记载,2018 年年度报告及 2019 年年度报告未按规定披露日常经营性关联交易、虚增利润等事项,有关人员的承担的角色及法律责任情况不同(见表 1)。

---

① 参见《全国法院审理金融犯罪案件工作座谈会纪要》中关于单位犯罪问题的第 2 条,即“直接负责的主管人员,是在单位实施的犯罪中起决定、批准、授意、纵容、指挥等作用的人员,一般是单位的主管负责人,包括法定代表人。其他直接责任人员,是在单位犯罪中具体实施犯罪并起较大作用的人员,既可以是单位的经营管理人员,也可以是单位的职工,包括聘任、雇佣的人员。应当注意的是,在单位犯罪中,对于受单位领导指派或奉命而参与实施了一定犯罪行为的人员,一般不宜作为直接责任人员追究刑事责任。对单位犯罪中的直接负责的主管人员和其他直接责任人员,应根据其在单位犯罪中的地位、作用和犯罪情节,分别处以相应的刑罚,主管人员与直接责任人员,在个案中,不是当然的主、从犯关系,有的案件,主管人员与直接责任人员在实施犯罪行为的主从关系不明显的,可不分主、从犯。但具体案件可以分清主、从犯,且不分清主、从犯,在同一法定刑档次、幅度内量刑无法做到罪刑相适应的,应当分清主、从犯,依法处罚。”

② 参见最高人民法院、最高人民检察院、公安部、司法部、生态环境部《关于办理环境污染刑事案件有关问题座谈会纪要》第 1 条第 3 款的规定。

表 1　广东榕泰实业股份有限公司有关人员的情况认定

职务	履职情况	责任认定	法律责任
董事长兼总经理	未能及时组织编制完成 2019 年年度报告草案及提请董事会审议,知悉广东榕泰与中粤农资、和通塑胶、永佳农资、国华机电的关联关系并组织、决策上述关联交易事项,同时组织、决策、指使相关人员从事上述虚增利润事项;在其担任实际控制人后,组织、指使广东榕泰从事虚假披露 2019 年年度报告及问询函回复、澄清公告内容的行为	未按照规定报送年度报告的直接负责的主管人员、披露的信息有虚假记载的直接负责的主管人员	给予警告,并处以 330 万元罚款,其中对其作为广东榕泰未按照规定报送年度报告的直接负责的主管人员,给予警告,并处以 30 万元罚款;对其作为广东榕泰披露的信息有虚假记载的直接负责的主管人员,给予警告,并处以 200 万元罚款;对其作为广东榕泰披露的信息有虚假记载的实际控制人,处以 100 万元罚款
财务总监兼董事	未能及时编制 2019 年年度报告草案并提请董事会审议,知悉广东榕泰与中粤农资、和通塑胶、永佳农资的关联关系及关联交易事项但未按规定向董事会报告,同时知悉并直接参与上述虚增利润事项	广东榕泰未按照规定报送年度报告、披露信息有虚假记载的直接负责的主管人员	给予警告,并处以 160 万元罚款,其中对其作为广东榕泰未按照规定报送年度报告的直接负责的主管人员,给予警告,并处以 20 万元罚款;对其作为广东榕泰披露的信息有虚假记载的直接负责的主管人员,给予警告,并处以 140 万元罚款
董事会秘书	未能及时编制 2019 年年度报告草案并送达董事审阅	(已辞职)	给予警告,并处以 20 万元罚款
董事兼副总经理	知悉广东榕泰与中粤农资的关联关系但未按规定向董事会报告	2018 年年度报告未按规定披露关联关系、关联交易事项、2019 年年度报告及年度报告问询函回复、澄清公告存在虚假记载的其他直接责任人员	给予警告,并分别处以 75 万元罚款
职工监事	协助虚构销售回款的代付款协议,是虚构销售回款的虚增利润事项的参与者	2019 年年度报告及年度报告问询函回复、澄清公告存在虚假记载的其他直接责任人员	给予警告,并处以 80 万元罚款

续表

职务	履职情况	责任认定	法律责任
其他董事、独立董事、监事、职工监事	在审计机构对广东榕泰2019年财务报告出具带强调事项段的保留意见后，未能对审计意见提及的明显可疑事项予以特别关注或关注但未勤勉尽责，并签字保证广东榕泰2019年年度报告内容真实、准确、完整	2019年年度报告及年度报告问询函回复、澄清公告存在虚假记载其他直接责任人员	给予警告，并分别处以50万元罚款

结合上述广东榕泰实业股份有限公司有关人员的情况认定，在《证券法》（2019年修订）的实施背景下，上市公司信息披露违规案件中对直接负责的主管人员和其他直接责任人员的认定主要有如下特点：

（1）董监高均被认定为直接负责的主管人员和其他直接责任人员，但依据在案件中的不同角色，承担责任大小存在一定差异。

（2）是否对案件具有决策权，或对该违法行为发挥重要作用是认定直接负责的主管人的依据。而该等人员通常为法定代表人、实际控制人、董事长、总经理以及违规事项所涉部门负责人等。对财务违规行为来说，财务负责人通常与法定代表人共同被认定为直接负责的主管人员。

（3）判断采取实质重于形式的原则，仍需要结合行为人在客观行为上对违规行为是否起决定性作用来判断，对客观上参与决策的董高通常将会被认定为直接负责的主管人员，而不是简单地将法定代表人认定为直接负责的主管人员。

（4）是否参与、是否知情均为处罚衡量依据。其衡量处罚轻重的考虑因素为：主要决策人员 > 参与人员 > 知情人员 > 未勤勉尽责。

综上所述，关于判断董监高是否属于“直接负责的主管人员”，应当先确认行为人是否属于决策机构的成员，再确认是否客观上对违法违规行为起决定性作用，满足两个要件即成为“直接负责的主管人员”。

（二）关于信息披露义务触发的时点

根据《证券法》（2019年修订）“信息披露”一章第78条第1款的规定，发行人及法律、行政法规和国务院证券监督管理机构规定的其他信息披露义务人，应当及时、依法履行信息披露义务，并且新增了向所有投资者同时披露的规定。董监高作为信息披露义务人，应当遵守及时披露、同时披露的规定。

但《证券法》（2019年修订）并未对及时披露的时间点进行细化的规定，在《证券法》于2019年修订后,2021年5月1日《上市公司信息披露管理办法(2021年修订)》(以下简称《上市公司信息披露管理办法》)正式实施,结合《证券法》(2019年修订)以及信息披露监管经验,对信息披露规则进行了细化。

根据修订后的《上市公司信息披露管理办法》第24条之规定:"上市公司应当在最先发生的以下任一时点,及时履行重大事件的信息披露义务:(一)董事会或者监事会就该重大事件形成决议时;(二)有关各方就该重大事件签署意向书或者协议时;(三)董事、监事或者高级管理人员知悉该重大事件发生时。"

完善了上市公司重大事项披露时点,明确董事、监事或者高级管理人员在知悉该重大事件发生时,上市公司即触发披露义务。因此,董监高知情时,不仅触发了上市公司的披露义务,亦触发了其作为信息披露义务人的信息披露义务。

(三)关于上市公司董监高勤勉尽责义务的认定

根据《上市公司信息披露管理办法》第31条之规定,上市公司董事、监事、高级管理人员应当勤勉尽责,关注信息披露文件的编制情况,保证定期报告、临时报告在规定期限内披露。第51条第1款之规定,上市公司董事、监事、高级管理人员应当对公司信息披露的真实性、准确性、完整性、及时性、公平性负责,但有充分证据表明其已经履行勤勉尽责义务的除外。

根据上述规定,勤勉尽责明确地成为董监高免责的事由之一。而董监高履职是否达到勤勉尽责并没有明文的判断依据,故其成为监管部门自由裁量的事项之一。结合相关处罚案例,是否勤勉尽责的标准仍有迹可循。

1. 董监高是否勤勉尽责,应考虑其学识、能力、态度进行综合判断。监管实践中经常出现董监高以"无相关专业知识,依赖相关中介机构判断"等理由进行申辩,监管部门通常对该理由不予采纳。但在"寰岛股份信息披露案"中,行政处罚机构提出,董监高在履职过程中,应当基于本人的学识、能力,以忠实勤勉的态度,依照法律、法规和监管规则的要求,排除来自控股股东、实际控制人、公司内部人以及其他方面的不当影响与干扰,对有关事项作出负责任的独立判断,并清楚自己行为可能产生的法律后果。

2. 勤勉尽责主要还包括三个方面的内容:上市公司信息披露的真实、准确、完整、及时、有效,有赖于全体董事和有关高级管理人员勤勉尽责,实施必要的、有效的监督。这种监督,既包括督促上市公司依照法律、法规规定和监管部门要求建立并完善信息披露制度,也包括通过日常履职和检查督促公司切实执行有关规则,还包括能够及时发现公司在信息披露上存在的问题、及时督促公司改正，对拒不改正的要及时向监管部门举报。

三、《证券法》(2019 年修订) 实施背景下董监高履职注意事项

从《证券法》(2019 年修订) 到 2020 年以来的监管实践，都在证明着监管部门的态度，即《证券法》(2019 年修订) 的背景下，董监高不再是实际控制人、大股东的签字机器，而是需要切实地承担起公司合法合规经营的责任的主体。

在监管趋于严格且对加强董监高尽职履责要求的情况下，如何恪尽职守避免追责就成为上市公司董监高需要注意的事项。根据《证券法》(2019 年修订) 第 24 条第 1 款之规定，国务院证券监督管理机构或者国务院授权的部门对已作出的证券发行注册的决定，发现不符合法定条件或者法定程序，尚未发行证券的，应当予以撤销，停止发行；已经发行尚未上市的，撤销发行注册决定，发行人应当按照发行价并加算银行同期存款利息返还证券持有人；发行人的控股股东、实际控制人以及保荐人，应当与发行人承担连带责任，但是能够证明自己没有过错的除外。

如何证明自己没有过错就成了董监高申辩的重点。结合近期出现的案例，应当注意以下事项，以正确履职：

(一) 合理使用董监高异议声明制度，仅声明并不一定免除责任

为规避法律风险，越来越多的董监高开始使用异议声明制度。但在监管实践中，出现了许多董监高在审议定期报告、财务报告中签字表示同意，又在信息披露后发表对披露信息无法保证真实性的情况，监管部门对该等情况均进行了否定。

2021 年 5 月 1 日实施的《上市公司信息披露管理办法》结合监管实践对异议声明制度作了更明确的要求，并制定了明确的罚则。根据《上市公司信息披露管理办法》第 58 条之规定："上市公司董事、监事在董事会或者监事会审议、审核定期报告时投赞成票，又在定期报告披露时表示无法保证定期报告内容的真实性、准确性、完整性或者有异议的，中国证监会可以对相关人员给予警告并处国务院规定限额以下罚款；情节严重的，可以对有关责任人员采取证券市场禁入的措施。"

因此，董监高保证信息披露内容真实性、准确性、完整性的责任并不因声明而当然免除，董监高在信息披露文件时应当勤勉尽责，若存在异议，应当在董事会或者监

事会审议、审核定期报告时投反对票或者弃权票。①

(二)对履职信息进行留痕

《证券法》(2019年修订)实施后,基于投资者保护目的,将归责原则由过错原则变更为过错推定原则,即由董监高对自己不存在过错承担举证责任。因此在日常履职时,保留沟通交流的邮件、聊天记录以及签署的书面文件或发表的意见等,有助于证实已履行勤勉尽责义务,或证明一贯履职记录良好,从而免于承担责任。

(三)遵守对外作出的董监高承诺事项

近年来,上市公司大股东、董监高作出公开承诺未履行的情况时有发生,尤其是业绩补偿承诺与股份增持承诺等。而《证券法》(2019年修订)第84条第2款明确规定:"发行人及其控股股东、实际控制人、董事、监事、高级管理人员等作出公开承诺的,应当披露。不履行承诺给投资者造成损失的,应当依法承担赔偿责任。"落实了董监高承诺事项的法律效力。而因情势变更导致出现违反董监高承诺的事项时,则应当提前履行变更承诺的程序,取得多数股东同意。

(四)对专业机构意见不能盲目信任,应当具有独立判断。

上市公司董监高同外部中介机构并不能互相取代,而是相辅相成、互相促进的双重保障。虽然上市公司董监高在审议定期报告时,可以依据中介机构的结论进行判断,但是在信息披露违法情形发生时,不能以审计机构未发现、未指出为由而免除责任。

(五)积极配合监管调查

信息披露义务人及其董事、监事、高级管理人员,证券公司和证券服务机构应当及时作出回复,并配合中国证监会的检查、调查。② 仅2021年上半年,因拒不配合监管调查、删除信息等行为依据《证券法》(2019年修订)受到中国证监会处罚的案件就发生了两起。不配合监管调查已成为被处罚的独立事项,在监管机关对上市公司或个人进行调查时,应当积极配合,切忌阻碍监管机关开展工作。

---

① 《上市公司信息披露管理办法》第16条第4款规定:"董事、监事无法保证定期报告内容的真实性、准确性、完整性或者有异议的,应当在董事会或者监事会审议、审核定期报告时投反对票或者弃权票。"

② 《上市公司信息披露管理办法》第50条第3款规定:"信息披露义务人及其董事、监事、高级管理人员,证券公司和证券服务机构应当及时作出回复,并配合中国证监会的检查、调查。"

四、结　　语

《证券法》(2019 年修订)实施背景下对董监高法律责任的加重,以及《上市公司信息披露管理条例》的修订,中国证监会加大对董监高证券违法违规行为的查处力度掀起的一波董监高“问责潮”均给上市公司董监高敲响了警钟。董监高不再是提线木偶,而是要切实承担上市公司内部质检员的角色。

而规避职业风险,落实《证券法》(2019 年修订)及实施后出台的系列规定,明确权利义务边界是重要的一环,在提高履职能力、避免被监管处罚的同时,更重要的是真正地维护资本市场秩序、保护中小投资者利益,满足法律对董监高履职的要求。

I 理论探究

INVESTOR

期货公司资产管理业务信用报告的规则构建*

——基于对期货业协会自律管理的研究

傅福兴** 朱 力***

摘 要:当前我国期货公司资产管理业务发展迅速,但相应的规范制度尚待完善。基于我国期货市场"五位一体"的监管体系,参考国际期货市场自律管理的模式,在我国,由期货业协会以自律规则的形式构建针对期货公司资产管理业务的信用报告制度是恰当且必要的。信用报告可在稳定性、发展性、专业性及合规性等四个维度对期货公司进行深入的评价,督促期货公司在开展资产管理业务的过程中积极履行信义义务,以期推动我国期货业市场的有序发展。

关键词:期货公司 资产管理业务 期货业协会 自律规则 信用报告

近年来,随着"资管新规"①的施行,期货公司资产管理业务在去通道的过程中取得了新发展,主动管理能力不断提高,规模增长迅速。2020 年年度期货公司资产管理业务累计收入同比增长 16.05%,资管产品规模同比增长 52.57%。② 资产管理业务作为期货公司最重要的创新业务之一,也是发挥期货及衍生品市场在大类资产配置中工具特性的重要方面。然而,我国尚未建立完善的规则体系用以监管期货公司的资产管理业务。

2021 年 7 月 6 日,中共中央办公厅、国务院办公厅在《关于依法从严打击证券违

---

* 本文仅为作者个人观点,不代表所在单位立场与观点,且不作为针对任何案件或问题的意见或建议。

** 现供职于华泰期货有限公司金融产品部。

*** 现供职于深圳证券交易所巡回审理协作部。

① 中国人民银行、中国银行保险监督管理委员会、中国证券监督管理委员会、国家外汇管理局《关于规范金融机构资产管理业务的指导意见》(银发〔2018〕106 号)。

② 参见中国期货业协会:《2020 年度中国期货市场发展综述》,载中国期货业协会网 2021 年 2 月 10 日,http://www.cfachina.org/aboutassociation/associationannouncement/202102/t20210210_15426.html。

法活动的意见》中明确提出,加强资本市场信用体系建设,建立健全全国统一的资本市场诚信档案,全面记录资本市场参与主体诚信信息,形成各方共建共治共享的资本市场诚信建设格局。信用是金融市场的基石,也是期货公司资产管理业务发展的关键所在。唯有完善金融信用评估体系,才能形成完整的金融链条。目前,我国期货公司资产管理业务信用缺失的现象依旧普遍,建立有效的信用评估机制具有紧迫性和必要性。

我国期货市场监管构建了以中国证监会为核心,辅以派出机构、期货交易所、监控中心和期货业协会"五位一体"的工作机制,但在其中作为重要自律组织的期货业协会尚未有效地发挥管理职能,自律监管存在缺位。[①] 在期货公司资产管理业务的规范中,主要以中国证监会监管规则为主,而期货业协会的自律规则也多是对中国证监会规则的重述,未能体现出自律规则的特点。

在我国社会信用体系建设的专项规划下,中国期货业协会理应充分发挥自律组织的作用,构建期货行业资产管理业务信用积累的报告制度。信用报告制度的建立将有助于促进公司内部合规和外部行业自律形成合力,既能有效降低投资者获取信息的难度,又可督促期货公司积极履行信义义务。

一、信用报告规则的意义

(一)自律规则的必要性

由于我国期货业协会发展时间较短,自律规则体系的建设仍在不断完善的过程中。既往的监管经验证明,政府监管权力的行使与期货业协会自律功能的发挥,可以并行不悖,相互补充。进言之,协会对其会员的自律管理是政府监管无法替代的。[②] 据此,我国可以构建具有中国特色的协会自律管理制度,以更充分发挥我国自律协会的优势。在实践中,政府层面往往会倾向处罚式的监管,其目标在于维持监管底线。而究监管之本质,其工作应是着力于服务式监管,最终目的在于推动期货市场正向有序发展。近30年来,我国政府监管的规范体系已逐步完善,其保障期货市场稳定的监管底线目标也基本实现。在此情形下,推动市场发展的"正向监管"应当成为今后的重点建设目标,而期货业协会将是最适宜承担此项职责的组织。

① 参见谢甜甜:《期货公司合规法律制度研究》,对外经济贸易大学2015年博士学位论文,第151页。

② 参见杨宏芹、胡茂刚:《中国期货市场的三级监管制度》,载《中国金融》2005年第6期。

从法理依据来看,可将期货业协会归属于经济法主体中的社会团体,期货公司等会员以章程的契约形式制定共同规则,让渡部分自由权力于协会,以接受自律组织的管理。协会作为期货行业内组织化利益的代表,既能在相当程度上弥补政府在行业监管中的缺失部分,又能有效避免行政管理灵活度不足的问题。在公法层面,协会经国家公权力机关的授权和批准而设立,故享有部分公共管理的权限。在现实依据方面,《中国期货业协会章程》中约定,协会有职责制定和实施行业自律规则,监督、检查会员的行为,对违反自律规则的会员给予纪律处分。① 因此,更宜将期货公司资产管理业务信用报告规则界定为期货业协会的自律规则,而非政府监管规范。这一性质的界定,无论是在程序还是实体上,都更符合高效、灵活推动期货业资产管理业务发展的目标。

(二)信用报告的作用

期货公司的资产管理业务本质上仍是私募基金,因此也应当遵循《中华人民共和国证券投资基金法》所规定的信义义务。信义义务是资产管理行业的基石,而如何切实推动期货公司恪守信义义务则是规范的关键所在。构建信用报告的制度或许会是切实可行的方案。

在我国信用体系发展的实践中,早已尝试在企业信用体系建设中使用"信用报告"这一形式。在我国企业信用管理中,中国人民银行征信中心提出"企业信用报告",用以全面记录企业各类经济活动,将其作为企业的"经济身份证"。② 因此,在信用报告的模式中,我国期货业协会可将最大化投资者利益作为资产管理业务开展的先决条件,按照一定的量化指标构建评价机制,定期对期货公司资产管理业务进行评价记录并形成"资产管理业务信用报告",从而推动行业以信用"立身"。

(三)信用报告的应用

在信用报告的使用方面,需明确其必须符合私募资产管理业务宣传推介相关法律法规的限制性规定。期货公司可根据自身经营需要,将信用报告提供给相应合作机构,但该报告不能等同于尽职调查报告,也不得用以豁免任何尽职调查的相关义务和责任。信用报告不构成对期货公司投资管理能力、未来持续合规经营情况的认可,不作为委托资产安全的保证。

---

① 参见中国期货业协会:《中国期货业协会章程》,载中国期货业协会网 2018 年 9 月 15 日,http://www.cfachina.org/aboutassociation/associationintroduction/associationconstitution。

② 参见中国人民银行:《企业信用报告介绍》,载中国人民银行征信中心网 2014 年 1 月 14 日,http://www.pbccrc.org.cn/zxzx/qyzx/201401/9a0174cc87ca4176ac9f8db05789a3ac.shtml。

在报告数据方面,应当要求期货公司按照相关规则,真实、准确、完整报送公司治理、业务发展、投资管理、内部控制及合规风险管理方面的数据信息,并由其填报至协会资产管理业务平台。对于报送信息和资料有虚假记载等情况的期货公司,以及直接或间接地公开发布信用报告的期货公司,协会则可明确在一定期限内不提供该期货公司的信用报告,同时对该公司及其主要负责人采取自律措施。

二、信用报告的规制方向

虽然基金业协会已在私募证券投资基金领域使用管理人信用信息报告,但期货公司资产管理业务因其所处的行业和公司内部架构的设置均具有相当的特殊性,所以基金业协会不能完全等同于一般意义上的基金管理人。在实践中,特定指向私募证券基金管理人的信息信用报告规则也无法全面覆盖期货公司的资产管理业务的发展模式。在信用报告规制方向的解析中,无论是从期货行业的特殊性,还是期货业协会作为自律组织的重要性出发,针对期货公司资产管理业务建立信用报告制度都具有相当的必要性,且其与基金管理人信用报告并非职能重复。

(一)聚焦期货行业的特殊性

期货公司自 2012 年开展资产管理业务以来,基本保持了稳步发展,合规程度逐步提高。目前,期货公司资产管理计划主要以集合类、主动管理类和固定收益类产品为主,投向主要以标准化债权资产和其他私募资管产品为主。期货公司是期货市场的重要参与者和中介机构,期货公司资产管理计划参与期货及衍生品市场的比重也在逐年增加,行业特色逐步凸显。信用报告有利于正向引导行业专注于期货及衍生品市场探索,发挥期货市场在大类资产配置中的作用,形成差异化竞争优势,促进行业良性竞争。在投资者适当性方面,期货市场是高度专业化的金融市场,对投资者适当性的要求理应更严格。信用报告可以引导期货公司严格履行信义义务,遵守适当性要求,充分进行信息披露,并以客户最佳利益为原则执行交易、管理产品。

在现实层面,信用报告的目的在于促进期货公司提升经营管理的稳定性、业务长效发展性、投资运作的专业性和业务开展的合规性。资产管理业务作为期货公司“一体两翼”多元化发展业务模式之一,主动管理能力日益增强,产品规模稳步扩大。期货公司资产管理业务应当将财富管理与风险对冲作为业务发展的核心驱动力,体现期货及衍生品投资优势的基础,持续提升多资产、多策略的投资管理能力。信用报告有利于期货公司不断提升自身经营管理的稳定度，引导业务长效发展，驱使机构着重专业性和合规性的培养，提升期货公司资产管理业务的内在竞争力。

同时，信用报告可为未来期货公司试点开展资产管理业务相关的其他业务或者扩大业务范围等提供参考依据，也可为中国证监会及其派出机构、政府机关等相关部门开展工作提供参考。虽然既有的期货公司分类监管在引导期货公司专注主业、合规经营、稳健发展、做优做强、提升服务能力和竞争力方面发挥了重要作用，但分类监管体现的是期货公司的整体情况，不能完全体现资产管理业务的开展情况，不利于监管机构对资产管理业务作出客观评价。此外，分类评价是针对前一年度的情况进行的测评，在时效上有着不可避免的滞后性。相较而言，信用报告以资产管理业务开展情况的基本数据为基础，可以客观及时地反映业务的发展情况。

（二）完善自律组织的规范体系

美国商业市场中以邓白氏公司提供的信用报告为主流，且政府注重引导市场对信用产品的需求，利用法律规定等方式促使交易者参加信用评级。[①] 可以发现，美国的信用管理体系的关键环节在于市场化信用服务企业的产品，其信用服务机构均为私人公司，与交易所、金融机构和政府无直接关联。虽然这种模式体现了相当的效率性和中立性，但其独立性和公正性实际上不能得到有效的保证，存在较明显的缺陷。

在我国监管体系下，制度除了实现规范职能外，还需要重点考虑对期货市场的创新与培育。在我国期货市场的投资者中，机构投资者相对较少，投资者教育水平仍有较大提升空间。综合考虑国际信用管理体系的缺陷，交由市场化的信用服务公司提供信用报告的做法显然是不妥当的。因而，在我国期货资产管理业务中建立信用报告制度，无论从法理或实践层面，选择由期货业协会这一自律组织主导将更加恰当。

从期货业监管管理体系上看，新加坡等国家均倾向采用政府监管与自律监管结合的二元模式。[②] 这类二元分层的监管有利于在不同层次分别采用市场手段和行政手段对期货市场进行综合监管，其中期货业协会的自律监管方式能够更好地保障监管的灵活程度。在当前的监管趋势下，自律监管是政府监管的有益补充，监管体制应根据市场规模和复杂程度，适当发挥自律组织对各自领域进行直接监管的

---

① 参见高雷、曹永锋：《我国金融信用缺失与金融评估体系建设》，载《中国流通经济》2006 年第 5 期。

② 参见张建刚：《期货市场自律监管体系比较与借鉴》，载《武汉理工大学学报（社会科学版）》2005 年第 5 期。

职责。[①]

自律组织体系也并非千篇一律,依据国情构建适宜自身发展自律监管体系尤为重要。如美国期货业的自律协会组织有全国期货协会(National Futures Association, NFA)和期货业协会(Futures Industry Association,FIA),其分属的职能略有差异。在 NFA 之上,同时设立有商品期货交易委员会(U. S Commodity Futures Trading Commission,CFTC),其作为美国期货市场的最高监督和管理机构,对全国期货市场实行全面监管,负责识别可能的市场操纵、大户报告制度及投机持仓限制等重大事项的处置。[②] 美国《商品交易法》(Commodity Exchange Act,CEA)为 NFA 的管理提供了法律保障,其中明确规定,期货、外汇市场给客户提供交易服务的个人与机构必须在美国商品期货交易委员会注册成为 NFA 成员从业人员,并加入全国期货业协会这一法定的自律组织。[③] NFA 的主要任务是从机构会员单位获得财务报告并加以分析,以制定针对会员的最低财务审查标准,并以此为依据对其进行审计。此外,NFA 还承担对会员的纪律处罚、会员之间的纠纷的仲裁和会员资格审查等自律监管职能。[④] 而 FIA 源于 1955 年的商品交易公司协会,其主要负责行业发展等问题。

相比而言,日本期货行业自律性组织具有民间性的特点,且其交易所自律组织与经纪商自律组织分离,包括日本商品期货交易协会(Commodity Futures Association of Japan,CFAJ)等多个自律组织。[⑤] 日本期货业自律监管的机构过于繁杂,可能会造成效率与监管资源的浪费,与我国目前的自律管理方向并不相符。

(三)积极发挥我国期货业协会的监管作用

目前我国期货业协会可对期货公司进行评级,但并未审计其会员的财务状况,且不同于对证券公司公示年度财务报表的要求,期货公司的经营状况并未公开。事实上,我国期货业协会的自律管理往往滞于形式上的表格数据报送,并不对会员实际的资本情况和经营状况作出反馈,所以预防和阻止会员单位潜在违规行为的作用也无法实现。

期货行业协会自律组织的优点在于其规则的高效性、灵活性、效益性以及自律参

---

① 参见戴建国等:《证券监管的目标和原则》,载《证券市场导报》2006 年第 7 期。

② 参见上海期货交易所《美国期货市场监管研究》课题组编著:《美国期货市场监管研究》,中国金融出版社 2014 年版,第 3 页。

③ 参见[美]《美国商品交易法》,中国证券监督管理委员会编译,法律出版社 2013 年版,第 51 页。

④ 参见叶萍、陈世伟:《美中两国期货市场监管体制比较——兼论金融危机背景下中国期货市场监管体制改革方向》,载《浙江学刊》2009 年第 5 期。

⑤ 参见周欣:《日本期货市场监管体系研究》,载《现代日本经济》2009 年第 2 期。

与者的专业性,且其在管理时可以施加道德标准。① 目前,政府机构承担了我国期货业监管的大部分职能,期货业协会组织和管理性质的优势尚未得到充分发挥。在我国监管实践中,一方面,政府监管负担过重,难以面面俱到;另一方面,自律监管机制缺位,市场信息资源未能有效提供。

综合来看,期货市场监管要求遵循政府监管与行业自律监管并重的原则。② 因此,我国期货业协会仍有发展较大的发展空间。进一步完善我国期货市场监管体系的关键在于实现自律组织和政府监管的平衡,其最终目标在于推动市场和行业发展。由中国期货业协会统一规范期货公司及其从业人员行为,明确开展资产管理业务时履行信义义务的侧重点,强化对期货公司内部风险控制的培训,将有助于进一步完善期货行业自律监管体系的建设。

三、信用报告的指标构建

根据期货行业的特点和既有规则的要求,期货公司资产管理业务信用报告的数据基础应当为期货公司合法合规情况及其向协会报送的登记备案、业务运作、信息披露及从业人员信息等客观、动态的事实。由此,可以从公司治理及稳定度、业务发展性、投资运作专业性、内控合规性等四个维度持续记录资产管理业务综合管理情况。

(一)公司治理及稳定度

在公司治理及稳定度方面,主要考虑的指标应当包括期货公司控股股东变更次数、分管资产管理业务的相关管理人员发生变更次数、展业年限和风险覆盖率(见表1)。

表1　期货公司稳定性指标

序号	指标	具体情况
1	股东变更情况	近一年期货公司控股股东、实际控制人发生变更的总次数。 以资管子公司开展业务的,以其期货公司的控股股东、实际控制人变化情况为评价指标

① 参见陈凤琴:《期货行业协会法律规制研究》,载《商业研究》2003年第8期。

② 参见钟芸:《美国期货交易所自律监管问题研究》,载《中国证券期货》2019年第4期。

续表

序号	指标	具体情况
2	人员变更情况	针对高级管理人员,是指近一年期货公司分管资产管理业务的高级管理人员、首席风险官发生变更的总次数。 以资管子公司开展业务的,以期货公司分管相关业务的高级管理人员、合规负责人变更总次数为评价指标
		针对中层管理,是指近一年期货公司资产管理业务部门负责人发生变更的总次数。 以资管子公司开展业务的,以资管子公司的公司主要负责人变更情况为评价指标
		针对执行人员,是指近一年期货公司资产管理业务部门(资管子公司)投资经理离岗的总次数/期末投资经理总数的比例
3	风险覆盖率	期末期货公司净资本与风险资本准备总额的比例。 以资管子公司开展业务的,以其对应期货公司的风险覆盖率为评价指标
4	展业年限	指期货公司管理的首个已备案的资产管理计划的成立日期至期末的期限,单位为年。 其中,展业初始日期不因产品清盘、变更等原因而发生变化;展业主体发生变化的,应以最早发行资产管理计划的日期为准

1. 人员变更情况

在人员变动方面,既有的基金规则①将“期内基金从业人员的离职率”作为稳定性的一项评价指标,并不能达到准确衡量期货公司资产管理业务的目的。在实践中,存在部分公司为在形式上满足监管要求,而将通过基金从业资格考试的行政、人事等非资产管理业务部门的员工登记为基金从业人员的情况。就实际稳定性的层面而言,这类人员的离职对资产管理业务的稳定性不会产生过多的影响。故而,有必要根据实际情况对人员变动范围作出明确界定。

首先,期货公司是符合公司法规定的法人主体,可按照其管理层级和岗位分工归类出具体的人员。在高级管理人员方面,显然应重点考虑分管资产管理业务的高级管理人员。此外,我国《期货公司监督管理办法》规定,期货公司应当设首席风险官并

① 参见中国证券投资基金业协会:《私募证券投资基金管理人会员信用信息报告工作规则(试行)》2018 年 1 月 12 日。

履行一系列职责。[①] 在一定程度上,首席风险官相当于辖区证监局和期货公司共同指定的人员。因此,首席风险官的变动有必要纳入其中评价。

其次,中层管理者也应纳入指标计算。基于内部控制框架(The Committee of Sponsoring Organizations of the Treadway Commission,COSO)和我国《企业内部控制基本规范》,中层管理者需要在内部控制中发挥示范作用。中层管理者在企业内部控制实施中占据关键地位,其风险识别能力及采取应对措施的能力将直接影响公司的稳定情况。[②] 在重点关注资产管理业务部门负责人变动情况的同时,还可适当将合规、风险管理等部门负责人的变动作为辅助的参考指标。在执行层面,则可将对象范围界定为投资经理,关注投资经理的离岗情况和原因。

期货公司作为各部门协调运作的机体,公司内部重点岗位负责人长期缺位的情况也势必影响稳定性。规模较小的公司在面对经济困境的时候,往往会倾向采用裁减后台部门人员的方式以削减财务费用支出,导致后台部门基层员工一人身兼数职的情况极其常见。从文件形式的层面来看,各部门岗位的职责和职能似乎权限清晰,但实际往往呈现为形式文件与实际效果的背离,其原因在于内部岗位的设置破坏了既定的层级职能。[③] 实际运作中的这类情况可能使公司内部控制体系完全沦为形式,也将对资产管理业务的发展造成极大隐患。

2. 风险覆盖率

当前我国构建了以净资本为核心的期货监管体系,从而对期货公司的风险状况进行有效监测,对存在风险隐患的公司提前预警,以便有针对性地采取监管措施。[④] 因而在稳定性方面可以借用相应指标对期货公司进行评价,从风险准备金的角度考虑“风险覆盖率”的问题,风险覆盖率可用期货公司净资本与风险资本准备总额的比例确认。[⑤]

---

① 《期货公司监督管理办法》(中国证券监督管理委员会令第155号)第48条规定:“期货公司应当设首席风险官,对期货公司经营管理行为的合法合规性、风险管理进行监督、检查。首席风险官发现涉嫌占用、挪用客户保证金等违法违规行为或者可能发生风险的,应当立即向住所地中国证监会派出机构和公司董事会报告。期货公司拟解聘首席风险官的,应当有正当理由,并向住所地中国证监会派出机构报告。”

② 参见张亚朋:《经营目标下中层管理者实施内部控制框架的探讨》,载《商业会计》2016年第10期。

③ 参见唐蓓蕾:《国有企业决策层向中层授权问题的若干分析》,载《上海经济研究》2004年第6期。

④ 参见刘惠萍、丰久宽:《期货监管部门对期货经纪公司的风险监管——基于期货经纪公司净资本指标的分析》,载《当代经济管理》2005年第3期。

⑤ 《期货公司风险监管指标管理办法》(中国证券监督管理委员会令第131号)第11条规定:“期货公司风险资本准备是指期货公司在开展各项业务过程中,为应对可能发生的风险损失所需要的资本。”该办法第8条第2项规定:“净资本与公司风险资本准备的比例不得低于100%”。

（二）投资运作的专业性

在期货公司资产管理业务专业性方面的评价，需要尤其关注期货投资的特点，在指标设置上更体现出期货的特殊性。除了投资经理总人数和从业年限两项基本指标外，还应当重点关注期货端的投资基金经理数量，可将其界定为“从业以来期货公司在岗的管理过 3 只（含）以上商品及金融衍生品类产品的投资经理数量”。

在可量化的指标外，在评价期货公司资产管理业务专业性时还应当考虑投资经理的实际履历背景。中国证监会规定，投资经理应当具备 3 年投资管理经验，①但在实践中，该项履历要求较难达成实质审核。有的投资经理过往仅是在金融行业公司从事行政或市场销售岗位的工作，实际上并不具备任何专业的投资经验，这类人员的专业性必然是存疑的。

除专业人员外，产品的规模和业绩也是重要的评价指标。在管理规模方面，可对主动管理的产品存续时间进行加权计算，以此统计产品的平均规模。在投资管理业绩方面，可分为固定收益类产品、权益类产品、混合类产品、商品及金融衍生品类产品四类，并计算期货公司正常运作的主动管理的产品的加权平均单位净值。

基于期货公司资产管理业务特色化、差异化发展的考虑，信用报告还需要关注商品及金融衍生品和场外衍生品类投资情况。在场内衍生品投资中，报告应关注商品及金融衍生品类产品规模和投向规模，其中产品规模为可计算期货公司正常运作的主动管理的商品及金融衍生品类产品的平均规模；投向规模则为期货公司正常运作的资产管理计划投向标准化商品及金融衍生品类资产的月均规模，规模应为产品本层直接投向标准化商品及金融衍生品类资产与穿透后下层基金投向商品及金融衍生品资产之和。在场外衍生品投资中，则应关注产品数量、规模及单位净值，分别计算其期间的平均值。

（三）内控合规性

关于内控合规性方面的指标，除自律处分情况和监督管理措施情况外，应当重点关注信息披露情况。全球顶级商品期货经纪商美国全球曼氏金融（MF Global Holdings Ltd.）破产原因之一即为存在信息披露违规，其为追求短期的业绩增长，挪用客户保证金投资高风险的欧债而未披露，违背了会计信息披露的真实性和充分性原则。② 因

① 《证券期货经营机构私募资产管理业务管理办法》（中国证券监督管理委员会令第 151 号）第 12 条规定：“投资经理应当依法取得从业资格，具有三年以上投资管理、投资研究、投资咨询等相关业务经验，具备良好的诚信记录和职业操守，且最近三年未被监管机构采取重大行政监管措施、行政处罚。”

② 参见李寿喜、张晨：《世界顶级期货交易商破产原因探究——来自曼氏金融的教训》，载《技术经济与管理研究》2018 年第 5 期。

此,统计协会收到的因管理人违反信息披露相关规则而引发的投诉或举报的总次数也应当纳入评价。

(四)业务发展性

前述三个维度的指标主要用于评价过往的情况,而对于期货公司的资产管理业务来说,衡量业务可持续发展的重要性也不可忽略。在业务发展性方面,可主要评价近一年平均资产管理规模、上一年资产管理规模增速、机构营收能力、产品类型丰富度和资产管理业务从业人员情况。在资产管理规模和增速方面,可分为主动管理、投资顾问、基金中的基金(Fund of Funds,FOF)等三类,分别计算其规模和增速均值。但在实践中,存在形式分类与实际执行不符的情况:一是有期货公司假借投资顾问的名义,实则其投资指令均由公司下达的通道业务;二是有期货公司以自有资金投入自身发行的资产管理产品,再以此进行投资运作。此等类型的情况已经偏离衡量指标的初衷,建议应按照实际情况计算。

在营收方面,则应以管理费收入和业绩报酬收入为指标,分别计算期货公司资产管理业务对应项目的全年总收入,同时也应对经纪业务端的手续费予以考量。此外,也当适当关注资产管理业务从业人员的数量和履历背景。如前文专业性部分所述,有期货公司存在任用实际无投资经验的人员担任投资经理,或仅能勉强维持符合最低投资经理人数的情况。如果期货公司长期呈现此类状况,实际上也是资产管理业务持续经营能力不足的表现。

四、结　语

遵循《关于依法从严打击证券违法活动的意见》中夯实资本市场诚信建设制度基础的要求,由期货业协会发挥自律组织的作用,增设诚信建设专门条款及规则,构建期货公司资产管理业务信用报告,建立资本市场诚信记录主体职责制度,将有助于依法合规开展资本市场失信惩戒和守信激励。

当前我国期货公司资产管理业务发展迅速,并不意味着所有期货公司均适合拓展该项服务。曼氏金融破产的教训表明期货公司在转型发展创新业务的过程中,尤其应当注意平衡业绩快速增长和合规风控的关系。在监管层面,只有多维度地评价期货公司才能提高发现其违规的概率,以有效维护市场的有序运行。

基于 ESG 评级的投资策略研究

李正威* 张银旗** 唐剑萍***

摘　要：本文通过构建 ESG 评级体系，以主成分分析的方法对上市公司在环境、社会与公司治理以及综合 ESG 上进行评分，并构建相应的 ESG 因子投资策略。实证发现环境因子能整体获得超额收益；而社会和公司治理因子只能在部分时间段获得超额收益，但在整体上不能获得超额收益。当 E、S 和 G 按照 5∶1∶4 加权成 ESG 指标时，策略能在有效降低最大回撤率的基础上，同时较稳定地获得超额收益，说明在进行 ESG 投资时，应更多地关注环境与公司治理。

关键词：ESG 评级　责任投资　主成分分析　ESG 策略

一、ESG 的背景与发展

2004 年联合国在《在乎者即赢家》(Who Cares Wins)中正式提出“ESG”的概念，ESG 是指“E”环境(Environmental)、“S”社会(Social)和“G”公司治理(Governance)三个方面，旨在建立兼具经济效率和可持续性的金融经营模式。2006 年，联合国全球契约组织(United Nations Global Compact，UNGC)和联合国环境规划署金融行动机构(United Nations Environment Programme Finance Initiative，UNEP FI)共同发布负责任投资原则(Principles for Responsible Investment，UN PRI)，ESG 投资逐渐在欧美等国成为一种新兴的投资方式，UN PRI 签署方以及对应的资产管理规模近年来呈现快速上升的趋势(见图 1)。经过 10 多年的发展，越来越多的公司与投资者开始重点关

* 湘财证券研究所金融工程研究员。

** 湘财证券研究所所长助理。

*** 湘财证券研究所金融工程分析师。

注 ESG，也诞生出了多家与 ESG 评级有关的机构或组织，全球各大证券交易所也已在 ESG 方面布局。

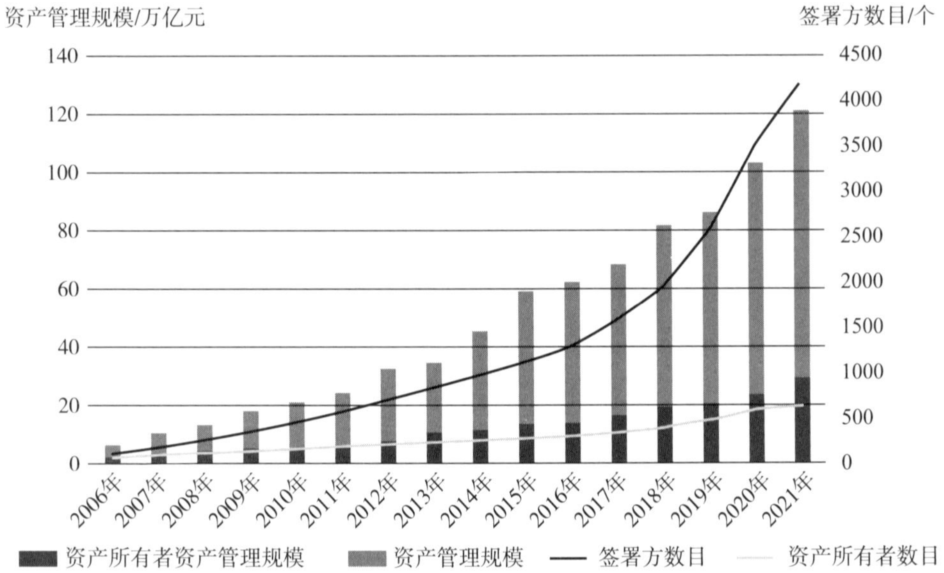

年份	2006	2007	2008	2009	2010	2011	2012	2013	2014	2015	2016	2017	2018	2019	2020	2021
资产所有者资产管理规模/万亿元	2.0	3.2	4.2	3.6	4.8	5.5	7.6	10.5	11.2	13.2	13.9	16.3	19.1	20.1	23.5	29.2
资产所有者数目/个	32	77	135	172	203	229	251	268	270	288	307	346	373	432	521	609
资产管理规模/万亿元	6.5	10	13	18	21	24	32	34	45	59	62	68.4	81.7	86.3	103.4	121.3
签署方数目/个	63	185	361	523	734	890	1050	1186	1251	1384	1501	1714	1951	2372	3038	3826

图 1 UN PRI 签署方数量与资产管理规模

资料来源：UN PRI。数据统计至 2021 年 7 月 22 日；签署方数目的统计年度范围为自然年，资产管理规模的统计年度范围为当年 5 月 1 日至次年 4 月 30 日。

综观市场的整体情况，国内的 ESG 发展目前还处于早期发展阶段，但过去几年在各级监管机构“自上而下”的政策引导下发展迅速，ESG 和绿色金融的理念在资本市场中也飞速普及；国内各相关机构通过完善上市公司的 ESG 信息披露制度，对 ESG 投资的研究和落地起到了推进作用。随着对 ESG 投资相关的路径、方法、和政策的不断探索与可持续金融环境的不断完善，ESG 投资将逐渐成为中国资本市场的重要方向之一。

（一）国内外ESG政策文件

目前美国ESG投资已形成了较为完整的产业链和价值链。英国则是较早响应ESG投资的国家，在近10年来相继出台了多项专门针对ESG的法律法规，并向投资者逐步普及ESG的投资理念，扩大了相关法律法规在资本市场中的适用范围和适用对象，已逐步确立了ESG在投资决策中的重要性和社会影响。不同于美国“政策法规相伴而行”的引导特点，欧洲更倾向于通过政策引导市场，于近10年来密集推进了一系列ESG相关条例与法规的修订工作，从政策制度上保障了ESG投资在欧洲市场的稳步发展。中国对ESG的建设暂时还未形成完全统一、明确的ESG标准和披露制度，但随着社会重视程度的提升，各监管部门已相继公布ESG相关政策，逐步完善ESG投资环境。

（二）国内外ESG评级方法

在国际上，有大批不同类型的ESG投资者和ESG产品，随之出现了一批专业成熟的ESG评级机构、指数机构和服务中介机构，例如，明晟MSCI、富时罗素FTSE Russell、OWL ESG评级等。这些国际ESG评级的信息主要来自企业定期公布的社会责任报告、可持续发展报告等披露信息，再通过调研与监管等数据进行补充。尽管ESG评级方法在被不断完善，其在透明度、可信度以及标准化程度等方面依然还有缺陷，在一定程度上影响了ESG评级的可靠性与实用性。

中国在监管部门的引导和行业协会的推动下，各类机构加强了对ESG投资的重视程度并创建了适合中国市场的本土化ESG评级系统。当前A股市场上广泛应用的ESG评级体系由第三方评级机构提供，主要包括华证ESG评价体系、社投盟ESG评价体系、商道融绿ESG评价体系、和讯CSR评价体系、商道纵横MQI ESG评价体系等，这些国内评价体系是在各类海外ESG评价体系的基础上，依托国内上市公司的公告信息以及政府数据和媒体披露数据等进行设计。

ESG投资中由于可变因素较多，虽现存多种ESG评级方法，但不存在一种统一的、适用于全体投资者的方法，故投资者作决策时需根据自身目标、信念、偏好、专业知识、可用资源以及所处的政策环境，并权衡各种方法的潜在收益以及相关风险和成本后，审慎地作出投资决断（见表1）。

表1 主要ESG评级对比

	MSCI	富时罗素	OWL	华证	商道融绿
评估方法	MSCI采用的是全球行业分类标准(Global Industry Classification Standard,GICS),包括158个子行业,MSCI会为每项关键议题设置权重,权重范围被设定在5%~30%	富时罗素ESG评级根据14个主题,每年根据数据特征灵活选取数据模型进行评级	OWL通过一致性因子权重、数值阈值、一致性指标权重和及时性权重等规则来聚合各个因子,最终形成0~100的整体分数	通过构建行业权重矩阵,计算各个企业ESG评分及"AAA—C"9档评级	运用商道融绿ESG评估系统对A股300家最具代表性的上市公司的ESG表现进行评估
评估频率	每年一次	每年一次	每年一次	每季度一次	每年一次
评估范围	对纳入指数的公司开展ESG评级	在排除煤炭、军工等特定行业的基础上,再纳入或剔除特定公司	全球20,000多家企业	A股上市公司及债权主体	A股300家最具代表性的上市公司
评估维度	由3大范畴、10项主题、35个ESG关键议题和上百项指标组成	包括企业的E、S和G,相应的14项主题及300多项指标	覆盖经济、环境与社会范畴共24项议题的逾百项指标	E、S和G三大核心内容,130多个底层指标	包括52个通用指标与75个行业指标
信息来源	学术,政府,非政府组织数据库(例如,透明国际、世界银行),公司披露的可持续发展报告、企业财务报告等	公司季报与年报,企业社会责任报告,强制性会计披露文件,监管文件,证券交易所、非政府组织和媒体公开数据	调研、新闻媒体、非政府组织和政府、工会以及维权团体等的数据	新闻媒体、国家及地区监管部门、企业社会责任报告、企业的定期报告与临时报告等	主要来源于公开数据,包括企业自主披露的信息和媒体公开的负面信息

资料来源:新浪ESG评级中心、FTSE Russel、上海华证指数、MSCI。

注:1.新浪财经-ESG评级中心,https://finance.sina.com.cn/esg/method.shtml;2.华证ESG评级方法论,https://www.chindices.com/esg-ratings.html#esg-ratings-methodology;3.FTSE Russel,https://www.ftserussell.com/;4.MSCI ESG Research,https://www.msci.com/research-and-insights?topic=esg。

二、文献综述

(一)ESG评级文献综述

在对环境的评级方面,闫立东①(2019年)认为,我国企业存在环境违法的现象。

① 参见闫立东:《我国ESG评价体系中环境评价应用的建议》,载《环境保护》2019年第7期。

现有的披露法规中只注重环境污染,未关注可持续发展方面的问题,与此同时,评分数据与计算方法暂未统一。毕茜等[①](2012 年)通过研究表示,企业的环境信息披露会受到政府公布的环境治理法规和企业综合治理的正面影响。袁家海、郭宇[②](2018 年)发现,环境指标分值对 ESG 综合分值的影响最大,波动性也最强。李志斌[③](2014 年)认为,制造业上市公司的企业内部控制指数和环境信息披露指数呈正相关关系,若将环境违法行为纳入环境指数评价体系并将其作为最大权重指标,可有效督促企业在生产经营活动中遵守法规、按标排放。

在对企业社会责任的评级方面,哈佛大学商学院教授迈克尔·波特(2003 年)指出,企业从事公共事业的结果,从表面上看是获得了更多的社会认同和行业影响,而实质上则是增强了公司的竞争力。温素彬等[④](2008 年)探究了企业社会责任表现与企业财务表现的关系,发现长期履行企业社会责任对财务指标有显著的正向作用。何贤杰等[⑤](2012 年)、闫伊铭等[⑥](2020 年)从企业社会责任披露的角度出发,认为履行良好的企业社会责任对企业融资有显著的积极作用,在企业责任透明度较高的企业中,股东参与管理的程度较低,较大程度上减少了融资所带来的资本约束。张旭等[⑦](2010 年)通过结合利益相关者理论指出,企业经营过程中除了追求股东权益之外,需更多考虑企业的外部性,维护与企业相关利益方的权益,促进社会环境的可持续性发展。

在公司治理方面,陈军[⑧](2020 年)将 21 世纪以来国内外的财务造假事件进行对比后发现,内部控制失效是这些企业共同存在的问题,而内部控制失效与公司治理结构不合理息息相关。Velte[⑨](2017 年)利用 412 家德国上市公司的环境、社会、公司治

---

① 参见毕茜等:《环境信息披露制度、公司治理和环境信息披露》,载《会计研究》2012 年第 7 期。

② 参见袁家海、郭宇:《中国大型发电上市公司 ESG 评价体系开发与分值研究》,载《中国环境管理》2018 年第 5 期。

③ 参见李志斌:《内部控制与环境信息披露——来自中国制造业上市公司的经验证据》,载《中国人口·资源与环境》2014 年第 6 期。

④ 参见温素彬、方苑:《企业社会责任与财务绩效关系的实证研究——利益相关者视角的面板数据分析》,载《中国工业经济》2008 年第 10 期。

⑤ 参见何贤杰等:《企业社会责任信息披露与公司融资约束》,载《财经研究》2012 年第 8 期。

⑥ 参见金融投资机构经营环境和策略课题组、闫伊铭等:《ESG 投资理念及应用前景展望》,载《中国经济报告》2020 年第 1 期。

⑦ 参见张旭等:《企业社会责任与竞争力关系的实证分析》,载《科研管理》2010 年第 3 期。

⑧ 参见陈军:《绿色小城镇如何发展生态产业?——瑞士经验对我国山地地区(贵州)的启示》,载《贵州社会科学》2020 年第 4 期。

⑨ See Patrick Velte, *Does ESG performance have an impact on financial performance? Evidence from Germany*, Journal of Global Responsibility (2017).

理和财务绩效作为研究对象,发现公司治理指标对财务绩效影响最大。

(二)ESG 投资文献综述

ESG 投资的本质是通过把社会责任纳入投资体系,以优化投资结构,在控制风险的基础上,最终获取稳定收益。目前国内关于 ESG 的投资方法主要有正面筛选、负面排除和指数投资三种类型。

马喜立①(2019 年)在统计了 7815 只公募基金后认为,目前中国以 ESG 为投资主体的基金等资管产品还不丰富,但随着政府与公众对 ESG 关注度的上升,ESG 类资产管理产品的需求度在未来会大幅增加。王黔和潘景远②(2019 年)将 ESG 投资决策分为四个步骤:第一步是识别问题和确定目标,挑选出一组 ESG 行为特征较为明显的企业或团体;第二步则是公司评价,确认公司的潜力和风险;第三步是行动决策,投资者在权衡各项指标评分和自身价值偏好后作出投资决策;第四步定期监测和调整前期决策。屠光绍③(2019 年)综合不同类型的投资者归纳出三种 ESG 投资方法:相对被动的直观剔除法、最主动的影响力投资法、和积极程度居中的 ESG 因子投资法。

三、ESG 评级体系构建

本文通过综合考虑已有国内外评级体系,并结合我国现存 ESG 政策及上市公司的经营特点,以及综合权衡评级模型的复杂性与实用性后,从环境、社会与公司治理三个主题出发,分别构建环境、社会与公司治理三个方面的评级指标,采用主成分分析的方法,在各年份对上市公司进行 ESG 评级打分。本文所采用的环境、社会与公司治理方面的原始指标一共有 54 个,包括 2 个公共指标与 52 个特定主题指标,特定主题指标包括 17 个环境指标、16 个社会指标,以及 17 个公司治理指标;公共指标会分别参与到三个主题的评级中,而特定主题指标只会参与到对应主题的评级中(见表 2)。

---

① 参见马喜立:《中国 ESG 投资的发展趋势研究》,载《广义虚拟经济研究》2019 年第 2 期。
② 参见王黔、潘景远:《ESG 投资的适用策略及决策流程》,载《中国银行业》2019 年第 9 期。
③ 参见屠光绍:《ESG 责任投资的理念与实践》(上),载《中国金融》2019 年第 1 期。

表 2　ESG 评级指标

主题	评价指标	主题	评价指标
公共主题	公司是否有独立的公司社会责任报告	社会主题	医保覆盖率
	公司是否遵循/对照 GRI① 标准		客户投诉数量
环境主题	范围 1(SCOPE 1)温室气体排放②		客户满意度
	范围 2(SCOPE 2)温室气体排放③		是否有客户反馈系统
	总温室气体排放		新增专利数
	温室气体减排量		志愿服务时长
	是否就气候变化风险进行讨论		注册志愿者人数
	有害废弃物		年度违规处罚次数
	废弃物回收量		年度违规处罚金额
	总能源消耗	公司治理主题	公司董事会规模
	耗电总量		董事会出席率
	煤炭使用量		董事会召开次数
	燃油消耗		监事会召开次数
	纸消耗量		监事出席率
	总用水量		女性董事占比
	废水/污水排放量		独立董事占董事会总人数的比例
	废水处理量		是否有股权激励计划
	是否重点排污单位		薪酬委员会会议出席率
	环保超标或其他环境违规次数		审计委员会会议次数
社会主题	雇员总人数		审计委员会会议出席率
	员工离职率/流失率		市盈率
	女性员工比例		市净率
	人均培训课时		净资产收益率
	工伤率		资产负债率
	职业病发生率		流动比率
	死亡事故数		速动比率

①全球报告倡议组织,由美国非营利环境经济组织(Coalition for Environmentally Responsible Economics,CERES)和联合国环境规划署 UNEP 于 1997 年共同发起成立。

②公司产生的直接温室气体排放。

③由公司进行业务活动所引致的间接温室气体排放。

本文分别对 E、S 与 G 的主题内的指标进行相关性检验,然后剔除了相关性较高的指标。在对环境指标的相关性检验中,“SCOPE 1 温室气体排放”“SCOPE 2 温室气体排放”“总温室气体排放”的相关性较高,所以本文剔除了“SCOPE 1 温室气体排放”与“SCOPE 2 温室气体排放”;“总能源消耗”与“耗电总量”的各年平均相关系数高达 0.63,所以本文将耗电总量剔除;“总用水量与废水/污水排放量”的各年平均相关系数达到 0.39,并且“总用水量”同时与“耗电总量”“煤炭使用量”的相关性也较高,所以本文剔除“总用水量”指标。在对公司治理指标的相关性检验中,薪酬委员会会议出席率和审计委员会会议出席率的各年平均相关系数高达 0.56,所以本文只保留其一;“流动比率”与“速动比率”的各年平均相关系数高达 0.95,本文也只保留其一。在对社会指标的相关性检验中,“志愿服务时长”与“注册志愿者人数”之间的相关性较高,所以我们只保留其一。通过相关性检验后,最后剩下 2 个公共指标、14 个环境指标、15 个社会指标和 15 个公司治理指标,一共 46 个指标。

(一)数据来源与清洗

本文所采用的样本空间为所有 A 股上市公司,数据来源于上市公司的各类公开公告。由于 2013 年以前的数据缺失较严重,所以本文采用 2013 年至 2020 年的数据;由于本文所需要的部分数据来源于企业年报,企业年报以每年的 4 月 30 日为换仓日,所以实证起始时间为 2014 年 4 月 30 日。按照指标缺失率不超过 50% 的标准对样本进行筛选,缺失率逐年减少,所以样本数逐年增加,2020 年的样本空间包含 154 家上市公司;对于数据缺失率低于 50% 的公司,我们通过取行业平均值的方式对缺失值进行填充。

由于上述特定主题指标既有中性指标和正向指标,也有负向指标,所以本文首先对负向指标进行处理,使所有特定主题指标对于 E、S 与 G 具有同向意义;各公司在大部分指标下的得分越高,即代表该公司在对应领域的表现越好。

(二)ESG 评级结果

通过主成分分析,环境指标提取出 7 个主成分,社会指标提取出 6 个主成分,公司治理指标提取出 7 个主成分,累积总方差解释均在 80% 以上;将方差解释力度较大的主成分赋予较大的权重,所以本文以各个主成分的相对方差解释百分比作为对应主成分的权重,加权得出所有上市公司的环境得分、社会得分与公司治理得分,最后再将评分结果映射到百分制下,得到最终各公司 E、S 和 G 的评分结果。由于目前国内上市公司对于 ESG 数据的公布并不频繁,并且部分公司的数据会逐年波动较大,所以本文采用逐年滚动计算的方式,待每年的 4 月 30 日公布完最新的 ESG 数据后,重新计算各主成分得分与对应主成分权重,在 5 月 1 日更新上市公司的环境得分、社会得分与公司治理得分。以 2020 年为例,大部分企业的环境、社会与公司治理得分均处于 60 ~ 70 的区间,E、S 与 G 得分位于 50 ~ 80 分的企业数占比分别为 91.56%、87.66% 和 89.61%(见图 2)。

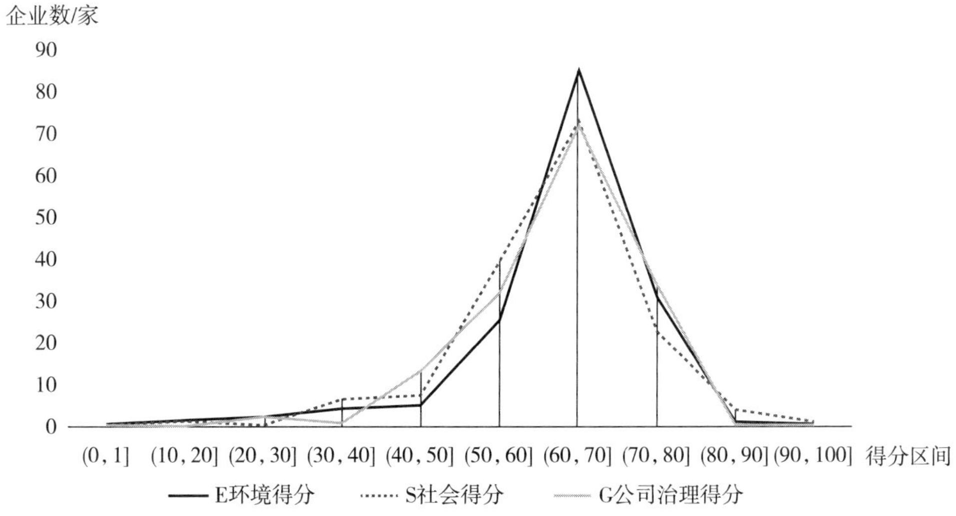

项目	(0,10]	(10,20]	(20,30]	(30,40]	(40,50]	(50,60]	(60,70]	(70,80]	(80,90]	(90,100]
E:环境得分	0	1	2	4	5	25	85	31	1	0
S:社会得分	0	1	0	6	7	39	73	23	4	1
G:公司治理得分	0	0	2	1	13	32	72	34	0	0

图 2　2020 年 ESG 评分分布

资料来源:Wind,湘财证券研究所。

四、ESG 投资策略

在完成对所有上市公司的 E、S 与 G 的评级打分后,本文依据每个上市公司的 E、S 与 G 得分进行选股投资,以研究 E、S 与 G 因子在股票投资中的实证意义。本部分分别以 E、S 与 G 三个单因子为依据的单因子投资和将 E、S 与 G 整合成一个 ESG 因子的 ESG 组合因子投资。

(一)ESG 单因子投资

本部分的投资思路为,分别选取 E、S 与 G 得分排前十与后十的十只股票作为投资组合,通过比较得分前十与后十的股票组合的表现,以探究在 E、S 与 G 上表现较好的上市公司的股价表现是否能优于在E、S与G上表现较差的上市公司的股价表现;并通过与同期沪深300指数进行比较,来探究ESG单因子投资策略是否能稳定跑赢基准。

环境得分较靠后,说明企业的用水、用电以及排污较多,在一定程度上说明企业开工率与原材料使用量较高,同时企业在节能减排上所耗费的成本较低,在一定程度上会通过降本增利来促进企业股价;环境得分较靠前,则说明企业排放的有害废弃物较少,同时更注重废弃物的重复利用,更注重企业的持续发展与长久利益,在一定程度上给企业塑造了更好的形象,从而也相对更容易得到政策支持与投资者信赖,从而有助于企业股价。在2020年以前,环境得分靠后的上市公司表现较好,而在2020年以后,环境得分靠前的上市公司的表现远好于环境得分靠后的上市公司的表现与沪深300指数;从2014年5月至2021年7月,环境得分前十组合与环境得分后十组合均跑赢同期沪深300指数,并且环境得分前十组合的表现总体优于环境得分后十组合。环境得分前十组合的年化超额收益率为1.48%,环境得分后十组合的年化超额收益为0.70%,环境得分前十组合的最大回撤率为55.81%,环境得分后十组合的最大回撤率为42.27%。整体来看,通过选取环境得分较高的上市公司的股票能获得超额收益,但有可能会面临较大的回撤风险,该投资策略在2020年以后的收益表现尤其突出(见图3)。

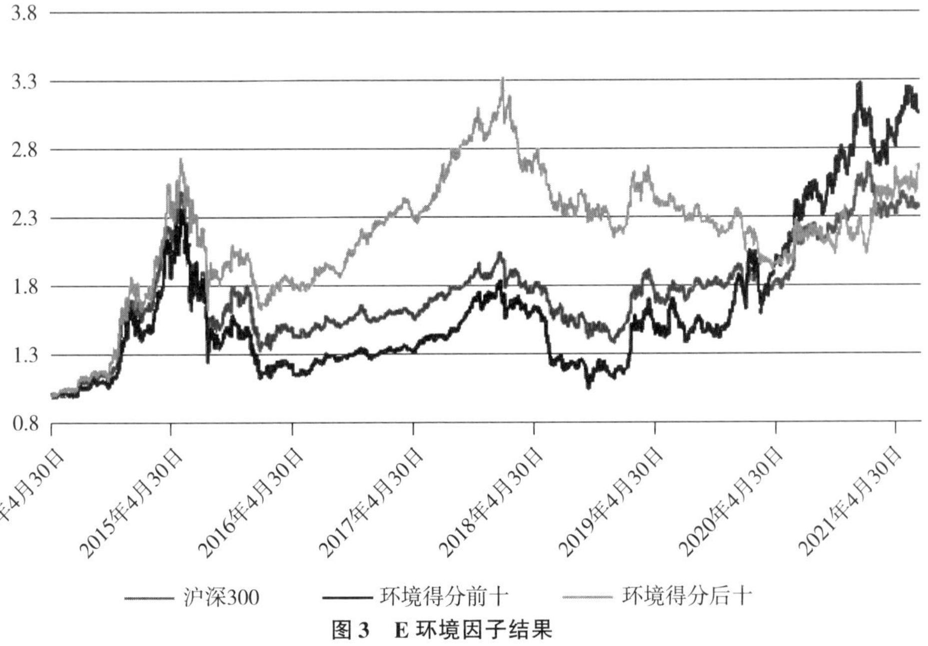

图3　E环境因子结果

资料来源:Wind,湘财证券研究所。

在2020年以前,社会得分后十的股票组合持续跑赢同期沪深300指数,但是社会得分前十的股票组合却持续跑输大盘指数;在2020年至2021年,社会得分前十组合与社会得分后十组合均跑输同期沪深300指数,说明通过社会因子选股所构造的股票组合错过了2020年的牛市行情;但在2021年年初至2021年7月,社会得分排名前十的组合开始大幅跑赢社会得分后十的组合与沪深300指数。社会得分前十组合的年化超额收益率为-1.82%,社会得分后十组合的年化超额收益率为-2.32%,社会得分前十组合的最大回撤率为53.03%,社会得分后十组合的最大回撤率为42.00%。整体来看,社会得分前十组合与后十组合均跑输基准,但社会得分前十组合的收益率比后十组合的收益率更高(见图4)。

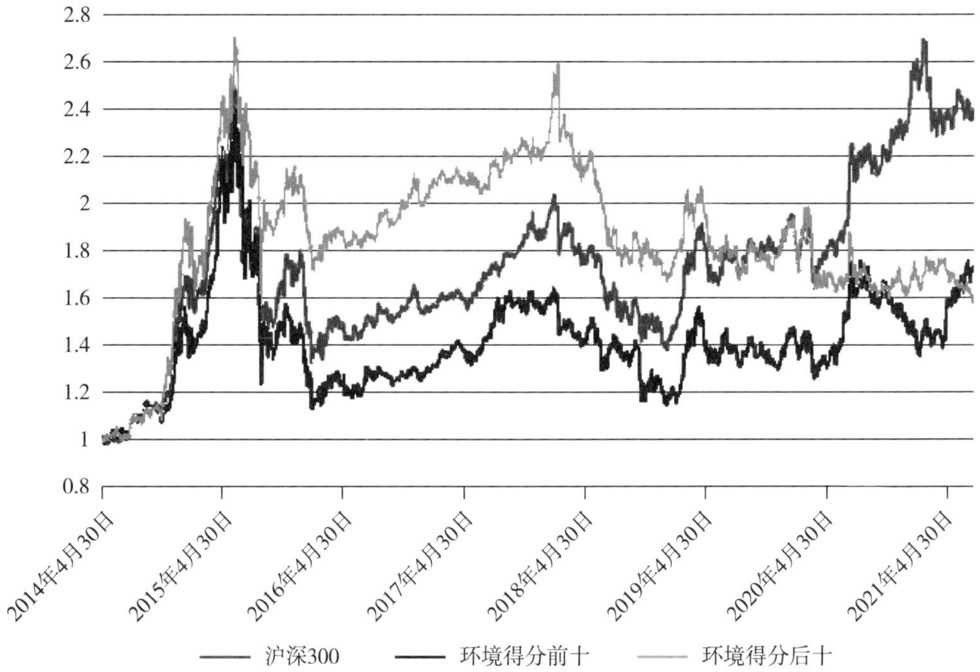

图4 S社会因子结果

资料来源:Wind,湘财证券研究所。

从2014年5月开始回测至2021年7月,公司治理得分排前十的股票组合的表现持续好于公司治理得分排后十的股票组合,并且在2020年以前,公司治理得分排前十的组合也优于沪深300指数;但从2019年底至2021年7月,公司治理得分排前十的组合的表现开始差于沪深300指数。主要是因为公司治理评分强调的是公司自身的管理、创新与经营能力,更强调公司自生的造血能力,而对于外部的支持和政策帮扶则关注较少,在2019年年底至2020年年底,外部环境对公司自生经营产生了较严重的负面影响,但对于公司治理得分较高的企业,外部政府支持则未能在短期内发挥出较明显的作用,导致该部分企业在2019年至2021年7月的表现大幅低于同期沪深

300 指数。公司治理得分前十组合的年化超额收益为 -1.17%，公司治理得分后十组合的年化超额收益为 -1.52%，公司治理得分前十组合的最大回撤率为 41.37%，公司治理得分后十组合的最大回撤率为 54.27%。整体来看,公司治理得分前十组合与后十组合均跑输基准,但公司治理得分前十组合的收益率比后十组合的收益率更高(见图 5)。

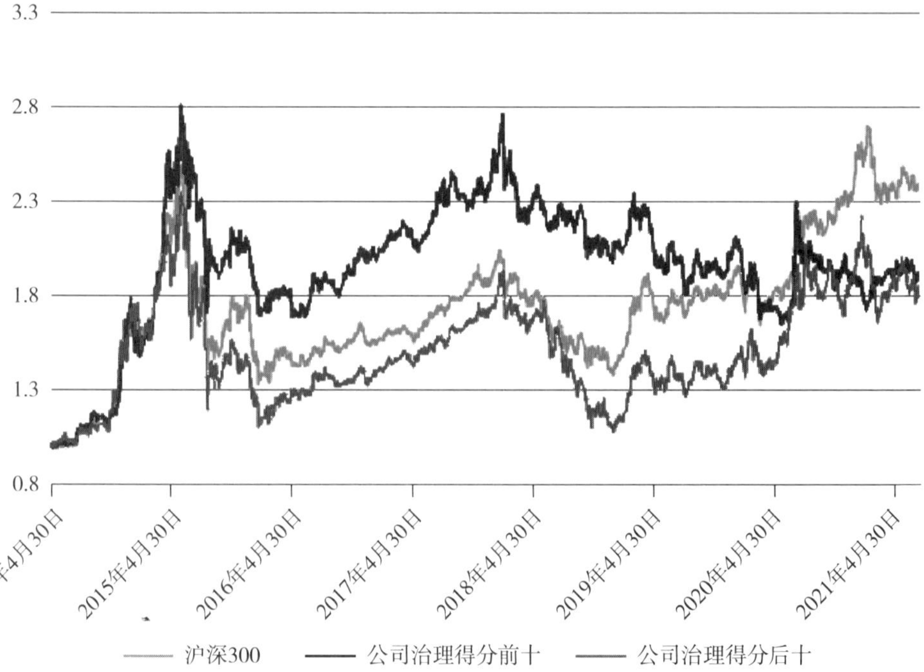

图 5　G 公司治理因子结果

资料来源：Wind，湘财证券研究所。

通过上述单因子实证,本文发现环境因子与外部环境及政策密切相关,在早期表现不明显,但近年来在国家“碳中和”与“碳达峰”概念的加持下表现较为显眼;除了系统性牛市与系统性熊市外,社会因子大部分时候表现较为平稳,在一定程度上能为投资组合起到抵御风险的作用,对于较保守的投资者,可以更多地关注社会因子;而公司治理因子在早期表现较显眼,表现出较明显策略 Alpha,但公司治理因子更关注企业自生内部因素,对于外部环境及政策变化则缺乏弹性。

基于上述结论,下文将 E、S 和 G 三因子结合,构造 ESG 综合因子,更全面地考虑上市公司的内外部因素对其股价的影响,并据此构造对应的投资策略。

(二)ESG 组合因子投资

本部分提供两种构造 ESG 组合因子的方法,E、S 和 G 等权重方法和通过历史数据进行不断反馈调节的最优权重方法。通过正面筛选的方法,分别将两种方法下的

ESG 指标作为选股依据,并分别与沪深 300 指数进行对比。

本文首先对 E、S 和 G 的重要性不作区分,按照等权重的方法构造 ESG 指标,得到所有上市公司的 ESG 得分,再通过逐年选取 ESG 得分前十的股票作为投资组合,从 2014 年 4 月 30 日至 2021 年 7 月 22 日,该策略的年化收益率为 40.36%,不能战胜沪深 300 指数,相对于同期沪深 300 指数的超额年化收益率为 -1.09%,最大回测率为 48.78%;相较于单因子策略,等权重下的 ESG 组合因子只是在最大回撤率有所改善,而对于收益率却没有较明显的改善(见图 6)。所以本文更关注第二种方法,并将等权重方法下的 ESG 组合投资作为一种基准策略。

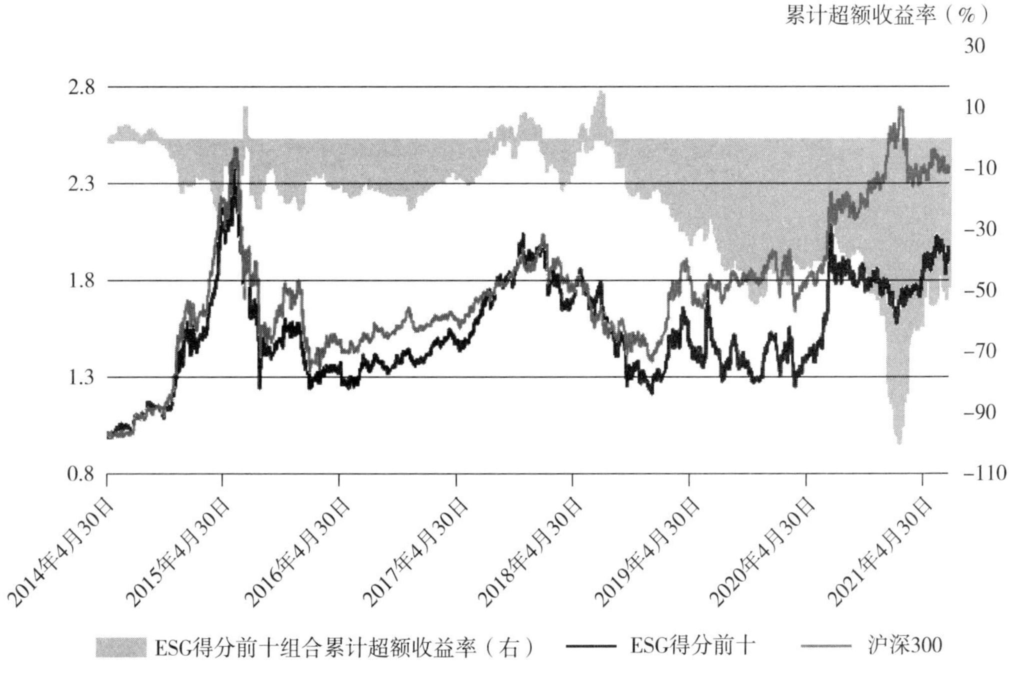

图 6 等权重下 ESG 组合因子结果

资料来源:Wind,湘财证券研究所。

在第二种方法下,本文将 2014 年至 2021 年的数据拆分成训练集和测试集两部分,在训练集中找到 E、S 和 G 的最优权重后,再到测试集中实证分析策略的效果。训练集的数据区间为 2014 年 4 月 30 日至 2018 年 4 月 30 日,测试集的数据区间为 2018 年 4 月 30 日至 2021 年 7 月 22 日。

求解 E、S 和 G 的最优权重的模型如下:

第 i 家企业在第 T 年的 E、S 和 G 得分分别为 $E_T(i)$、$S_T(i)$ 和 $G_T(i)$;

第 i 家企业在 E、S 和 G 上的权重分别为 W_e、W_s 和 W_g;

则第 i 家企业在 T 年的 ESG 得分为：

$ESG_T(i) = W_e \times E_T(i) + W_s \times S_T(i) + W_g \times G_T(i)$。

将各个公司的 ESG 得分从高到低排序，排名第 n 的企业在 T 年的股票收益率为 $R_T(n)$，则优化模型为：

$$max \quad P = \sum_{n=1}^{10} \left\{ \prod_{T} [1 + R_T(n)] \right\}$$

$$s.t. \begin{cases} W_e + W_s + W_g = 1 \\ 0 < W_e < 1 \\ 0 < W_s < 1 \\ 0 < W_g < 1 \end{cases}$$

由于 W_e、W_s 和 W_g 发生较小的变化时，并不会导致各个公司的 ESG 得分排序发生变化，从而也并不会影响策略结果，所以本文没有对所有的 W_e、W_s 和 W_g 进行遍历，分别对 W_e、W_s 和 W_g 以 0.1 为步长进行遍历，最后求解出在 $W_e = 0.5$、$W_s = 0.1$ 和 $W_g = 0.4$ 时，策略达到最优，即 E、S 和 G 的权重比为 5∶1∶4 时，策略达到最优。

当 ESG = 0.5E + 0.1S + 0.4G 时，在训练集下，ESG 得分前十组合的超额年化收益率为 3.04%，累计超额收益率为 55.61%，最大回撤率为 42.94%（见图 7）。

图 7 训练集下最优 ESG 组合因子结果

资料来源：Wind，湘财证券研究所。

将 ESG = 0.5E + 0.1S + 0.4G 的结果应用到测试集后,得到 ESG 最优组合因子投资在 2018 年 4 月 30 日至 2021 年 7 月 22 日的实证结果。在 2018 年 4 月 30 日至 2021 年 7 月 22 日的大部分时候,最优权重下的 ESG 得分前十组合均能跑赢基准,在 2020 年 4 月至 2020 年 7 月,表现尤其突出。整体来看,最优权重下的 ESG 得分前十组合的超额年化收益率为 0.55%;而等权重下的 ESG 得分前十组合的超额年化收益为 -1.98%;在等权重下的 ESG 得分前十组合的最大回撤率为 34.78%,最优权重下的 ESG 得分前十组合的最大回撤率为 31.19%,说明通过对 E、S 和 G 调整权重来重构 ESG 指标,额外实现了 2.53% 的年化收益,并且较好地减少了策略的最大回撤率(见图 8)。

图 8 测试集下最优 ESG 组合因子结果

资料来源:Wind,湘财证券研究所。

五、结　　语

本文制定了兼顾实用性与复杂性的 ESG 评级体系,并对 2013 年至 2020 年国内 A 股上市公司的 E、S 和 G 分别进行了评级打分。

基于上市公司在历年 E、S 和 G 上的得分,通过筛选得分前十与后十组合的方式构造相应的投资策略，从 2014 年 4 月 30 日至 2021 年 7 月 22 日进行实证。实证研究发现，通过环境因子筛选出来的企业整体能跑赢基准，并且高环境得分的企业能跑赢低环境得分的企业；通过社会与公司治理因子筛选出的企业只能在某一时间段内跑赢基准，而在整体上不能跑赢基准。

当以等权重的方式将 E、S 和 G 构造成 ESG 综合因子时，得到的策略结果不能跑赢基准，并且回撤较大；而当 E、S 和 G 以 5∶1∶4 的权重新构造成 ESG 综合因子时，得到的策略结果能在较好地控制最大回撤率的同时，较稳定地跑赢基准。研究结果说明在进行 ESG 投资时，为较好获得的投资收益与控制投资风险，需要将更多的重心放置在环境与公司治理上。

控股股东的法律规制优化研究

樊梦燕*

摘　要:根据资本多数决原则,控股股东享有多数表决权,通过决定决议通过与否而在事实上成为公司真正的决定者。股权集中已成为我国公司的主要股权结构,控股股东控制公司治理有其正当性基础与经济学效益,但当前法律对控股股东的规制尚存不足,控股股东有“权”无“责”,滥用控制权损害公司和中小股东利益的情形频发。应当围绕控股股东的“权”与“责”构建完备的法律规制体系:一方面,重思公司共同决议制度,将控股股东能够单独形成决议明确为一项法定权利;另一方面,明确控股股东负有信义义务,在违反信义义务时承担相应的违信责任,从而促使控股股东充分发挥其在公司治理中应有的积极作用。

关键词:控股股东　资本多数决　共同决议　信义义务　违信责任

一、控股股东在公司治理中的重要地位

(一)控制公司治理正当性

控股股东控制公司治理是我国公司治理的现状,这是由资本多数决原则所决定的,即控股股东投入了更多的资金以获得更多的股份,也就拥有了相应的控制权。公司的意志由其代表机关所形成和体现,而公司代表机关的意志是通过会议决议的形式产生的,公司决议则由公司代表机关的成员依据资本多数决原则表决通过,这就是个人的意志上升为公司意志的路径。每个股东不同的出资额会导致其享有的权利义务和地位不同,并且股东自身的能力、经验等都不一样,那么对于公司的经营决策,股

* 华东政法大学经济法学院2021级硕士研究生。

东之间必然会产生不同的意见。[①] 从公司逐利性的角度出发,要使所有股东就公司的某个经营决策达成一致意见的协商成本非常高,有时甚至不可能达成完全一致,公司可能因为没有有效的决策意志而陷入"瘫痪"。以资本为基础而非人为基础确定表决权份额早已达成共识,随着股东人数的增加,全体一致决失去可适用性,资本多数决原则自然成为最理想的方式。

越来越多的研究表明,公司的治理模式和效果与其股权结构有着紧密的联系,不同股权结构的公司理应拥有不同的、与公司相适应的治理模式。[②] 21 世纪以来,研究者通过分析上市公司的股权结构数据开展建模分析,对股权结构对公司绩效有何影响展开了实证研究。实证研究结果显示,现代公司的主要股权结构形式已经从股权分散转变为股权集中,公司绩效与股权集中度呈正"U"形关系。[③] 随着第一大股东持股比例的提高,其对公司的控制力也相应地提高,这时第一大股东会有动力和权力去管理公司的经营。而随着股权集中度的进一步提高,第一大股东就有动机采用诸如侵占公司财产、操纵公司利润分配、不正当关联交易、关联担保等手段,对企业实施"掏空",产生"壕沟防御效应"。[④] 因此,在一定范围内,增加第一大股东持股比例能够使其更好地治理公司,提升公司绩效;但是,在第一大股东持股比例提高到一定程度后,其滥用控制权牟取私利的可能性会增大。

公司的经营实践中也不断验证了控股股东控制公司治理的正当性和合理性。第一,控股股东在公司中有更高的收益,相较于其他中小股东,其对公司事务通常情况下会更加上心和用心。控股股东优势地位的得来并不容易,需要付出资金成本、时间成本以及机会成本。[⑤] 控股股东主动放弃资本分散化,将个人财富集中投资给单个公司,这样资本集中带来的高风险会促使控股股东对公司事务更加关注。第二,控股股东往往为公司的发起人,基于控股股东个人的声望和实力,其他投资者会选择与控股股东合作而加入公司。一方面,控股股东的个人信用,在很大程度上决定着公司的信用,控股股东的个人信用甚至可以在危难之时挽救公司于水火。另一方面,控股股东

---

① 参见邓小明:《控制股东义务法律制度研究》,清华大学 2005 年博士学位论文,第 67 页。

② 参见蔡立东:《论公司治理结构的非法律根源——以美国为中心的探讨》,载王保树主编:《商事法论集》(第 6 卷),法律出版社 2002 年版,第 250 ~ 251 页。

③ 吴淑琨:《股权结构与公司绩效的 U 型关系研究——1997 ~ 2000 年上市公司的实证研究》,载《中国工业经济》2002 年第 1 期。

④ 参见陈德萍、陈永圣:《股权集中度、股权制衡度与公司绩效关系研究——2007 ~ 2009 年中小企业板块的实证检验》,载《会计研究》2011 年第 1 期。

⑤ 参见贾翱、付春杰:《中小股东法律保护正当性辨析》,载《当代法学》2009 年第 2 期。

会在更大程度上参与公司的经营管理过程,从而获取和掌握更多、更真实、更详细的公司经营信息。正因如此,造就了小股东"搭便车"的"理性冷漠",选择相信并跟随控股股东的选择。[①] 第三,由控股股东等小部分人负责公司的决策更有效率,能够降低"所有与经营分离"产生的代理成本。控股股东从参与公司经营管理过程中获取和掌握的信息,能够更早地发现公司存在的问题,且有足够的动力促使自己去解决问题。允许控股股东"独断专行",能够减少公司代理与监督的成本,使其创造最大价值。

(二)法律规制与实践脱节

在《中华人民共和国公司法》(以下简称《公司法》)中以"控股股东"为关键词进行搜索,命中的条文只有3处,分别为第21条,规定了控股股东、实际控制人和公司董监高五类主体的关联交易行为;第216条第1款第2项,规定了控股股东的定义;第216条第1款第4项,规定关联关系中提到了控股股东。可以看出,《公司法》对控股股东进行实质规制的只有第21条,且该条没有特别规定针对控股股东特殊性的内容,对控股股东的法律规制非常贫乏。我国公司相关的法律法规只规定了董监高的义务与责任,而没有对控股股东的义务与责任作出明确要求,这使控股股东在一定程度上游离在法律规制之外。[②] 控股股东在事实上参与并控制了公司的经营管理,但其在形式上只是和中小股东具有同样权利义务的股东。此外,《上市公司章程指引》第39条等中国证监会出台的法规规定了控股股东的诚信义务,这些关于控股股东的规定都没有上升到法律的层面,效力层级低,主要针对上市公司控股股东,难以发挥有效的警示作用,没有形成统一的控股股东法律规制体系。

控股股东成为公司治理事实上的主体,却不像其他公司治理主体那样受到《公司法》应有的规制。我国《公司法》没有对控股股东进行特别法律规制的缘由主要有两点:其一,在公司法立法时期,立法者难以预见控股股东会对公司治理拥有如此高的控制程度;其二,传统公司法理论认为,股东平等原则应当得到严格落实,全体股东自然享有平等的权利和义务,控股股东也不应当例外。如今我国已制定针对控股股东的特别法律规制;我国控股股东的法律规制需要进行创新;只有打破了对股东平等原则机械和片面的理解,才能够为控股股东特别法律规制创造合适的土壤。

---

① 参见王荣康:《股份回购及对债权人和中小股东的保护》,载《现代法学》2002年第3期。

② 参见徐晓松、徐东:《我国〈公司法〉中信义义务的制度缺陷》,载《天津师范大学学报(社会科学版)》2015年第1期。

股东平等原则的目的之一在于保护投资者的利益,然而公司中处于优势地位的控股股东可能会侵害其他股东利益。在资本多数决中,多数意味着全部,少数意味着没有。在表决权形式的过程中同时表现出多数和少数两种意见,最终表决通过的结果只表现为对多数的全部肯定和对少数的全部否定。[①] 资本多数决原则受益于股东的形式平等,而股东的实质平等可以对资本多数决原则进行合理的规制。从实质正义的角度出发,立法应当向处于弱势地位的中小股东适当倾斜,以平衡控股股东与中小股东之间的差距。[②]

(三)公司的内部治理失效

在中国大部分公司股权高度集中的股权结构下,最主要的矛盾是投资者之间的矛盾,也即控股股东与中小股东的矛盾,控股股东已经成为公司治理中的关键主体。在股东会中,控股股东拥有"一票通过权"和"一票否决权",股东会难以通过股东会决议的形式对控股股东进行限制。同样,董事会和监事会的权利都受到了控股股东的制约,很难发挥独立的作用。

内部监督是基本的、常态的、起基础作用的监督,具有低成本、高效率的优势,在公司治理中发挥着重要作用。股东能否有效行使内部监督权,取决于其监督成本与所得利益之间的计算。[③] 中小股东即使有意愿,其表决权可能也不足以支撑监督行为,监督成本远远大于可能获得的收益。控股股东则不同,其拥有足够的投票权,监督收益高于监督成本,因而愿意花费精力对公司进行监督。因此,在股权集中公司中,中小股东没有足够的动力去管理或者监督公司,而有动力管理或监督公司的控股股东同时存在损人利己的道德风险。

公司内部治理的另一个重要内容是公司章程,公司章程能够在公司法允许的范围内作出公司的自治性规定。控股股东在行使控制权时具有显著的外部性,在公司中的地位越来越类似于作为经营者的董事的角色。[④] 控股股东的行为能够直接影响与其关系密切的中小股东利益,[⑤]由法律对控股股东作出规制,能够使其承担一种原则性的信义义务,能够代替控股股东与中小股东的股东协议对控股股东的行为进行

---

① 参见赵旭东:《公司治理中的控股股东及其法律规制》,载《法学研究》2020 年第 4 期。

② 参见刘俊海:《股份有限公司股东权的保护》,法律出版社 2004 年版,第 101 页。

③ 参见李建伟:《公司制度、公司治理与公司管理:法律在公司管理中的地位与作用》,人民法院出版社 2005 年版,第 121 ~ 122 页。

④ 参见朱大明:《美国公司法视角下控制股东信义义务的本义与移植的可行性》,载《比较法研究》2017 年第 5 期。

⑤ 参见蔡立东:《公司治理中的"多数派暴政"问题》,载《法制与社会发展》2003 年第 5 期。

相应的限制,也在发生争议后对法官的自由裁量权进行相应的控制,与合同法上的漏洞填补原则起到异曲同工的作用,[①]符合效率要求,事先约束了控股股东的行为,也为事后救济提供了责任基础。

(四)控股股东控制权危害

控股股东掌控公司治理已然成为一个事实现象,这不仅对传统的公司所有权与经营权分离理论产生冲击,而且也对公司法所规定的法定公司治理主体和治理结构产生冲击。若控股股东滥用控制权,就会造成更恶劣的影响。在良好的法治环境下,控股股东受到完备的法律规制,高控制权对其来说只是与高风险并存的高收益,而并无任何额外的收益。[②] 但是,一旦监管缺位,在控股股东没有受到完备的法律规制时,控制权就可能会被滥用,对其他主体造成损害。其中就包括了控股股东积极参与公司治理带来的一些负面效应。

第一,虚假出资。虚假出资,是指控股股东在公司设立或增资配股过程中,出资不足、出资不实、不出资或者抽逃出资,实际上却行使着控股股东的权利。这种行为对其他按期如实出资的股东非常不公平,对其他股东和公司债权人会造成巨大伤害。例如,在"海国投集团虚假出资案"[③]中,港澳实业控股股东海国投集团隐瞒了因未缴纳土地开发费而没有取得其出资的 160 亩土地产权手续的事实,对港澳实业造成巨大损失。

第二,不正当关联交易。关联交易,是指控股股东与公司之间进行的购买、销售、租赁、代理等方面的交易。并不是所有的关联交易都是不被允许的,只有从实质公正角度判断,会侵犯公司正当利益的前述交易才不被允许。若前述交易不被禁止,则会使公司的财产遭受巨大损失。例如,在"天目药业关联交易案"[④]中,控股股东现代联合集团持有天目药业 31.26% 的股权,长期通过预付贸易货款、购销货物、与个体工商户合作经营、预付包装材料货款等形式,以间接和直接手段为现代联合集团及其关联方提供资金数千万元。

---

① 参见柴瑞娟、接奇伟:《低效困境与制度突围——公司控股股东诚信义务再思考》,载《金融市场研究》2016 年第 10 期。

② 参见李建伟:《公司制度、公司治理与公司管理:法律在公司管理中的地位与作用》,人民法院出版社 2005 年版,第 133 页。

③ 参见徐涛:《港澳实业:原大股东出资不到位事出有因》,载上海证券报网,http://finance.sina.com.cn/stock/marketMsg/1999-12-29/16566.html。

④ 参见刘建梅等:《关联交易、资产专用性与控股股东行为——基于仁和与天目的案例研究》,载《管理案例研究与评论》2012 年第 2 期。

第三，恶意转让公司控制权。恶意转让公司控制权，是指控股股东为了自身的利益最大化，以非规范方式将控制权让渡给公司的恶意收购者。因为股权的财产权性质，控股股东在处分个人股权时具有一定的自由；同时，市场上存在众多恶意收购者，它们用高价收购控制权的目的在于竭尽公司资源以攫取不正当利益。例如，在“健力宝控制权转让案”①中，控股股东三水市政府在未对买家资信进行调查的情况下，以3.38亿元价格将健力宝75%股权转让给浙江国投公司，然而国投公司交付的首期股权转让款1亿元为质押一笔国债所获得的短期融资，且因为对公司管理不力，多次挪用资金，使健力宝在两年后就陷入了困境。

第四，侵吞公司财产。侵吞公司财产，是指控股股东滥用控制权直接或间接长期侵占公司资金，造成公司经营资金严重缺损。例如，在“猴王集团侵吞公司财产案”②中，猴王股份大股东猴王集团以关联交易、借名贷款等方式非法侵吞猴王股份超过10亿元，最终导致猴王股份进入破产程序。

第五，操纵利润分配。操纵利润分配，是指控股股东为了自身的利益，而不是公司整体利益和长远利益，利用其控制权通过有利于自身的利润分配决议。该行为会严重打击其他股东参与公司治理的积极性，从而危害公司的长远利益。例如，在“太一热力公司盈余分配纠纷案”③中，太一工贸持股60%，居立公司持股40%，太一工贸法定代表人李某同时担任太一热力的法定代表人和执行董事。经法院查明，居立公司未分配利润金额为51,165,691.87元，但李某作为法定代表人从未分配过利润。

第六，操纵股票价格。操纵股票价格，是指公司管理人员为了获得巨额盈利，利用信息优势、资金优势、管理优势，控制未来股票价格走势的行为，严重损害了市场投资者的利益。例如，在“众益传媒操纵股价案”④中，公司大股东、董事长文某指使公司管理人员大量买入本公司股票，造成股票交易活跃的假象，虚假抬高股价。

上述六种滥用控制权的行为均对公司、中小股东、公司债权人和社会造成经济损失和恶劣影响，对我国公司治理环境也造成严重损害。控股股东“一股独大”使其有侵害其他中小股东利益的能力和可能性，但并不当然意味着其必然侵犯中小股东利

① 参见吴箫：《控制股东在控制权转让中的诚信义务研究》，西南财经大学2019年硕士学位论文，第10页。

② 参见朱慈蕴、郑博恩：《论控制股东的义务》，载《政治与法律》2002年第2期。

③ 参见最高人民法院民事判决书，(2016)最高法民终528号。

④ 中国证监会行政处罚决定书〔2018〕25号。

益,损害行为发生的首要原因在于法治的不健全。[①] 我国控股股东这一特殊主体亟须明确法律规制的基本逻辑,并落实在立法、司法与执法上,以缓解目前我国公司治理的最大矛盾。

二、控股股东法律规制的基本逻辑

(一)赋予控股股东法定权利的必要性

控股股东的控制权源于股权的特性。[②] 一方面,在公司成立后,股东的出资即转化为独立的公司法人财产,股东的财产权演变为表决权。可以说是从股东对个人财产的直接控制,转变成了股东对法人财产的间接控制,间接控制的表现形式即为行使表决权,而占多数的表决权就表现为控制权。另一方面,控股股东行使表决权形成公司决议,公司的各个机关依据大大小小的公司决议维持公司的正常运转。其中最关键的机构便是意思机构——股东会,而基于股权的特性,控股股东可以根据资本多数决控制股东会,从而实现控制公司。虽然控制权一直被叫作"权",但是很明显,控制权并不属于一种法定权利,而只是对既定事实状态的一种描述,可以说是一种结果性权利。[③] 法定权利,是指通过法律确认的,由法律对其加以保护的权利。法定权利由法律预先规定了其行使主体与主要内容,各方当事人之间都能够很好地明确该权利的主体与内容,并能够很好地对其进行回应和监督。我国法律法规均没有规定一项权利为"控制权",故控制权不属于法定权利,而控制权这一事实权利在日常发挥作用上,表现为动态的、多变的,较灵活纷杂的,概念上趋于模糊,因此很难确定其内容,他方主体难以对其作出回应。[④] 在这个意义上,将"控制权"法定化能够更好地明确其权利本身的内容,也能够明确与权利相对应的义务的内容。

控股股东在大多数背景下,自身即带有一种贬义的色彩。大量的控股股东侵害公司利益的案例使学界费尽心思设计种种方式对控股股东进行约束和限制,[⑤]很少有人想到或者愿意从正面讨论控股股东如何正当行使控制权。[⑥] 用形象的语言描述,这

---

① 参见李建伟:《公司制度、公司治理与公司管理:法律在公司管理中的地位与作用》,人民法院出版社2005年版,第123页。

② 参见王守春:《公司实际控制人诚信义务》,中国法制出版社2019年版,第42页。

③ 参见王守春:《公司实际控制人诚信义务》,中国法制出版社2019年版,第41页。

④ 参见李建伟:《关联交易的法律规制》,法律出版社2007年版,第25页。

⑤ 参见汤欣等:《控股股东法律规制比较研究》,法律出版社2006年版,第244页。

⑥ 参见甘培忠:《公司控制权的正当行使》,法律出版社2006年版,第5页。

些是对控股股东控制权进行“堵”,而未想过对控股股东的控制权予以积极的、合理的“疏”导。[①] 多年来的实践表明,采用“堵”的治理模式效果不佳,不能够很好地解决公司治理的难题。虽然控股股东与中小股东之间存在巨大的矛盾,但是也应当看到两者相互之间的信任关系。除一人公司外,一家公司必然拥有控股股东与非控股股东,那么在面对一个投资风险巨大的控股股东控制的公司时,却仍有源源不断的投资者欣然投资。这背后的原因正是投资者对控股股东的信任,在选择投资对象时,这些目标公司的中小股东必然对公司已经有所了解,相信控股股东能够为其带来合理的回报,如果不信任控股股东,那么便从一开始就不会投资加入公司。[②] 基于这样的信任基础,可以考虑对控股股东赋予相应的法定权利。控股股东在公司治理当中拥有很多事实上的权力,将这些权力的合理部分予以法律认可,使之成为控股股东的法定权利,并辅以措施保障控股股东法定权利的顺利行使。控股股东作为股权集中公司的主要治理主体,理论和实践都能证明这样的治理存在正面的价值。[③] 法律完全可以从正反两面同时规定控股股东的控制权,使控股股东在我国发挥最大的积极作用。

在实践中,控股股东行使控制权的方式主要为行使表决权、指挥公司董事或经理的经营行为。第一种方式于法有据,是资本多数决原则下拥有控制股权占比的应有之义;而第二种方式则不那么合乎法理,从实际层面上架空了下级经营者的部分权利。基于两个方面的整理与评价,控股股东控制权最适合且最方便法定化的便是其表决权部分。且如果将控股股东单独决定权法定化后,控股股东控制权的其他内容也得到了间接的法定化,使控股股东的整个控制权都涵盖在了法律规制的范围之内。表决权是每个股东都享有的固有权利,但在现在的非全体一致决制度下,控股股东享有多数表决权即意味着其在事实上享有“一票决定权”。虽然中小股东也有集体反对控股股东的时候,一方面,这属于少数事件,绝大多数情况下,中小股东都“理性冷漠”地附随控股股东行使表决权;另一方面,只要资本多数决原则不废除或者改变,中小股东的反对只是口头上与会议中的反对,无法落实为公司的有效决议,且他们当初入股公司时就已经知晓这种情况出现的可能。再退一步讲,公司法也为其提供了退出公司的途径,无须“白费力气”与控股股东比拼表决权。将控股股东控制权法定化的同时,必然伴随着对其施加相应的法定义务,如此,便形成了完备的法律规制体系。

① 参见赵旭东:《公司治理中的控股股东及其法律规制》,载《法学研究》2020 年第 4 期。

② 参见张学文:《封闭式公司中的股东信义义务:原理与规则》,载《中外法学》2010 年第 2 期。

③ 参见李建伟:《公司制度、公司治理与公司管理:法律在公司管理中的地位与作用》,人民法院出版社 2005 年版,第 123 页;朱慈蕴、郑博恩:《论控制股东的义务》,载《政治与法律》2002 年第 2 期。

(二)对控股股东施加信义义务的正当性

控股股东与其他中小股东相比,在权利性质上完全一样,只是在数量上享有更多的权利。这种数量上的优势使控股股东有能力行使“多数派暴政”,将不符合公司整体利益的个人意志通过合法的程序上升为公司意志,其他中小股东对此毫无办法,这便是资本多数决原则的异化现象。控股股东享有不受制衡的控制权,存在为个人逐利的道德风险,滥用资本多数决原则导致公司利益受损、中小股东利益受损,并妨碍市场经济的发展。资本多数决原则建立在一个基本的假定条件之上,即控股股东作出的决策是善意的、理性的,且控股股东利益和公司整体利益不是相互排斥的关系。① 但这一前提高估了股东的诚信品质,忽视了个体股东之间以及个体股东与公司之间的异质性,在公司经营实践中很容易落空。一旦条件落空,资本多数决原则只会沦为控股股东追逐私利的工具,与之目的背道而驰。因此,资本多数决是一把“双刃剑”,为了限制其滥用,就必须赋予控股股东必要的义务,将不滥用控制权的道德义务上升为法律义务,从而规避资本多数决原则的异化。

控股股东信义义务经历了一个多世纪的发展,已经形成了较完备的法理基础,从而可以解释为什么控股股东在承担出资义务后,还要对其他相互地位平等的股东承担单独的、特殊的义务。“由形式正义走向实质正义是现代法和近代法的重要区别。”②股东平等原则的目的之一在于保护投资者的利益,然而控股股东与中小股东在公司中的地位只是形式上的平等,其在实质上仍是不平等的,处于弱势地位的中小股东的合法权益没有得到充分的保障。此外,还可以将正义划分为程序正义与实体正义。程序正义要求保证中小股东对公司经营管理的参与和对控股股东的监督,而实体正义则要求对享有更多权利的控股股东施加相应的义务。③

信义义务已经演变为一个横跨契约法与侵权法,甚至超越私法范畴的概念。④ 因为控股股东在行使控制权时具有显著的外部性,在公司中的地位越来越类似于作为经营者的董事的角色。⑤ 公司法的产生和发展,是基于公司在实践中不断地进行利益

---

① 参见刘俊海:《股份有限公司股东权的保护》,法律出版社 2004 年版,第 501 ~ 507 页。

② 梁慧星:《从近代民法到现代民法学思潮——20 世纪民法回顾》,载梁慧星主编:《民商法论丛》第 7 卷,法律出版社 1997 年版,第 228 页。

③ 参见冯果、艾传涛:《控制股东诚信义务及民事责任制度研究》,载王保树主编:《商事法论集》第 6 卷,法律出版社 2002 年版,第 338 页。

④ 靳羽:《美国控制股东信义义务:本原厘定与移植回应》,载《比较法研究》2021 年第 1 期。

⑤ 参见朱大明:《美国公司法视角下控制股东信义义务的本义与移植的可行性》,载《比较法研究》2017 年第 5 期。

平衡与试错纠错,从早期简单的规则扩充到现今体系相对完备的公司法规则。每一时期的经济社会发展,都会带给公司法新的调整方向,每一时期的公司法应当尽可能跟随这些变化作出最优的安排方案。控股股东的行为能够直接影响与其关系密切的中小股东利益,[①]

三、控股股东特别权利的法律认可

(一)制度重思:共同决议行为

公司为了形成法人意思,设立股东会、董事会等议事机构,采用共同决议方法进行决策。这样的共同决议被称为公司内部的民主形式,有助于集体形成科学的决策,实现各方之间的监督制衡。但是这样的理想目标,在公司实际运营中很难实现。第一,难以作出科学决策。理想状态下,集体决策能够克服单个个体获取信息的有限性与局限性,汇集各种意见从而消除过于自信的盲目决定。但是,公司治理具有专业性,商事交易也日趋复杂,一般股东难以迈进其"高门槛"(股东甚至不需要有民事行为能力),大部分股东不会对决议内容予以特别关注和研究,而是选择直接跟随精英股东的选择,即"搭便车"。这导致了在事实上,大部分股东对公司决议内容不够了解,并不会实现克服单独个体获取信息的有限性和局限性,变成事实上精英股东的个体判断。第二,难以做到监督制衡。股东对议案不愿发声,无法有效行使监督权,其原因在于熟人效应和面子观念。[②] 股东共同出资设立了公司,彼此都是熟人,而对于熟人的监督都会手下留情。同时,面子观念使股东在会议形式的面对面交流中很难讲真话。虽然私下交流时可能会对公司或其他股东表现出不满,但一见到真人,在面对面交谈时却往往会讲假话,使这样的当面监督很难奏效。在董事会中,公司法已经建立了"异议免罚"机制,促使董事积极提出异议,但在实践中仍然效果不佳。

基于上述原因,公司中的共同决议并不能实现科学决策与监督制衡,除非在股东、董事之间形成巨大的利益冲突和分歧,才能够看到理想中的激烈争议。对此,公司是否应当采用共同决议的形式就成了一个值得讨论的话题。公司是一种基于合作而实现"交易效率化"的工具,[③]然而,共同决议这一方式既达不到科学决策、监督制

---

① 参见蔡立东:《公司治理中的"多数派暴政"问题》,载《法制与社会发展》2003 年第 5 期。

② 参见蒋大兴:《重思公司共同决议行为之功能》,载《清华法学》2019 年第 6 期。

③ 参见蒋大兴:《重思公司共同决议行为之功能》,载《清华法学》2019 年第 6 期。

衡的效果,甚至损害了公司内部的决策效率。对公司来说,其日常经营的商业判断具有专业性和复杂性,且对效率的要求较高,否则就会错失很多商业机会。在这种背景下,精英决策有着很强的适用性,既契合了商业决策的高效率要求,又实现了由集体责任向个人责任的转变。①

公司的会议程序主要有两方面的价值:其一,通过会议形成决策;其二,会议上的沟通与交流。会议程序同时具有辅助性的工具价值和独特性的固有价值,股东会、董事会以会议进行集体决议的固有价值便体现在尊重小股东的知情权、辩论权和反对权中,给予小股东说服大股东改变主意的机会。② 在实践中,存在控股股东听取会议上交流意见后改变原有主张的情形,但应当承认,这只是少数情况下,在绝大多数情况下,会议只是使决议生效的例行程序。在控股股东能够单独决定决议的生效与否的公司中,会议的程序价值是否可以适当地降低而让位于公司经营的效率价值?对此,斯坦菲尔德的观点很具洞见,他认为,会议真正重要的作用在于使领导者"获取整体团体的所有想法"。③ 股东会会议只是一种股东之间信息交流的场所和通道,控股股东在会议之前已经形成并固定了自己的想法,其能够只依据自己的想法形成决议,也能够在吸收他人想法后,依据新的综合想法形成决议。因此,完全可以淡化公司会议的决议功能,强化其信息交流功能。在明确控股股东对其单独决定的决议承担责任的基础上,可以免去召开公司会议的烦琐程序,改为控股股东听取其他中小股东意见后单独决定。且在事实上,控股股东也是通常在会前咨询中小股东的意见,在形成自己的决定后再参与会议。这样一方面守住了公司会议交流讨论的部分价值,另一方面大大提高了决议通过的效率,避免了完全形式化的会议带来的浪费。

(二)制度构建:职权代行机制

控股股东控制权的表现形式在于其表决权,表现为控股股东能够独自决定一个决议的通过或否决,召开股东会进行表决只是其表决权的行使过程,股东会的表决通过是使决议合法、有效的必经程序。可以考虑设置股东会职权代行机制,免去召开股东会会议的形式流程,以实现公司决策效率的最大化,充分发挥控股股东在合理范围内行使控制权对公司治理的积极作用。

---

① 参见蒋大兴:《重思公司共同决议行为之功能》,载《清华法学》2019 年第 6 期。

② 参见商法学研究会:《公司治理制度革新的基本架构|"公司法修改巡回论坛"第二场》,载微信公众号"商法学研究会"2020 年 9 月 12 日,https://mp.weixin.qq.com/s/w9HMTAIAqBBEcoetrnJKOw。

③ [加]布莱恩·斯坦菲尔德:《共识建导法:从个人创造力到集体行动》,杜文君等译,复旦大学出版社 2005 年版,第 55 页。转引自蒋大兴:《重思公司共同决议行为之功能》,载《清华法学》2019 年第 6 期。

公司民主是政治民主在经济领域的体现，公司民主是“合作性博弈”，公司成员相聚在公司，至少在公司建立之初都有着共同的利益目标，因而各方更容易在商谈后达成妥协。[①] 当控股股东单独享有通过决议的股权比例时，股东会会议已经沦为一项意义不大的程序，在实质上和程序上，由控股股东直接决定公司事项都具有合理性。[②] 严格撤销具有程序瑕疵的决议有助于实现程序正义的独立价值，但对程序正义的违反并不必然损害实体正义。[③] 从实体正义和效率的双重维度考虑，具有程序瑕疵的决议不应全部都可被撤销。有些不符合股东会会议这一程序要件而形成的决议，但其在实质上符合法律或者公司章程规定的决议通过比例要求的，则可以从实体要件出发承认其决议的有效性。[④] 职权代行机制虽然在程序上确实减少了股东在股东会会议上面对面交流的机会，但在实体上依然得到了股东会会议的实质结果，还节省了股东会会议的成本，大大提升了公司决策效率。[⑤] 因此，职权代行机制的内涵是，尊重资本多数决下控股股东享有的公司决议决定权，将股东会会议程序予以省略，交由控股股东全权负责决议的通过与否并承担该决议的全部后果。这样清晰的责任承担机制会使控股股东在独自做决定时更加谨慎，促使他征求其他股东的意见。具体法律条文可以设计如下：

第×条

公司章程可以规定，控股股东持有表决权符合本法或公司章程规定的，可以不召开股东会，单独通过公司决议。

控股股东单独通过公司决议的，应当提前十五日通知全体股东。

公司决议的一般通过形式为召开股东会会议，根据表决权的多少，决定决议的通过与否决。这一方式具有最基础的、最广泛的适用性。职权代行机制作为一种特殊的公司决议通过形式，是传统股东会会议形式的特殊化，在股权集中公司中具有独特的适用性。依据对公司法强制性规则与任意性规则的分类，公司的决议通过方式规则属于公司法当中的结构性规则、赋权性规则，在初次章程制订中允许做出修改。[⑥] 在拥有控股股东的股权集中公司中，职权代行机制的实质在每次股东会会议中都有

---

① 参见蒋大兴：《重思公司共同决议行为之功能》，载《清华法学》2019 年第 6 期。

② 参见赵旭东：《公司治理中的控股股东及其法律规制》，载《法学研究》2020 年第 4 期。

③ 参见李建伟：《公司法学》，中国人民大学出版社 2011 年版，第 313 页。

④ 参见蒋大兴：《公司法中的合同空间——从契约法到组织法的逻辑》，载《法学》2017 年第 4 期。

⑤ 参见赵旭东：《公司治理中的控股股东及其法律规制》，载《法学研究》2020 年第 4 期。

⑥ 参见罗培新：《公司法强制性与任意性边界之厘定：一个法理分析框架》，载《中国法学》2007 年第 4 期。

体现,职权代行机制不过是将这一事实上的机制予以显名化与具体化。职权代行机制只是改变了程序事项,但并不改变实际结果。但是,为了保护中小股东的合法权益,应当规定是否采用职权代行机制由公司章程授权为前提,并一定要赋予控股股东行使职权代行机制时相应的义务。①

职权代行机制作为一种由控股股东独自行使的公司决议通过方式,与传统的股东会会议有着一定相似的地方。两者对同一事项的表决权比例要求相同,同样要求履行事先的通知义务,同样要求控股股东回避某些事项的表决。具体来讲,控股股东应当履行事前与事后的通知义务。职权代行机制只是免去了开会表决的过程,而不应当免去控股股东与中小股东交流讨论的机会和途径。控股股东应当在行使职权代行机制之前通知其他股东拟决议的事项,其他中小股东可以直接或间接通过各种途径与控股股东进行交流讨论,以协助控股股东形成决议。当然,也可以形成匿名反馈机制,隐名化后的意见交流往往更加有效。达成决议后,控股股东应当将其公开,以便所有股东知晓其内容。源于职权代行机制的特殊性,职权代行机制下的通知义务相比传统股东会会议的通知义务要求更高,通知的内容应当清楚、详细而非笼统、泛谈。当然,依决议事项的性质,根据法律规定需排除控股股东表决权或采用其他投票方式的,控股股东不得以职权代行机制通过决议,而应召开股东会会议通过。主要情形为拟决议事项与控股股东具有关联关系,在此情况下,传统股东会会议形式尚不能根除其中的风险,更不能直接相信控股股东能够履行忠实义务,应当根据法律规定对其表决权予以直接的、彻底的排除。② 最后,依据职权代行机制通过的公司决议由该控股股东全权负责,其他中小股东无须提出反对意见或登记在案,默认对该决议不承担任何责任。在传统股东会会议形式下,股东只有在提出反对意见且被登记在案的情况下,才对该决议不承担责任,且享有股东异议股权回购请求权。在职权代行机制下,既是因为不方便收集全部异议股东的反对意见并将其登记在案,更是因为控股股东在职权代行机制下独立通过决议理应承担更高的注意义务,所以没必要对全部异议股东的反对意见进行收集。

综上所述,构建控股股东职权代行机制具有合理性、可能性与效益性。但同时,职权代行机制只是对公司共同决议制度重思的一个较小的方面,只是对存在控股股

---

① 参见张毅等:《【讲座回顾】公司法修改中的公司治理》,载微信公众号"华政经济法"2021年5月14日,https://mp.weixin.qq.com/s/eI0nbRmMVqsSariuySHjNQ。

② 参见高达:《公司治理中控股股东的主体地位及职权代行机制构建》,载《深圳大学学报(人文社会科学版)》2021年第5期。

东公司的股东大会的一项创新改变。对于不存在控股股东公司的股东大会、公司的董事会、监事会,亦可根据现代公司中共同决议与经营决策的对比,以及会议作为交流讨论途径这一基础判断,作出相应的创新。减少非零和博弈的冲突对抗,强化会议中的交流讨论,充分地调动与会人员积极性进行意见交换,从而更好地、更平和地形成如何提升公司绩效——这一共同目标下的一致意见。

四、控股股东追责机制的整体构建

(一)施加信义义务

明确控股股东的信义义务能够清晰控股股东的责任承担,既是对控股股东行使控制权时的限制与警示,也是控股股东滥用控制权造成损失时请求赔偿的责任基础。股东信义义务经由董事信义义务发展而来,且又不同于董事义务。控股股东信义义务是对信义义务适用范围的理性扩展,[①]在两大法系的立法与司法实践中得到广泛的确认。[②] 控股股东信义义务内容可以分为注意义务和忠实义务。

注意义务是一种积极义务,是指控股股东作为中小股东的受托人,应当履行一个善良管理人或普通谨慎之人应尽的注意,诚信地进行公司的管理,不得怠于履行职责。[③] 控股股东注意义务强调,控股股东应当以普通谨慎之人的注意履行义务,即以为公司整体利益最为有利的方式行使公司控制权。[④] 对控股股东注意义务的要求不能过高,一般要求与其自身的知识经验水平相匹配,最低标准即为普通谨慎之人的知识经验水平。控股股东承担注意义务主要体现为对表决权行使的合理判断,以及对提名的董监高的持续监督。首先,控股股东在股东会会议上行使表决权时,其承担一般谨慎人的注意义务,注意程度的标准低于公司的董事和经理。其次,在控股股东控制的公司中,公司的主要管理者——董监高一般都是由控股股东提名,并听从控股股东的指挥,为其利益服务。控股股东有滥用权利指挥董监高违法违规的可能,也有放纵董监高不轨行为的可能。因此,控股股东应当对其提名的董监高承担监督责任,以尽到善意管理人的注意义务。[⑤]

---

① 参见刘凯:《控制股东的信义义务及违信责任》,载《政法论坛》2009 年第 2 期。

② 参见王继远:《控制股东对公司和股东的信义义务》,法律出版社 2010 年版,第 67 页。

③ 参见王保树、杨继:《论股份公司控制股东的义务与责任》,载《法学》2002 年第 2 期。

④ 参见王保树、杨继:《论股份公司控制股东的义务与责任》,载《法学》2002 年第 2 期。

⑤ 参见刁龙生:《控制股东的义务与责任研究》,法律出版社 2006 年版,第 113 页。

忠实义务是一种消极义务,道格拉斯法官(Justice Douglas)在佩普诉里顿案(Pepper v. Litton)的判决中写道"负有忠实义务的人不能滥用权利以牺牲其他人合法权益的方式获取个人利益"。[①] 控股股东忠实义务强调控股股东个人利益与公司整体利益之间的平衡关系。控股股东基于逐利性,天然地存在个人利益大于公司整体利益的倾向,忠实义务旨在进行一定程度的约束,寻求使二者动态平衡,实现控股股东个人利益与公司整体利益之和的"共同利益"最大化。不能认为,只要控股股东获得了自身利益而不论公司利益有无受损,就违反了忠实义务。相比之下,忠实义务是更重要的组成部分。控股股东违反前述义务的行为多种多样,其中"虚假出资"等第一章通过真实案例形式讲述的六种行为具有代表性和典型性,可以重新归类汇总后在控股股东信义义务法条中予以列举规定。

德国与我国澳门特别行政区的相关法律均规定了控股股东对公司和其他股东的赔偿责任。德国法认为,公司的每个股东都应当对所在公司和其他股权持有人承担诚信义务,每个股东都不能实施破坏性行为。德国《股份公司法》第 309 条和第 317 条具体规定了"控股股东"以连带债务人对损失承担赔偿责任。我国澳门特别行政区《商法典》第 212 条具体列举了违反信义义务的五种情形,内容涵盖了违反注意义务和违反忠实义务的内容。我国《公司法》第 148 条规定董事忠实义务的条文采用了"列举 + 兜底"的结构形式,与我国澳门特别行政区《商法典》第 212 条十分类似。我国《公司法》可以将控股股东违反信义义务的主要情形进行归类汇总,规定在一个条文当中,从而形成控股股东信义义务的完整体系结构。具体法律条文可设计如下:

第 × 条

控股股东应当遵守法律、行政法规和公司章程,对公司与其他股东承担注意义务和忠实义务。

控股股东不得有下列滥用控制权的行为:

(一)滥用支配地位,通过损害公司、其他股东的利益的决议;

(二)以为本人或第三人谋取不正当利益为目的,引导董事、监事、高级管理人员为不法行为;

(三)利用关联关系,直接或通过他人与本公司订立合同或者进行交易,损害公司、其他股东的利益;

---

① See 308 U. S. 295(1939).

（四）对公司、其他股东或利益相关人欺诈、隐瞒、篡改公司的重要信息；

（五）违反对公司忠实义务和注意义务的其他行为。

该条文的第1款既明确了控股股东应承担与信义义务相关的责任，又明确了前述主体负有信义义务的对象是公司和其他公司所有权人。该条文的第二款，具体列举了四种违信的行为，前两项是控股股东的注意义务，后两项是控股股东的忠实义务，最后一项是兜底条款。在该条文之后，后续应当首先规定控股股东违信责任的认定标准、举证责任与责任形式，使该条文能够运作起来；随后，可以将分散规定的违反信义义务行为的具体责任集中规定。在此说明一点，虽然注意义务和忠实义务的行为方式不同、界定程度不同，但其在违信责任的认定标准和责任形式上存在很多共性，后文不再区分讨论。

（二）明确违信责任

没有责任条款，义务条款将形同虚设，对义务主体毫无约束力。构建控股股东追责机制，应当明确违反信义义务行为的判断标准、归责原则与责任形式。《公司法》中的控股股东违信责任的具体法律条文可以设计如下：

第×条

控股股东滥用控制权给公司或其他股东造成损失的，应当依法承担赔偿责任。由控股股东对自己不存在滥用控制权行为承担举证责任。

控股股东违反前款规定所得的收入应当归公司所有。

该条规定包含了控股股东违信责任的三个维度：第一，认定方式。对控股股东是否应承担信义义务的调查是一项涵盖多方面、多层次内容的综合性调查，需要耗费大量的人力、物力资源。为了防止控股股东信义义务法定化后，相关诉讼量激增，从而导致法院凭借有限的资源无力应对，所以，一方面，需要各地法院加强该方面资源配备，以应对逐渐增加的司法实践需求；另一方面，可以对控股股东信义义务的调查加设前置性程序，即通过个案认定的方式，先判断个案中控股股东是否拥有"控制权"，以减少资源的浪费，强化司法效率。具体而言，在控制权的认定方式上，应采取实质判断的方式。也就是说，法院应具体判定，在特定案件所涉及的特定的公司决议、交易等中，原告控股股东是否利用其影响力，实质性地左右了该特定的公司决议、交易等的结果。经过个案的前置性认定，当法院认定控股股东拥有"控制权"后，才能激活法院对该控股股东在特定案件中是否应承担违反信义义务的责任的调查。

第二，归责原则。控股股东信义义务的赔偿责任应采过错推定责任原则。过错推定责任主要适用于实质地位不平等的双方主体之间,目的是更好地保护处于相对弱势地位主体的合法权益。控股股东相对中小股东处于更优的地位,采过错推定责任可以让控股股东承担举证责任,维护股东之间的实质平等。这样控股股东就不得不主动出示证据证明其行为的合法性与合理性,否则就要承担不利后果,在一定程度上缓解控股股东和中小股东在人力、财力、证据收集等方面的悬殊地位。在举证责任分配上,首先,为了防止中小股东滥诉、浪费司法资源,应当先由原告中小股东初步证明在特定案件所涉及的特定的公司决议、交易等中,被告谋取了个人利益。在中小股东提供初步证据证明被告的个人利益事实上获得了实质性的收益后,由被告控股股东提交更具体的证据证明该特定案件所涉及的特定的公司决议、交易等符合公平性要求。具体而言,控股股东必须提供交易在价格上符合公平要求,以及交易在程序上也符合公平要求的证据。

第三,责任形式。控股股东违反信义义务赔偿责任的赔偿形式主要为停止行为、返还所得利益、赔偿损失与强制收购股份等。首先,当控股股东违反信义义务,给公司和其他中小股东造成了损失时,应当立即停止该行为,如立即停止进行中的不正当关联交易。其次,《公司法》第 148 条以及 2019 年修订的《中华人民共和国证券法》第 44 条规定了公司的归入权,控股股东应当返还因违反信义义务得到的个人利益。再次,控股股东负有民事赔偿责任。赔偿数额的确定应当考虑两方面因素:一是受损主体因此遭受的损失,二是控股股东因不当行为获得收益。最后,在控股股东恶意转让控制权时,中小股东可以要求控股股东收买其股份,从而退出公司。以上多种责任形式可以单独适用,也可多项同时适用。

(三)相关配套制度

与控股股东信义义务相配的制度主要为表决权排除制度、股东诉讼制度、股权回购制度。首先,对控股股东最重要的权利——表决权进行了适当限制,使其不能够对有关联关系的决议行使表决权。公司法应将关联交易、董监高的选任、股东权利的取得与丧失等情形列入表决权排除的适用范围。其次,明确赋予中小股东诉权,并明确控股股东能够成为股东代表诉讼的被告主体,使其从公司的"背后"站到了前台,成为显名化的被告。一方面,能够警醒控股股东,不仅受其操纵的董监高能够作为被告,其自身也能够成为被告;另一方面,能够保证中小股东诉权的明确性和充分性。[①] 最

① 参见邓明聪:《控股股东忠实义务探析》,华南理工大学 2019 年硕士学位论文,第 28 ~29 页。

后，在中小股东走投无路或者不愿意耗时耗力时，赋予中小股东退出公司的权利，使其拥有使公司或者控股股东回购其股权的请求权。从我国公司治理的实际情况出发，有必要在控股股东严重违反忠实义务时将其增加为股权回购主体。相关的配套制度，赋予中小股东相应的、能够维护自己合法权益的权利，使其能够对抗控股股东，并在控股股东违反信义义务时能够采取有效的内部治理或外部治理方式，对控股股东的违信责任予以追究。

五、结　语

公司法致力于建构一种各方主体之间利益平衡的秩序。如果控股股东处于绝对优势地位，其他处于弱势地位的主体根本无法对其进行有效的制衡。本文认为，应尽快从法律层面明确对控股股东的规制，可以对控股股东事实上享有的控制权予以认可，设立职权代行机制，在明确控股股东信义义务与责任制度的前提下，提高“一股独大”公司的议事效率。

市场实务

INVESTOR

首例特别代表人诉讼康美药业案的几点思考

刘　磊*

摘　要:2021 年 11 月 12 日,投服中心申请发起的全国首例特别代表人诉讼康美药业案公开宣判。本案标志着以投保机构为唯一代表人,以投资者“默示加入,明示退出”为特色的中国特色集体诉讼司法实践成功落地。本文对 2019 年修订的《证券法》及配套规则等涉及特别代表人诉讼的制度进行了介绍,对首例特别代表人诉讼案件过程进行了完整回顾,对案件各参与单位的工作成效进行了全面的总结,对案件过程中遇到的一些问题和法律空白点进行了深入的分析研讨,并提出完善特别代表人诉讼制度的相关意见建议。

关键词:特别代表人诉讼　康美药业　集体诉讼　投资者保护

2021 年 11 月 12 日,投服中心代表的全国首例特别代表人诉讼康美药业案公开宣判。本案标志着以投资者“默示加入,明示退出”为特色的中国特色集体诉讼司法实践成功落地,是扎实推进中共中央办公厅、国务院办公厅印发《关于依法从严打击证券违法活动的意见》中所强调的“健全民事赔偿制度”“抓紧推进证券纠纷代表人诉讼制度实施”的强力举措。本案对促进我国资本市场深化改革和健康发展、切实维护投资者合法权益具有深远意义,是中国法制史上的里程碑,也是资本市场法治建设的新标杆,被国务院新闻办公室列为“司法审判服务保障全面建成小康社会”全国典型案例。该案同时作为备选 40 个案件之一,入围最高人民法院、中央广播电视总台主办的“新时代推动法治进程 2021 年度十大案件”。

* 中证中小投资者服务中心副总经理。

一、特别代表人诉讼制度概况

(一)2019年修订的《证券法》

2019年修订的《中华人民共和国证券法》(以下简称《证券法》)第95条第3款建立了“默示加入,明示退出”的诉讼机制,在投保机构未经证券登记结算机构确认的权利人向法院登记时,投资者明确表示不愿意参加该诉讼的除外,未明确表示退出诉讼的投资者受该代表人诉讼约束。这一法律规定突破了学理上关于“代表人必须同时是案件当事人”的传统认识,允许其接受50名以上投资者的委托作为代表人参加诉讼,确定了投保机构可以基于当事人委托而成为代表人的法律地位。

(二)配套规则

2020年7月31日,最高人民法院发布了《关于证券纠纷代表人诉讼若干问题的规定》(法释〔2020〕5号,以下简称《若干规定》)。同日,中国证监会亦发布了《关于做好投资者保护机构参加证券纠纷特别代表人诉讼相关工作的通知》(证监发〔2020〕67号,以下简称证监会《通知》),投服中心也公开发布了《中证中小投资者服务中心特别代表人诉讼业务规则(试行)》(以下简称《业务规则》)。另外,为规范证券诉讼案件评估工作,投服中心从交易所与其他自律组织、科研院校、证券经营机构、审计评估机构、法律服务机构等专家中进行遴选,组成了证券诉讼案件评估专家委员会,制定了《投服中心证券诉讼案件评估工作管理办法》。

最高司法机关以“司法解释”的形式、证券监督管理机关以“专项通知”的形式让2019年修订的《证券法》第95条规定的“证券纠纷代表人诉讼制度”在司法实践中有据可依,《业务规则》就落实《证券法》第95条第3款规定的特别代表人诉讼制度提出了相对详细的业务操作规范。上述三项规则,形成了与《证券法》相配套的“司法解释+监管规定+投保机构业务规则”的规范体系。

相关配套规定确定了投保机构参与特别代表人诉讼案件的范围和标准,确立了特别代表人诉讼案件由涉诉证券集中交易的证券交易所、国务院批准的其他全国性证券交易场所所在地的中级人民法院或者专门人民法院集中管辖,明确了对代表人的特别授权权限,规定了投资者在权利登记阶段和诉讼中的调解阶段的“两次退出”机制,充分保护了个别当事人的上诉权。

二、首例特别代表人诉讼案件过程

2020 年 12 月 31 日，顾某某、刘某某经 11 名原告共同推选为拟任代表人，就康美药业证券虚假陈述责任纠纷提起普通代表人诉讼。2021 年 3 月 26 日，广州市中级人民法院（以下简称广东中院）发布普通代表人诉讼权利登记公告，同日，投服中心在中国投资者网公开发布接受投资者委托的说明，4 月 8 日，投服中心依 56 名投资者特别授权，向广州中院申请转换特别代表人诉讼。4 月 16 日，广州中院发布同意设立特别代表人诉讼公告，经最高人民法院指定管辖，广州中院适用特别代表人诉讼程序审理该案。投服中心依向登记结算机构调取的适格权利人名单，确定案件涉诉总金额 48.66 亿元，总人数 55,326 人。6 月 4 日，揭阳市中级人民法院（以下简称揭阳中院）受理康美药业破产重整申请，7 月 27 日，广州中院公开开庭审理；11 月 12 日，本案一审公开宣判。法院查明，康美药业披露的财报中存在虚增营业收入等情况，正中珠江会计师事务所（以下简称正中珠江）出具的审计报告存在虚假记载。经专业机构评估，扣除系统风险后投资者实际损失为 24.59 亿元。一审法院认为，康美药业进行虚假陈述，造成了投资者投资损失，应承担赔偿责任。马某田、许某瑾等组织策划财务造假，正中珠江及相关审计人员违反执业准则，均应对投资者损失承担全部连带赔偿责任。康美药业部分董事、监事、高级管理人员虽未直接参与造假，但签字确认财务报告真实性，应根据过失大小分别在投资者损失的 20%、10% 及 5% 范围内承担连带赔偿责任。宣判后，代表人投服中心、55,326 名原告及 27 名被告均未上诉。2021 年 11 月 15 日，康美药业召开第二次债权人会议讨论《破产重整计划（草案）》，经全体债权人表决通过。2021 年 11 月 26 日，揭阳中院裁定批准康美药业破产重整计划，公司进入重整计划执行阶段。

三、首例特别代表人诉讼案件的成效

（一）一石激起千层浪

首例特别代表人诉讼一审判决公告后，市场高度聚集，新华网、四大证券报等多家主流媒体进行报道，中国普法、中国检察官等公众号进行转载，专家、学者、律师等纷纷点评，肯定该案的正面作用。截至 2021 年 11 月 26 日，相关新闻被多家媒体和网站进行报道与转载,相关文章 1000 余篇。通过统计,阅读点击量超过 184 万次,投资者评论 5900 余条,参与讨论人数 12,000 余人。中国投资者网带宽由 100G 激增至 800G,仍无法满足浏览需求。

舆论焦点主要集中在以下几个方面:一是赔偿是否能够执行到位,董监高是否会实际承担赔偿责任;二是对独立董事敲响警钟,多家上市公司独立董事辞职;三是审计机构承担 100% 连带赔偿,真正体现了“压实中介机构责任”要求;四是相较于造假收益来说,赔偿金额仍然太低;五是期待特别代表人诉讼能进行全面推广,常态化开展。

(二)投服中心发挥了积极的诉讼担当

投服中心在该案整个诉讼过程中积极担当,主动作为,充分体现了投保机构的公益维权机构职责。

一是发挥公益性,积极落实投保机构法定职责,大幅提升诉讼效率。投服中心积极开发代表人诉讼系统,公开征集投资者,促进代表人诉讼公开透明。投服中心以“投资者申请时身份识别 + 中心出具关于腾讯云人脸核身说明”的形式,代替了身份证明公证文件,降低了投资者申请成本,以电子文件形式向法院提交权利人名单,极大提高了诉讼效率。

二是勇于担当,在法律空白的情形下,主动在破产程序中为被代表投资者申报债权。康美药业于 6 月 11 日宣告进入破产重整,首例特别代表人诉讼与破产程序平行运行。破产程序不同于虚假陈述民事赔偿,在法律空白的情况下,投服中心依据《证券法》立法精神,勇于担当,积极联系破产管理人,要求申报全体被代表投资者的债权。在各方沟通协助下,于 7 月 22 日成功申报债权。8 月 10 日,康美药业第一次债权人会议召开,投服中心经会议表决被选为债权人委员会成员,并得到破产法院揭阳中院的确认,行使监督债务人财产的管理和处分、监督管理人执行职务、提议召开债权人会议等职权。后续投服中心作为债权人委员会委员和投资者的代表人,将尽力维护投资者合法利益。

三是坚守底线,最大限度地维护投资者权益。在破产重整过程中,坚持将投资者权益与所有其他普通债权人同等对待。康美药业案 5 月 28 日开庭交换证据后,法庭组织了两次调解,投服中心积极配合法院的调解工作,坚持由被告提出具有可操作性的调解方案,强调方案中需说明赔偿金额、赔付路径、违约责任等具体细节,坚守 50 万元以下投资者全额赔偿的底线,要求全体被告承担赔偿责任。坚持在破产重整计划草案中将特别代表人诉讼中小投资者与其他小额普通债权人同等对待,不能让被代表的投资者遭受不平等待遇。

(三)管辖法院采用了最新的司法理念

首例特别代表人诉讼无先例可循,很多操作需要在实践中摸索。该案在审判过程中的司法创新理念主要体现在以下几个方面。

1. 50人起诉身份材料的简化。在申请转换特别代表人诉讼后,对于授权委托投服中心作为代表人的56名原告投资者身份证明材料加以简化。投服中心在中国投资者网公开征集50名投资者,并以尽量简便的方式请申请人提供材料,用代表人相关材料代替,便利投资者,提高征集效率。例如:(1)用投服中心从登记结算机构和交易所调取的电子数据代替投资者提交加盖证券公司业务章的纸质证券交易记录;(2)以"投资者申请时通过公安部身份识别+投服中心出具关于腾讯云人脸核身说明"的形式,代替身份证明文件;(3)投资者上传扫描版签字的授权委托书同时邮寄纸质文件给中心,中心先向法院提供扫描版,提供已核验50人属于权利登记公告适格投资者的说明,事后补充提供纸质授权委托书。

2. 揭露日的认定。本案的一大亮点是,拟定2018年10月16日(媒体报道日)为康美药业特别代表人诉讼的揭露日。在讨论过程中,有观点认为,应以2018年12月29日中国证监会立案调查日作为本案揭露日,理由包括行政机关揭露信息具有权威性、以媒体报道日作为揭露日的同类判例极少等。最终广州中院认可将媒体报道日拟定为揭露日,理由有三:首次披露且内容具有相关性;警示强度大,媒体报道日至基准日股价跌幅达47.52%,远高于立案调查日后股价跌幅;媒体报道造成了全国性影响。至于同类判例极少,正体现了首例特别代表人诉讼案件在诉讼形式上的革新,也在揭露日等实质法律问题上实现了突破,为证券民事赔偿法律制度的实践提供非常有益的探索。

3. 公平核定系统性风险。本案由投保基金公司采用移动加权平均法进行损失核定,证券市场风险因素采用个股涨跌幅与生物医药(申万)指数涨跌幅进行同步对比的方法扣除,较客观地进行损失核定,其真实性、合法性、关联性获得法院认可。

一方面,采用移动加权平均法认定投资者投资损失金额更符合实际情况。投保基金公司计算投资者损失时使用的是移动加权平均法的计算方法,康美药业等部分被告提出异议,认为应当使用先进先出加权平均法。一审法院对投保基金公司采用的移动加权平均法表示认可。这个方法实际上考虑了从实施日到揭露日整个期间内,投资者每次买入股票的价格和数量,同时也剔除了因为卖出证券导致的盈亏。因此,该方法更符合实际情况,对从实施日到揭露日期间多次进行交易的投资者的成本认定更合理。

另一方面,采用个体相对比例法测算投资者证券市场系统风险扣除比例更为合理。本案中,案涉虚假陈述行为从实施日到揭露日时间较长,在此期间,证券市场走势波动亦较大。一审判决认为,该测算方法可以更合理计算不同时期买入康美药业股票的各投资者因市场系统风险受到的损失,以此方法测算系统风险扣除比例并无不妥。根据测算情况,除去损失金额在扣除系统风险后为0或者负数的3289名投资者后,共计52,037名投资者有损失。

4. 确认了被告之间的比例责任。判决创新之处在于确定了被告之间的比例责任(无责任)、外部董事与内部董事的区别责任、会计师事务所的合伙人及工作人员的责任认定。

承担100%连带责任的有:实际控制人马某田、许某瑾,董事、副总经理、董事会秘书邱某伟,财务总监庄某清,职工监事、副总经理温某生,监事、独立董事马某洲和审计机构广东正中珠江会计师事务所,正中珠江合伙人、签字会计师杨某蔚;承担20%连带责任(约4.92亿元)的有:董事马某耀、董事林某浩、董事李某、监事会主席罗某谦、监事林某雄、副总经理李某华、副总经理韩某伟、副总经理王某;承担10%连带责任(约2.46亿元)的有:兼职独立董事江某平、李某安、张某;承担5%的连带责任的有:兼职独立董事郭某慧、张某(约1.23亿元)。

5. 通知采取了公告方式。一直以来,各方对于特别代表人诉讼的通知采用的是"一对一"方式还是公告方式争议颇多。首例案件确立了以公告方式通知的实际操作,得到了诉讼各方的认可,为该方式的常态化提供了可靠的路径。同时确立了特别代表人设立阶段权利人对于适格情形和判决阶段原告对自己是否获赔的查询方式,即通过微信小程序查询,这样既极大地保护了当事人隐私,又大大提高了查询效率。

(四)有关单位体现了高度的政治担当

首例特别代表人诉讼引起各方的高度重视,也表现出了高度的协同配合。一是最高人民法院、中国证监会高度重视,积极协调指挥各种诉讼程序的有效衔接。中国证监会于2020年2月建立了代表人诉讼领导小组,负责统筹领导代表人诉讼各项工作。二是为了获得良好的社会效果和法律效果,确保与诉讼中可能引发的各种情形有效协调衔接,最高人民法院指定广州中院管辖,在代表人诉讼与破产重整程序尚存法律空白的情形下，最高人民法院有力指导破产管辖法院，实现了特别代表人诉讼与破产重整的有机衔接，确保5万余名特别代表人诉讼投资者债权得到顺利登记，在破产重整方案中得到充分保障。三是管辖法院广州中院在权利登记、上诉等阶段采取公告的形式积极推进案件审判工作效率，并给予代表人财产保全免担保、免预缴诉讼费等工作支持。四是广东地方政府、公检法等机构主动担当。五是广东省政府积极协调引入战略投资者，保证中小投资者在内的所有债权人有效受偿，最终确定了“现金+债转股+信托受益权”债务清偿方式；公安部门严格执法，追究实控人的刑事责任，在破产重整计划发布当日，广东省佛山市中级人民法院宣布了对康美药业实控人马某田等12人的刑事一审判决。六是主流媒体高度聚焦。除了传统的证券行业“四大报”等主流财经媒体大篇幅报道外，《人民日报》、新华社等央媒也对“康美药业案”一审胜诉给予了极高的评价。

（五）投资者参与热情空前高涨

在“康美药业案”的实践中，投服中心在公开接受委托阶段实现了与投资者的良性互动。2021年3月26日，投服中心在中国投资者网发布了《投服中心接受康美药业虚假陈述民事赔偿案投资者委托的说明》。为鼓励、便利投资者申请，投服中心主动采取投资者邮寄材料快递到付方式，减轻投资者费用负担。投资者积极参与，3月26日开放申请系统后仅3个工作日便已收到50人以上申请。3月26日至4月7日接受投资者委托期间，投资者总申请人数479人，适格投资者352人，适格比例73.5%。适格投资者中，年龄最小的21岁，年龄最大的81岁；所在地域涉及27个省、自治区、直辖市。

（六）代理律师展示了浓厚的公益情怀

特别代表人诉讼的启动是全新的开拓，无任何先例可循，费用标准也没有相应依据，代理律师在没有考虑报酬的情况下，欣然接受而且不遗余力地进行案件代理。律师从案件事实、投资者的投资损失与案涉虚假陈述行为之间的因果关系、投资损失的认定以及连带责任的承担等方面提出代理意见。面对众多个人被告纷纷表示自己不知造假且没有参与造假的法庭陈述，代理律师义正词严地为广大被代表投资者表示：上市公司作为法人，法人的行为能力必须要通过法人机关的成员或者代理人加以具体实现，因此，以法人名义作出的虚假陈述，在本质上就是董监高这些自然人所作出的，或者说至少他们是应当知道的。被行政处罚的董监高均在案涉年度报告上签字确认，也可认定其未尽到了勤勉尽责或者具有一般过失，所以，无论董监高在主观上处于何种心态,是积极共谋、还是“装糊涂”或者“躺平”,每一个被告的签字保证行为,是虚假年度报告得以持续发布的重要原因之一,足以给投资者造成全部损害。有被告提到获益与赔偿要公平,也有被告将投资者的损失金额称为天价索赔。代理律师认为,财产侵权案件的赔偿原则是填平原则,与获益多少无关;投资者索赔金额与本案财务造假金额相比,只是一个零头,本案许多投资者同样面临倾家荡产、身患重疾、家庭破裂的困境。所以,公平正义的天平应该向守法的投资者适当倾斜。

四、特别代表人诉讼中的几点问题和建议

(一)特别代表人的权利义务

1. 权利的取得。目前,特别代表人的权利义务主要来自原告投资者的委托。委托权限为特别授权,包括但不限于代表原告参加开庭审理,变更、放弃诉讼请求或者承认对方当事人的诉讼请求,与被告达成调解协议,提起或者放弃上诉,申请执行,委托诉讼代理人等。

2. 代表人的诉讼地位。在首例特别代表人诉讼案件中,投服中心只有 2 名代理律师参与诉讼,后续司法实务中应加强对特别代表人的支持,在庭审中为投保机构设置特别代表人席位,更好地彰显体现特别代表人诉讼的中国特色;提高代表人可以委托代理人的数量。作为一项创新实践,可明确投保机构作为代表人,可以委托 2 名律师,两名工作人员,共 4 名诉讼代理人。对此,上海金融法院《关于证券纠纷代表人诉讼机制的规定(试行)》中明确投保机构可委托不超过 5 名诉讼代理人参加诉讼,但尚无实践。

3. 在其他程序中的权利取得。由特别代表人诉讼衍生出的其他程序无任何先例可循,特别代表人诉讼与破产重整程序交叉并行时,投服中心根据法定授权成为特别代表人诉讼原告投资者的代表人。但破产程序独立于民事诉讼程序,依据特别法《中华人民共和国企业破产法》规定,上市公司进入破产重整程序后,并无“代表人”概念,仅有债权人委托代理人相关规定。建议最高人民法院修订《若干规定》,增加投保机构作为集体诉讼法定的代表人参与破产重整程序的相关权限。如果短期内难以完成修订,可考虑采取特别代表人诉讼启动时“法院公告 + 投服中心公告”的形式授权。

未来可探索反向授权的方法,即进一步明确除权利登记公告、调解、上诉三个在司法解释中明确规定的时点外,诉讼前、诉讼中、引发破产在破产程序以及破产分配、

执行等各个环节均由投保机构代表特别代表人诉讼确认的债权人行使各项权利。

（二）特别代表人与各方的关系

特别代表人作为原告当事人、投资者代表人、公权力执行机构，要处理好与各方的关系。

1. 与被告的关系。由于特别代表人诉讼案件无和解程序，故无须私下与被告联系。如涉及调解程序，依正当惯例，应由被告先提出调解方案。

2. 在破产程序中与被代表投资者的关系。需明确特别代表人诉讼的被代表投资者要予以投保机构对债权受偿仍有充分的代表权，不宜再在此环节中增加投资者对于债务清偿方案的异议退出机制。

3. 与破产管理人的关系。首例案件一审判决后存在一个有趣的现象，投服中心作为特别代表诉讼的代表人被推选为破产重整债权人委员会委员，一审判决上诉期内就出现了一个在实际中不可能发生的情形，即原告代表人需对被告康美药业公司是否上诉发表意见。进一步而言，即本来对立的诉讼角色，原告代表人还要以决定被告实质性权利义务的决策身份发表法律意见。此种严重冲突的事实结果，亟待后续制度规则或司法解释加以完善。

4. 被剔除投资者诉讼权利救济。在首例案件中，有部分投资者因不具交易因果关系而在投保机构向法院提交适格权利人名单之后，被剔除出原告范围，虽然首例并未出现被剔除投资者向法院主张权益的情形，但后续代表人诉讼常态化后，此种情形应当作为特别代表人诉讼中的应有程序，应当允许被剔除投资者申请听证或表示异议，由法院对此予以司法裁定。

5. 被告方对于适格原告的抗辩。依法律规定，投保机构对于投资者，只是依管辖法院的特别代表人诉讼公告，向登记结算机构调取法定区间权利人名单向法院登记，无权也不应将投资者从适格原告中加以处分或剔除；但无论是从法律目的或诉讼常理来看，被告享有提出原告是否适格的权利，可惜首例案件中因投资者数量庞大，并未向原被告送达书面或电子版本的原告明细，被告多次对原告范围提出异议，法庭允许其在法院现场查询，但面对 50,000 余名庞大数量的原告，无异于大海捞针。后续代表人诉讼常态化中，从原告范围直接决定被告的赔偿范围和金额因素，应考虑赋予被告以法定查阅复制方式，向管辖法院提出不具因果关系原告的剔除意见，由管辖法院作出裁量。

由此引发的另外一个问题是，如果被告不申请剔除不适格投资者，法院也可以就投保机构提交的权利人名单进行审查,对不具有因果关系的投资者予以剔除并以裁定形式告知,并给予被剔除投资者权利救济渠道(异议听证)。

(三)上市公司拟制人格与董监高个人责任的关系

在本案中,被告公司也在公告中表达了保留向违法行为人个人继续追偿的权利。就此,有学者提出,可探索在独立董事等无主观造假故意的主体承担责任后,进一步向实控人、会计师事务所等主观恶意造假主体进行追偿的二次追偿机制。同时,投保机构也应持续关注公司行使追偿权情形,满足法定条件时,可继续提起股东代位诉讼,真正体现"追首恶"、追究"关键少数"的理念。针对实控人、大股东个人将上市公司作为工具,组织策划实施证券违法行为的,是否可以考虑由个人承担首要责任,也值得理论界实务界加以探讨。

(四)"默示加入"未来可能面临的不利情形

"默示加入"制度极大地便利了投资者获赔,然而,从长期来看,如果投资者明白了"默示加入"的本义,也可能逐渐产生惰性——既然躺着都可以收钱,"出头"也没有什么好处,还要向法院提交自己的身份资料,慢慢地可能都不想成为 50 名委托的投资者之一,投保机构也存在征集不到足够投资者而无法启动特别代表人诉讼的可能性。

(五)赔偿基金制度的必要性

从首例案件判决后市场各方的反应来看,投资者最关心的问题就是"我能不能拿到钱,能拿到多少钱,什么时候可以拿到钱",所以,能不能获赔、谁来赔成为最核心、最关键的问题。首例案件因与破产重整的有机衔接,加之各方积极担当,得到了一个令各方满意的结果,投资者能够得到相对令人满意的赔偿,但不等于常态化后,所有特别代表人诉讼被告方都能向受损投资者进行赔偿,那么如何从机制设计上解决这一问题?中国证监会及有关专家学者一直在呼吁的赔偿基金可作为一个理想的选择。赔偿基金的来源,一方面,可考虑以从行政罚没款中设立。2019 年修订的《证券法》第 222 条规定"依照本法收缴的罚款和没收的违法所得,全部上缴国库",有关各方可以加以推进,使特别代表人诉讼制度在最终的赔偿执行环节让广大投资者有足够的获得感。另一方面,可考虑参考我国香港特别行政区的赔偿基金模式,即资金主要来自收取买卖香港交易所产品的投资者赔偿基金征费及投资收入,例如,银行存款所得的利息,以及来自联合交易所赔偿基金及商品交易所赔偿基金所转移的资金。其暂停征费水平为 30 亿港元,恢复征费水平为 20 亿港元。截至 2005 年 12 月,赔偿基金余额已达到30亿港元征费上限,且至今仍保持在20亿港元恢复征费水平以上,故已经暂停征费。

首例特别代表人诉讼收获了良好的政治效果、法律效果、社会效果,市场和投资者等各方都热切期盼证券纠纷代表人诉讼能够常态化开展。相信在未来,各方将在证券纠纷代表人诉讼常态化的实践中积极探索,不断完善相关法律制度,更好地维护广大投资者的合法权益,促进资本市场健康稳定发展。

论重整投资人遴选权的配置

——基于全国企业破产重整案件信息网100份重整投资人招募公告的考察

薛　恒*

摘　要：投资人遴选权的内容应当涵盖招募权和选任权，破产法对重整投资人遴选权未设片言，以至于实践中无明确法律依据可供遵循。全国企业破产重整案件信息网发布的100份重整投资人招募公告显示，管理人作为招募主体具有唯一性，投资人选任模式及选任主体具备多元化特征。招募权的归属应当区分债务人是采“管理人管理”模式，还是采“债务人自行管理”模式。对于前者，将招募权配置给管理人自无疑义；对于后者，则应当肯定债务人的招募主体地位。基于利益平衡原则，应将选任权配置给由债权人代表、职工代表、政府代表、债务人出资人、有关行业专家等组成的专门选任委员会。

关键词：重整投资人　招募权　选任权　利益平衡　选任委员会

一、问题的提出

招募投资人不是重整程序的必需环节，但在实践中，往往成功的重整案例多是以招募到合适的投资人为成功的起点，因为“一般的企业进入重整除了变现重整企业不需要的资产外，都需要引进战略投资者以取得价金作为收益来清偿破产债权”①。不光中国如此，在日本，企业更生程序通常的做法也是引进战略投资人对更生公司进行投资。② 可以说，重整投资人招募的成败，在一定程度决定着重整的成败。

* 上海市协力（苏州）律师事务所律师。

① 徐根才：《破产法实践指南》（第2版），法律出版社2018年版，第200页。

② ［日］山本和彦：《日本倒产处理法入门》（第4版），金春等译，法律出版社2016年版，第203页。

《中华人民共和国企业破产法》(以下简称《企业破产法》)“对重整投资人的选任条件及其权益保护均未有明确规定”,[①]而“重整投资人招募恰恰是目前最缺乏规范的破产程序环节之一”[②]。由于缺乏法律依据,实践中的重整投资人招募活动无法得到有效规范,甚至有可能出现管理人渎职、滥权现象,不利于重整程序的开展。在笔者作为投资人顾问参与的一起房地产企业重整案件中,投资人的遴选完全由管理人主导,管理人未披露具体评选规则及遴选主体,整个遴选过程未能公开透明地进行,最终“不明不白”地选定了投资人,不仅其他意向投资人微词颇多,债权人也多有指摘,以至于后续重整计划草案的表决并不顺畅。可见,对重整投资人遴选权如何合理配置,在《企业破产法》修订的背景下,应当予以明确。

二、实证考察:对100份重整投资人招募公告的分析

截至2021年7月18日,全国企业破产重整案件信息网“债务人信息”项下正在招募或曾经招募重整投资人的企业共491家,本文选择自2020年10月18日至2021年7月18日发布的全部100份[③]重整投资人招募公告进行综合分析,发现如下特征:

(一)管理人作为招募公告发布主体具有唯一性

100份重整投资人招募公告中,有1份预重整案件招募公告由债务人直接发布,有2份招募公告由管理人联合债务人发布,其余的97份均由管理人发布(见表1),可见,实践中的管理人作为重整投资人招募公告的发布主体具有唯一性。

表1　100份招募公告的发布主体发布

发布主体	管理人	债务人	管理人和债务人	合计
公告(份)	97	1	2	100
比例(%)	97	1	2	100

未见有招募公告提及公告产生背景,推测管理人发布的公告内容也大概率系由管理人起草,而且,公告发布渠道、披露信息范围、投资人报名条件、招募流程等也应

---

① 郭娅丽:《出售型破产重整司法适用的现实困境与突破思路》,载《兰州学刊》2020年第2期。

② 莫然:《混沌与秩序:破产程序招募机制之构建——以最高人民法院全国企业破产重整案件信息网的463起招募公告为样本》,载《法治论坛》2019年第4期。

③ 其中有数家为预重整案件,考虑到实践中预重整投资人招募与重整投资人招募并无显著不同,故本文未将预重整招募公告剔除。

系由管理人自主决定,除人民法院有可能进行业务指导外,债权人会议、债权人委员会的参与度应该不高。

(二)多数招募公告对投资人资格施加限制

100份重整投资人招募公告中,除1份招募公告未对重整投资人施加任何条件限制外,其余99份或多或少地限定了重整投资人的基本条件和要求,这些条件限制集中在行业资质、资金实力、经营规模等方面,还有部分要求投资人具备重整投资经验。而且,这些条件限制系直接由发布主体确定,不免会被评价为"以不必要的条件排除潜在投资人的萝卜条款"①。

(三)重整投资人选任方式及选任主体多元化

由于《企业破产法》对重整投资人的选任规则没有规定,所以实践中的操作方式多有不同,100份招募公告显示,重整投资人选任方式及选任主体具有多元化的特征(见图1)。

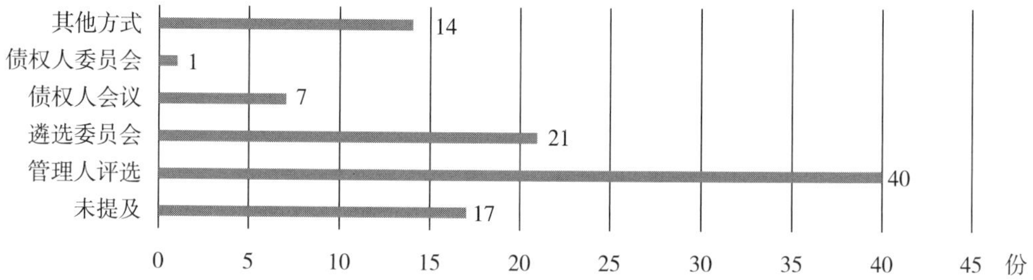

图1　重整投资人选任方式统计

资料来源:根据100份招募公告中选任方式的统计结果绘制。

100份重整投资人招募公告中,有17份对选任方式及选任主体未提及,其余83份均载明了选任方式和相应的选任主体,主要有如下模式:

1. 管理人选任模式

此种方式下管理人为唯一的选任主体,100份投资人招募公告中共有40份招募公告中采取该种模式,占100份投资人招募公告的40%,占载明选任方式和选任主体的83份公告的48%。

在该种模式下,管理人的具体选任方式也各有不同,多数系管理人直接根据意向投资人报名材料进行评审或评分后确定,例如,吴江市某某科技有限公司招募公告中载明,"管理人根据出价高低、支付方式、支付期限、履约能力、履约保障等情况选定";

① 郭娅丽:《出售型破产重整司法适用的现实困境与突破思路》,载《兰州学刊》2020年第2期。

有的公告载明,由管理人直接和意向投资人进行竞价、商业谈判、竞争性谈判后直接确定;还有的公告载明,管理人根据债权人会议或法院意见确定(见表2)。

表2　管理人选任方式统计

管理人选任方式	评审或评分	竞价或其他竞争选任方式	管理人根据债权人会议或法院意见确定	合计
公告(份)	27	12	1	40
比例(%)	67.5	30	2.5	100

该种模式下的选任权几乎完全归属于管理人,管理人掌握着"生杀予夺"的大权,如果受理法院对管理人缺乏有效监督,那么极易导致管理人的权利滥用。

2. 选任委员会模式

这种模式下的选任主体系专门组建的选任委员会或评审小组,[①]该类选任委员会或评审小组均系独立于管理人、债权人会议、债权人委员会的临时机构,100 份投资人招募公告中有 21 份招募公告中采取该种模式,占 100 份投资人招募公告的 21%,占载明选任方式和选任主体的 83 份公告的 25.3%。

选择此种模式的 21 份公告,其中有 18 份均没有提及如何组建选任委员会以及选任委员会由哪些人员组成,只有 3 份明确载明了选任委员会成员的构成:安能某某发电有限公司组建的评审委员会由管理人确定并报受理法院备案,其成员共 7 名,成员包括债权人委员会代表 2 名、当地区政府代表 2 名、受理法院合议庭成员 2 名、管理人 1 名;厦门某某食品有限公司组建的评选委员会由管理人确定并报受理法院备案,其成员共 7 名,包括担保债权人 1 名、普通债权人代表 1 名、职工债权代表 1 名、管理人代表 4 名;江苏某某建筑有限公司组建的评审委员会成员共 5 名,包括职工代表、行业专家、法院、管理人、债权人代表各 1 名。可见,关于选任委员会如何组成,实践中的操作也各有不同。

值得一提的是,有 2 份招募公告还专门另行附随发布了重整投资人选任细则:《安能某某发电有限公司重整投资人招募评审规则》主要包括评审基本原则、评审委员会组成、评审指标、评分细则、评审方法等内容;《厦门某某食品有限公司重整投资人评分规则》主要包括基本原则、评选委员会、评选指标、评审程序、评分标准等内容(见表3)。

---

① 选任委员会模式下,该类主体名称多有不同,有评选组、评选委员会、评审委员会、评审小组、遴选委员会等诸多不同称谓,但并无实质区别。

表 3　是否载明选任委员会构成及选任细则统计

选任委员会	未提及	载明选任委员会构成	专门发布选任细则
公告(份)	18	3	2

在该种模式下,虽然选任委员会、选任细则均由管理人主导,但是一旦选任委员会组建完成,其便单独行使职权,而且选任委员会成员组成具有多元化特征,往往独立于管理人、债权人会议、债权人委员会。

3. 债权人会议选任模式

此种模式是将债权人会议作为选任主体,100 份投资人招募公告中共有 7 份招募公告采取该种模式,占 100 份投资人招募公告的 7%,占载明选任方式和选任主体的 83 份公告的 8.4%。

在该种模式下,具体的操作方式也有不同,例如,有的情况是提前将投资人选任规则纳入财产管理方案,由债权人会议表决,由于无法获悉具体的财产管理方案文本,不确定表决通过的财产管理方案是否将选任权配置给了其他主体,还是仍由债权人会议行使;有的情况是直接由管理人根据意向投资人提交的投资方案制作多份重整计划草案提交给债权人会议表决,最终表决通过的重整计划草案所对应的意向投资人即为中选投资人;还有的由管理人进行初步筛选,然后交债权人会议审议表决进行最终选定。

4. 债权人委员会选任模式

此种模式即债权人委员会为唯一选任主体,100 份投资人招募公告中共有 1 份招募公告中采取该种模式,占 100 份投资人招募公告的 1%,占载明选任方式和选任主体的 83 份公告的 1.2%。该种模式下,系债权人委员会通过投票表决方式票选出重整投资人。

5. 其他方式

100 份招募公告中,除前述四种方式外,采用的其他方式主要有:多种选任方式共用、价高者得、公开竞价或商业谈判等,其中商业谈判模式下仍由管理人主导,实际上选任主体仍系管理人,还有 1 份公告采取管理人联合债权人委员会选任模式。

(四)小结

本文的讨论将遴选权的内容分解成招募权和选任权两方面,并且将招募权概括为发起招募重整投资人的权利,具体包括决定是否招募、如何招募、发布招募公告、决定招募条件、招募流程等。顾名思义，选任权，是指选择和决定重整投资人的权利。通过以上对100份重整投资人招募公告的分析可知，招募公告几乎均由管理人发布，据此可以推知，公告文本拟定、投资人报名条件、提交的文件、招募流程等必然由管理人决定。在重整投资人选任方面，管理人选任、选任委员会选任、债权人会议选任三种模式排在前三位，尤其是管理人选任模式几乎占载明选任方式和选任主体的83份公告的一半，除以上方式外，也有采取债权人委员会选任、价高者得、多种方式共用等模式。

三、省思与解构：破产法框架下几种可行模式评析

（一）招募权的配置：管理人作为招募主体的正当性反思

如前所述，100份重整投资人招募公告中的绝大多数系由管理人发布，公告内容也大概率系由管理人起草，而且，公告发布渠道、披露信息范围、投资人报名条件、招募流程等也应系由管理人自主决定，除人民法院有可能进行业务指导外，债权人会议、债权人委员会参与度应该不高。可见，实践中的管理人是当然的招募主体，这不免面临合法性的质疑。

《企业破产法》第25条[①]规定的管理人职权中并无投资人招募权在内，如果要解决管理人权利来源真空问题，只有解释适用兜底条款“人民法院确定的其他职权”，意即将管理人招募权的来源解释为源于人民法院的授权。[②] 但是，在重整期间能否当然继续适用《企业破产法》第25条兜底条款来解释管理人享有招募权，也是值得深思的问题。

根据《企业破产法》第73条[③]的规定，在重整期间，既可以由管理人负责管理债务人财产和营业事务（“管理人管理”模式），也可以由债务人申请经人民法院批准后

---

① 《企业破产法》第25条规定：“管理人履行下列职责：（一）接管债务人的财产、印章和账簿、文书等资料；（二）调查债务人财产状况，制作财产状况报告；（三）决定债务人的内部管理事务；（四）决定债务人的日常开支和其他必要开支；（五）在第一次债权人会议召开之前，决定继续或者停止债务人的营业；（六）管理和处分债务人的财产；（七）代表债务人参加诉讼、仲裁或者其他法律程序；（八）提议召开债权人会议；（九）人民法院认为管理人应当履行的其他职责。本法对管理人的职责另有规定的，适用其规定。”

② 那么，问题是法院为何有权授权，法院授权的前提是法院享有该权利，揆诸破产法及司法解释，却未见对法院的授权。故而，不能当然认为法院有权授予管理人投资人招募权，此问题在此提出但不展开讨论。

③ 《企业破产法》第73条规定：“在重整期间，经债务人申请，人民法院批准，债务人可以在管理人的监督下自行管理财产和营业事务。有前款规定情形的，依照本法规定已接管债务人财产和营业事务的管理人应当向债务人移交财产和营业事务，本法规定的管理人的职权由债务人行使。”

由债务人在管理人监督下自行管理财产和营业事务("债务人自行管理"模式)。[①] 在"管理人管理"模式下,重整投资人招募主体可以根据《企业破产法》第25条兜底条款确认为管理人自无疑义。但是,"债务人自行管理"模式下,破产法规定的管理人的职权应当由债务人行使,即《企业破产法》第25条规定的管理人职权应当归属于债务人,故债务人才应当是招募主体,管理人扮演的系监督者角色。

综上所述,重整期间若采取"管理人管理"模式,则招募主体为管理人;重整期间若采取"债务人自行管理"模式,则招募主体应当为债务人。实践中的管理人作为唯一招募主体似有违反破产法之嫌,应当尊重债务人作为招募主体的地位,而且允许债务人作为招募主体有利于重整中债务人"利用自身掌握的人脉、技术、管理经验等重要的经营资源"[②]。"债务人资产和营业结构的优势、未来的营业策略和方向、哪个重组方对债务人未来的发展更为有利等,都会对重组方的重组工作产生影响。"[③]

当然,实践中采取"债务人自行管理"模式的案例并不多,而且通常债务人进入重整程序,后治理结构、经营团队并不完备,容易事权不统一、决策不顺畅,管理人作为中立方代债务人行使招募权也可能是权宜之计。

(二)选任权的配置:破产法框架内几种可行模式的优势与不足

《企业破产法》规定的破产程序中的机关主要有人民法院、管理人、债权人会议、债权人委员会四类,能否将重整投资人选任权配置给其中某一机关行使,本小节将逐一评析。

1. 人民法院选任模式

"司法权在破产重整程序贯穿始终并处于主导地位"[④],《企业破产法》虽然没有对人民法院在破产审判中的职权加以明确,但其实其职权不言自明,而且《民事诉讼法》也详尽规定了人民法院的审判职权,无须《企业破产法》再行明确。而且依据《企业破产法》第25条,人民法院甚至可以决定管理人职权范围,故而将重整投资人选任权配置给人民法院应无法律障碍,而且法院作为中立的裁判者,由其选任重整投资人能够避免各方争执不决,提高选任效率。

但是,人民法院毕竟是审判机关,如果由法院行使重整投资人选任权则等于变相要求承办法官需要具备较高的商业判断水准,需要花更多的时间在庭外商业谈判等

① 即《美国联邦破产法》第11章中规定的DIP模式,通常译作"占有中债务人"。

② [日]山本和彦:《日本倒产处理法入门》(第4版),金春等译,法律出版社2016年版,第127页。

③ 许胜锋:《重整中债务人自行管理制度价值及风险的实用性研究》,载《中国政法大学学报》2017年第3期。

④ 雷兴虎、刘浩然:《论司法权介入重整视角下的债权人利益保护》,载《政法学刊》2017年第3期。

事务中，所以其一，在司法资源比较紧张的当下，由法院行使重整投资人选任权并不现实，其二，“法院或法官并不适合对一个公司引进重组方的市场价值作出商业判断，对法官来说可能构成更大的道德风险”①。而且在实践中，“我国破产法官在个案中除了承担司法裁判职责外，还承担了大量破产管理事务，如主持债权人会议、会见当事人等。其中立性与专业性往往因此受到质疑，执业风险也相对较大”②。此外，《企业破产法》毕竟是私法，意思自治已成为各国破产法所秉持的核心原则。很多学者主张在重整程序应当坚持意思自治原则，尽可能地减少法院干预，“司法介入应有合法性和适当性的边界，特别是不应过多介入重整参与人的商业判断。”③故而，重整投资人选任权不宜配置给人民法院。

2. 债权人会议选任模式

有学者指出，“重整程序的立法目的不是以牺牲债权人的利益为代价来拯救债务人或谋求所谓的‘社会利益’，而恰恰在于通过挽救那些具有运营价值的债务人，给予债权人获得更高清偿的合理预期。债权人最大利益原则正是对这种立法目的的完美诠释”④。也有学者认为，“重整制度的价值目标与债权人利益的保护虽然存在冲突，但这种冲突是可以调和的”。⑤“债权人最大利益原则”赋予债权人会议选任投资人的正当性，而且这种模式无疑会降低管理人风险。

但实际上，在选任投资人时，债务人的利益与债权人的利益并不完全一致，债权人往往更关注的是清偿率的高低、受偿时间的快慢，而对债务人能否得以恢复经营缺乏关心的动力，而债务人往往更为关注投资人背后的资源、品牌价值、管理人能力以及其他有利于债务人经营的非财产价值。换言之，债权人更关注清偿率，债务人更加关注经营价值。“破产重整的核心理念之一即在于使重整中的利害关系人获得债务人企业的运营价值”⑥，仅关注债权人清偿率高低或清偿利益最大化过于狭隘。且《企业破产法》第 1 条即明确了，破产法“保护债权人和债务人合法权益”的立法目标，即要平衡债权人与债务人利益保护，而不能有所偏颇，将投资人选任权配置给债

① 丁燕：《合同法维度下的重整投资人权益的保护》，载《法律适用》2018 年第 7 期。

② [美]查尔斯·J. 泰步：《美国破产法新论》（第 3 版）（上册），韩长印等译，中国政法大学出版社 2017 年版，第 8 页。

③ 韩长印主编：《破产法教程》，高等教育出版社 2020 年版，第 223 页。

④ 刘颖：《论破产法中的债权人最大利益原则——兼析〈企业破产法〉第 87 条第 2 款》，载《甘肃政法学院学报》2014 年第 2 期。

⑤ 汪世虎：《我国公司重整制度的检讨与建议——以债权人利益保护为视角》，载《现代法学》2006 年第 2 期。

⑥ [美]查尔斯·J. 泰步：《美国破产法新论》（第 3 版）（上册），韩长印等译，中国政法大学出版社 2017 年版，第 13 页。

权人会议,则利益的天平完全倒向债权人,与立法目标有悖,也不利于发挥重整程序的破产拯救功能,还有可能使别有用心的债权人滥用权利操纵选任过程以争取其个人私欲,反而会阻碍重整进程。①

3. 管理人选任模式

"破产管理人在法律法规和法院的双重授权下,依法处理破产程序中的大量事务性工作,表现为破产程序中的管理人中心主义……这样的安排是基于对破产案件的特殊性考量,可以有效地保障法院司法中立的特性,合理配置司法资源与社会资源以及提高程序效益。"②某种程度上讲,管理人通过接管、调查、审核债权等一系列程序,将系最了解债务人的一个主体,管理人更加明白债务人需要投资人提供什么,并且管理人在选任过程中根据充分掌握的信息协助制作出的重整计划草案也更符合债务人实际状况,有利于提高破产程序的整体效率。扩大解释《企业破产法》第 25 条的兜底条款,将投资人选任权配置给管理人,由法院依职权授权管理人不仅在"管理人管理"模式下享有该职权,还可以在"债务人自行管理"模式下继续保有和行使该职权。

但是,如果将重整投资人选任权的配置上升为立法高度,那么不宜在立法中直接将该权利配置给管理人,理由如下:其一,"投资人选任的商业属性决定了其绝不是可以从法律上完全标准化的一个问题,应当从商业需求和法律理念等多维度综合考量"③。实践中的机构管理人多为律师事务所、会计师事务所等专业组织,商业判断能力有限;其二,选任重整投资人涉及巨大的利益纠葛,面临较大的道德风险,要防范管理人在投资人选任中出现商业回扣、商业贿赂等腐败现象;其三,从管理人立场考虑,也是对管理人的保护。否则,一旦因为投资人选任不当而导致损失则管理人将成为矛盾焦点。

4. 债权人委员会选任模式

根据《企业破产法》第 67 条第 1 款的规定,④债权人委员会由债权人会议选任的债权人代表和 1 名债务人的职工代表或者工会代表组成,可见债权人委员会实际上相当于债权人会议的常设机关,系债权人的代言人(其中职工代表或者工会代表也通

---

① 参见张军:《商业地产企业自行重组困境下破产路径的选择》,载《人民司法(案例)》2019 年第 8 期。

② 张宏伟、朱淼蛟:《对破产管理人的管理与监督》,载《人民司法(应用)》2017 年第 25 期。

③ 池伟宏:《破产重整投资人的选任和保护》,载微信公众号"天同诉讼圈"2018 年 11 月 8 日,https://mp.weixin.qq.com/s/1iua-APy87TjFuMhjqJqzw。

④ 《企业破产法》第 67 条第 1 款规定:"债权人会议可以决定设立债权人委员会。债权人委员会由债权人会议选任的债权人代表和一名债务人的职工代表或者工会代表组成。债权人委员会成员不得超过九人。"

常会是职工债权人),这就决定了其立场只能是站在债权人一边,而通常不会站在债务人角度投票。而且债权人委员会非必设机关,也就意味着有的重整案件可能不会设立债权人委员会。

此外,《企业破产法》第68条第1款[①]规定,债权人委员会的职权主要有监督债务人财产的管理和处分、监督破产财产分配、提议召开债权人会议,以及债权人会议委托的其他职权。可见,债务人委员会的权利源于债权人会议的授权。既然重整投资人选任权不宜配置给债权人会议,则债权人委员会亦不应享有该权利。

四、改进建议:重整投资人遴选权的应然配置

(一)招募权的主体:管理人和债务人

我国破产重整立法在重整期间的管理模式上,我们选择的是管理人管理为主、债务人自行管理为辅的立法模式。虽然近年来我国理论界和实务界对债务人自行管理模式的呼声日渐高涨,但实践中的绝大多数案件仍会指定管理人推进程序,即便在债务人自行管理的模式下,也会指定管理人来监督债务人的自行管理。[②] 基于此,实践中管理人已然成为招募权的当然权利主体。

亦有地方法院采管理人、债务人均可作为招募主体的做法。例如,深圳市中级人民法院发布的《审理企业重整案件的工作指引(试行)》第71条第3款规定:"重整投资人可以由债务人或管理人通过协商和公开招募的方式引进,也可以由债权人推荐。"北京市第一中级人民法院发布的《北京破产法庭破产重整案件办理规范(试行)》第91条规定:"管理人、债务人、债权人等重整利害关系人都可以通过协商推荐或引进重整投资人。人民法院、管理人或自行管理的债务人亦可根据需要决定向社会公开招募重整投资人。"

就招募权的归属问题,无须从立法上加以考量,通过解释《企业破产法》第25条兜底条款即可解决。实践中应当遵循的是,在"管理人管理"模式下,重整投资人招募主体为管理人,"债务人自行管理"模式下,债务人才应当是招募主体,管理人扮演的系监督者角色,除非法院认为有必要,另行授权。否则,管理人不得行使招募权。

---

① 《企业破产法》第68条第1款规定:"债权人委员会行使下列职权:(一)监督债务人财产的管理和处分;(二)监督破产财产分配;(三)提议召开债权人会议;(四)债权人会议委托的其他职权。"

② 徐阳光:《困境企业预重整的法律规制研究》,载《法商研究》2021年第3期。

自行管理的债务人虽享有招募权,但是现实中其行使招募权容易因信用问题而不被投资人信任,不妨探索债务人与管理人联合行使招募权的方式,需要明确的是,联合行使招募权不意味着招募权应当由债务人和管理人共同享有,管理人应当尊重债务人的招募主体地位。

(二)选任权的配置:可以考虑将重整投资权配置给专门的选任委员会

前已讨论,在破产法框架内,人民法院选任模式、管理人选任模式、债权人会议选任模式、债权人委员会选任模式均不可行,那么我们的眼光只有聚焦于破产法外,创造新的模式。

有实务专家指出,"非公开谈判方式既有法院和管理人的监督,又有破产专家和评估师的介入,最终还经债权人会议通过确认谈判结果,是市场化和法治化引进重整投资人的最佳结合"①。虽然这一观点显示出其主张多元主体参与选任投资人的立场,但是仍旧未能回答到底将投资人选任权配置给哪一主体的问题。

根据本文对100份重整投资人招募公告的分析可知,"实务中对投资人的选任形成了较为规范的程序:管理人确定评审委员会,设计评标规则,从意向投资人的适格性、提交申请文件的规范性、重整方案的各项分值等三个方面对意向投资人提交的申请文件进行评审和打分,得分较高的意向投资人将被确定为最终重整投资人"②。该种模式具有透明度高、参与主体广泛的特点,最重要的是,该种模式相对避免债权人权利独大或管理人权利独大,能够起到利益平衡的效果。

毋庸讳言,重整涉及的利益主体具有广泛性,③"困境企业的拯救价值体现在其继续经营价值高于清算价值,维持企业的继续经营有利于债权人、债务人、出资人、员工等各利害关系人,有利于社会整体价值最大化"④。通常在决定重整程序是否启动时,法院即会考虑利益相关方的意见,例如,在"无锡某某金属制品有限公司重整案"中,"法院走访了当地政府、银监局、金融办、台办、职工代表、主要债权人等,充分听取各方的意见后"⑤,才最终作出准许该公司重整的决定。故而进入重整程序后,亦应当考虑多方主体的意见而不能独为债权人的利益考虑。

---

① 池伟宏:《论重整计划的制定》,载《交大法学》2017年第3期。

② 丁燕:《合同法维度下的重整投资人权益的保护》,载《法律适用》2018年第7期。

③ 参见张钦昱:《重整计划制定权归属的多元论》,载《社会科学》2020年第2期。

④ 贺小荣等:《破产管理人与重整制度的探索与完善——〈全国法院破产审判工作会议纪要〉的理解与适用》(上),载《人民司法(应用)》2018年第13期。

⑤ 蒋馨叶:《破产重整制度在挽救濒危企业中的适用》,载《人民司法(案例)》2009年第12期。

因此，相较于人民法院选任模式、管理人选任模式、债权人会议选任模式、债权人委员会选任模式，选任委员会模式具有代表性最广、立场中立等特征。建议在《企业破产法》修订时或制定司法解释时，能够增设投资人选任委员会作为重整程序的参与机关，直接将重整投资人选任权配置给选任委员会。

（三）选任委员会的组成

重整投资人选任委员会的组成在比较法上鲜有参照，有国家在商事重整程序中会设立各种委员会，参与重整程序的委员会一般是无担保债权人委员会、债权人委员会和股权持有人委员会等各种独立委员会，这些委员会组建的理由通常即归因于相关主体的利益冲突。无担保债权人委员会通常由7名愿意承担职责的无担保债权人组成；债权人委员会则根据需要由特定债权人组成，例如，行业债权人委员会；[①]而股权持有人委员会则是由原股东组成，其存在的理由是，整顿程序的"目的是使债务人最终东山再起，所以股权持有人会非常关心这个过程，并会尽力使整顿成功。股权持有人委员会的作用就是使这些人有机会发表意见，并观察整顿程序的进行"。但是该委员会并无实质权利，只是使股权持有人可以有一个参与整顿程序的渠道而已。[②]

从前述对100份重整投资人招募公告的分析可以看出，只有3份明确载明了选任委员会成员的构成。安能某某发电有限公司组建的评审委员会成员共7名，成员有：债权人委员会代表2名、当地区政府代表2名、受理法院合议庭成员2名、管理人1名；厦门某某食品有限公司组建的评选委员会成员共7名，其中有担保债权人1名、普通债权人代表1名、职工债权代表1名、管理人代表4名；江苏某某建筑有限公司组建的评审委员会成员共5名，职工代表、行业专家、法院、管理人、债权人代表各1名。另外，在江苏某某环保股份有限公司重整案中，"最终评审委员会委员由5人组成，分别为无锡市人民政府金融工作办公室、债权人会议主席、德勤咨询公司、海通证券股份有限公司和管理人选派的代表"。[③] 可见，关于选任委员会如何组成，实践中的操作也各有不同，不过以上4家操作中，均无债务人出资人在内（见表4）。

---

① ［美］参见大卫·G.爱泼斯坦等：《美国破产法》，韩长印等译，中国政法大学出版社2003年版，第748～753页。

② 参见潘琪：《美国破产法》，法律出版社1999年版，第198～199页。

③ 丁燕：《合同法维度下的重整投资人权益的保护》，载《法律适用》2018年第7期。

表 4　4 家公司选任委员会组成统计

单位:人

公司名称	人数	成员组成								
		有担保债权人	普通债权人	职工代表	债委会/会议主席	政府代表	合议庭成员	管理人	行业专家/咨询公司	其他
安能某某发电有限公司	7	—	—	—	2	2	2	1	—	—
厦门某某食品有限公司	7	1	1	1	—	—	—	4	—	—
江苏某某建筑有限公司	5	—	1	1	—	—	1	1	1	—
江苏某某环保股份有限公司	5	—	—	—	1	1	—	1	1	1

本文认为,重整投资人选任委员会可以由以下人员组成:(1)债权人及相关主体。因破产法的立法目的是公平偿债,重整投资人的选任与最终债权清偿效果有莫大关联,债权人作为选任委员会成员具有天然的正当性,与此相关联的债权人委员会成员、债权人会议主席、税务债权人、职工债权人等作为成员也无可置疑。至于有担保债权人,因重整程序涉及担保权的暂停行使,且担保物能否正常使用往往关涉债务人的经营可否恢复,故允许担保权人作为成员也有正当性。(2)当地政府及相关主体。实践中破产重整的有效进行离不开当地政府,尤其是重整所涉及的税务减免、信用恢复、资质续展等更是高度依赖于行政权的介入,将当地政府代表纳入投资人选任委员会无疑有利于争取行政权的充分参与和支持。(3)行业专家或咨询专家。“判断破产企业是否具有运营价值以及如何制定最佳的重整方案来展现企业的运营价值,需要具有企业经营能力和管理经验、专业技术知识的人员来判断和进行”①,故在必要情况下可以适当吸收相关行业专家或咨询专家作为选任委员会成员,尤其是涉及具备较高专业要求的重整案件。(4)债务人出资人。重整程序的目标在于恢复债务人

① 贺小荣等:《破产管理人与重整制度的探索与完善——〈全国法院破产审判工作会议纪要〉的理解与适用》(上),载《人民司法(应用)》2018 年第 13 期。

的经营，债务人能否重整成功不仅影响债权清偿效果，也与出资人的利益息息相关，重整企业虽具备破产原因，但并不意味着出资人的股权毫无价值，招募到合适的重整投资人有可能使出资人东山再起；反之，亦有可能让出资人彻底出局，故出资人有促使重整成功的动力。而且根据《企业破产法》的规定，重整计划草案涉及出资人权益调整的，应当设立出资人组进行表决，让出资人在选任投资人阶段即充分行使权利和发表意见，这有利于其后续表决时投同意票。此外，债务人出资人更加了解债务人的实际状况和真实需求，其参与到遴选委员会中有利于选任到更匹配的投资人。

实践中，有将合议庭成员、管理人代表纳入选任委员会的做法，本文对此持否定态度。法院在重整程序中居主导地位，其所发挥的作用是应当是全案的整体指导和监督，而不宜介入具体事项的决策。管理人是整体破产程序的推动者，其扮演的角色应当是具体事项的执行者，而不是决策者，况且管理人在谈判面或乏善可陈，甚至管理人会彻底站在债权人的立场上，全部剥夺股东的权益并关闭谈判的大门。[①] 故承办法官和管理人均不宜作为选任委员会成员。

（四）选任委员会成员的选任

从前述对100份重整投资人招募公告的分析可以看出，只有2份明确载明了选任委员会成员如何产生，安能某某发电有限公司、厦门某某食品有限公司组建的评审委员会均由管理人确定并报受理法院备案。在“江苏某某环保股份有限公司重整案”中，评审委员会委员由管理人提名，受理法院监督审查被提名人的适格性。以上两种方式并无实质不同。不管是管理人直接确定选任委员会成员还是管理人提名后由受理法院审查均属可取，为保证评标公平、公正，选出合适的重整投资人，有必要对选任委员会委员的资格（含专业能力和身份要求）、选任程序、责任承担等内容作出明确规定。[②]

五、展　　望

实践中管理人发布招募公告已成通行做法，管理人对于重整投资人的选任也形成了相对成熟的操作模式，由于还没有出现重整投资人遴选相关的纠纷，以至于很少有管理人会反思既有做法的妥当性。“宜未雨而绸缪，勿临渴而掘井”，通过成文规则

---

① 参见许胜锋：《重整中债务人自行管理制度价值及风险的实用性研究》，载《中国政法大学学报》2017年第3期。

② 丁燕：《合同法维度下的重整投资人权益的保护》，载《法律适用》2018年第7期。

划定招募权和选任权的归属,除了可以保障重整投资人遴选的规范性,对管理人来说,也是一种事前保护。本文仅讨论了"谁来招募"和"谁来选任"两个方向性问题,对于选任委员会的组成、成员选任规则、选任流程、法律后果等选任权内容还有待深入探讨。

提名委员会对我国上市公司治理的影响研究和建议

——从董事提名角度

陶　钧*

摘　要:目前,提名委员会在我国作为上市公司董事会非必设的专门委员会,不断受到重视,设立它的上市公司比例也逐年提高。而提名委员会是否能保持其独立性,从而解决内部人控制问题,抑或仅仅是"新瓶装旧酒",文献对此课题的系统研究并不多。

本文从核心的董事提名角度入手,立足我国上市公司治理实践,结合我国现行法律法规和交易规则以及域外相关制度与董事提名的运作过程,分析了提名委员会对上市公司治理的影响,总结、权衡我国上市公司提名委员会运作实践中的突出问题和其他学者的解决建议,并提出对提名委员会的重构思路。

关键词:提名委员会　上市公司　公司治理　董事提名　独立性

一、引　　言

董事会是公司"三会一层"治理结构中的核心,作为联结股东(大)会与高管层的重要机关,接受股东的委托,同时指挥、指导高管层的事务执行,其运作和治理水平决定了整个公司的治理水平,而董事的提名、选任和董事会成员的构成则直接关乎公司治理的命脉。对上市公司来说,董事会则更加重要,其直接影响公司战略和执行,关系公司经营业绩和广大股东的切身利益。

---

* 上海贤思律师事务所执业律师。

提名委员会在我国作为上市公司董事会非法定必设的专门委员会,近年来无论是在立法中,还是公司的治理实践中,越来越得到重视。但是,在提名委员会的构成、职责范围、提名程序和标准,以及提升上市公司质量、保护中小股东利益上仍有诸多不足。

我国上市公司的董事提名、选任,并没有形成统一的制度和流程,大股东把持董事会给提高整体治理水平增加了不少障碍。因董事会换届引发的上市公司管理层动荡,甚至产生董事、高管舞弊的实例并非个别现象;但是,也有部分上市公司出现大股东提名董事落选、中小股东提名董事占多数席位的进步。[①]

提名委员会可以作为上市公司审核、提名董事的专门机构,研究其对上市公司治理的影响,对提高治理能力意义重大。

本文研究的对象是上市公司的提名委员会,主要内容是以我国现有上市公司董事提名和提名委员会的实际运行情况为立足点,重点分析和探讨提名委员会的成员构成、职责范围、提名标准和程序。

二、提名委员会的产生、发展理论和相关规制

早期公司的董事会成员是从股东当中选举产生,其既非公司雇员,也不领取工资,实际上属于非执行董事。随着社会化分工的深入,公司经营规模愈加庞大,管理难度也不可同日而语。公司管理层的影响力越来越大,其倾向于提名自己易于掌握的董事,导致董事会“内部人控制”现象严重,内部治理矛盾凸显。

在美国,董事的选择过程长期以来一直受到批评,因为往往是有权有势的首席执行官(Chief Executive Officer,CEO),而不是股东选择董事。[②] 人们逐渐意识到,避免董事会“内部人控制”就需要引入不在公司任职的外部人来监督、制衡内部董事和管理层,独立董事开始在公司治理中扮演重要角色。英美法系国家的公司尽管没有监事会制度,独立董事制度却弥补了这一天然缺陷,实现了对公司“内部人”监督机制的自律性改良。到 20 世纪 80 年代,美国各市场监管者不仅要求上市公司的董事会多数成员应为独立董事,而且还要求董事候选人的任命工作应授权给由独立董事构成

---

① 参见仲继银:《康佳董事选举纷争与中国公司治理的进步》,载《商业观察》2015 年第 2 期。

② See Myles L. Mace, *Directors: Myth and Reality*, Harvard University Press, 1971, p. 207; Westphal, J. D. & Zajac, E. J., *Who Shall Govern? CEO/Board Power, Demographic Similarity, and New Director Selection*, Administrative Science Quarterly, p. 60 – 83(1995).

的专门委员会。在这些专门委员会当中,提名委员会是一个"填补董事会空白的"委员会,[1]也受到了越来越多上市公司和市场监管者的重视。

典型大陆法系的德国虽然没有独立董事制度,但其监事会权力高于董事会——由股东会产生监事会,监事会产生董事会;且一直以来旗帜鲜明地将包括提名委员会在内的专门委员会置于监事会之下。[2]

(一)提名委员会的理论

为了理解提名委员会对董事会组成的影响,我们将其目的与现有的董事会角色理论联系起来。S. A. 萨拉(Shaker A. Zahra)和 J. A. 皮尔斯二世(John A. Pearce Ⅱ)(1989 年)强调董事会的组成和角色是相互交织的,[3]并定义了 3 种主要的董事会角色:控制、服务和战略。对以上 3 种角色,A. 希尔曼(Amy Hillman)等(2000 年)认为,需要使用不同的理论来研究它们对董事会构成的影响。[4]

1. 代理理论(Agency Theory)

该理论主要涉及所有权和控制权在现代组织中的分离和由此产生的委托代理问题,也是大部分文献阐述上市公司治理结构中所运用的基本关系理论。在实践中,公司治理可分成统一的两层委托—代理关系:一是股东委托董事作为代理人行使所有人的权力;二是董事委托管理层作为公司实际经营管理的最终代理人(见图 1)。

图 1　公司治理的两层委托—代理关系

由于各方的利益并不完全一致,为追求自己利益的最大化,势必损害股东利益,内部人控制问题就无法避免;两层"委托—代理"还将该问题发生概率再加倍。

显然要杜绝"内部人控制",就是使各方利益一致或纯粹基于合同而非人情世故,

---

① 参见[美]拉尔夫·D. 沃德:《新世纪董事会:公司董事的新角色》,黄海霞译,上海交通大学出版社 2002 年版,第 218 页。

② 参见杨大可:《德国公司合规审查实践中董/监事会的分级合作及启示》,载《证券市场导报》2016 年第 11 期。

③ See Zahra, S. A. & J. A. Pearce Ⅱ, *Boards of Directors and Corporate Performance: A Review and Integrative Model*, Journal of Management, Vol. 15:2, p. 291 – 334(1989).

④ See Hillman, A. J., A. A. Cannella Jr. & R. L. Paetzold, *The Resource Dependence Role of Corporate Directors: Strategic Adaption of Board Composition in Response to Environmental Change*, Journal of Management Studies, Vol. 37:2, p. 235 – 255(2000).

独立董事正是在这样背景下应运而生的。通过独立董事在提名委员会的作用,旨在防止董事间、董事与股东、管理层之间变成沾亲带故、利益交换的“俱乐部”。

但是,代理理论只涉及董事会工作的一个方面(监督、控制),而不涉及董事会可能在其公司内扮演的其他角色;[①]并且也不能解释除了自利以外的其他人类行为的动机,而自利将能指导公司的决策管理。[②]

2. 资源依赖理论(Resource-Dependence Theory)

该理论的前提是公司对外部环境的依赖,而外部环境具有高度不确定性。根据资源依赖理论,董事会的角色是资源提供者,或者跨域协调者(boundary spanners),在公司和外部环境之间,以确保公司获得关键资源,增加其对外部世界的合法性,从而减少环境的不确定性。[③]

资源依赖理论扩展了对董事会角色的讨论,不仅考虑了董事的地位或独立性和有效履行其监督职能的能力,还考虑了董事的技能知识、专长、背景特征和网络联系。[④] 这也是提名委员会在甄选董事候选人的标准和流程的制定依据。

3. 群体有效性理论(Group Effectiveness Theory)

该理论将评价的焦点转移到董事会本身及其工作实践和行为上。公司董事不仅是提供有价值资源的个人,还是负责制定和评估公司战略的群体。群体有效性理论认为,多样性是改善决策的关键资源。[⑤] 群体多样性为公司提供了一个更大的信息库,使群体能够更好地理解环境的复杂性,以探索更多的不同解决方案,并最终产生更好的决策。

包括香港联合交易所在内的市场监管者陆续把董事会多样性或多元化作为一项建议指标写入其上市规则和治理指引中。

提名委员会将面临着多重而复杂的任务。上述三个理论通过考虑董事会工作所处的情境,即团队情境、企业情境和更广泛的环境情境,对董事会角色形成全面的评

---

① Amy J. Hillman & Thomas Dalziel, *Boards of Directors and Firm Performance: Integrating Agency and Resource Dependence Perspectives*, Academy of Management Review, Vol. 28:3, p. 383 – 396(2003).

② See J. H. Davis F. D. Schoorman & Donaldson, L., *Toward a Stewardship Theory of Management*, Academy of Management Review, Vol. 22:1, p. 20 – 47(1997).

③ See J. Pfeffer, *Size and Composition of Corporate Boards of Directors: The Organization and Its Environment*, Administrative Science Quarterly, Vol. 17, p. 218 – 229(1972).

④ W. Ruigrok et al., *The Determinants and Effects of Board Nomination Committees*, Journal of Management & Governance, Vol. 10:2, p. 119 – 148(2006).

⑤ See F. J. Milliken & L. L. Martins, *Searching for Common Threads: Understanding the Multiple Effects of Diversity in Organizational Groups*, Academy of Management Review, Vol. 21:2, p. 402 – 433(1996).

价,包括控制/监控、跨域协调者/服务提供者和战略规划角色。因此,在遴选董事或高管时,提名委员会需要评估这三个角色的现有能力和未来的任务。

(二)提名委员会的法律及市场规制

我国的现行法律,包括《中华人民共和国公司法》和《中华人民共和国证券法》等,均未对董事会的专门委员会进行具体规定。建立专门委员会的主要依据则是2002年1月7日由中国证监会联合原国家经贸委发布的《上市公司治理准则》(以下简称《治理准则》);在2018年09月30日,中国证监会通过第29号公告发布了新修订的《治理准则》,2002年版即告废止。

新版《治理准则》中,“提名委员会”五字仅出现了两次,除界定了三项其主要职责[(1)研究、建议董事高管选择标准和程序;(2)遴选合格董事高管人选;和(3)审核候选人并提出建议]外,仅要求委员会成员全部由董事组成,且独立董事应当占多数并担任召集人。除审计委员会属于“应当”设立外,包括提名委员会在内的其他专门委员会皆“可以根据需要设立”。换言之,可设亦可不设,并不强求。关于提名委员会的具体运作规则和履职要求等,《治理准则》均付之阙如。

2019年4月17日,中国证监会发布《关于修改〈上市公司章程指引〉的决定》(证监会公告〔2019〕10号),将《治理准则》中设立专业委员会的内容加入了上市公司章程范本中,并规定,董事会负责制定专门委员会工作规程,规范专门委员会的运作。

很明显,我国对上市公司治理的具体要求上采用了“软法”的形式,除部分条文存在上位法的强制性规定外,大部分系建议性要求,可以有效融合公司治理内生性和外部监管的优势;[①]上市公司可以评估自己实际情况,自主、灵活地适用,软法性质也能激励上市公司探索更适合自己的公司治理方法和措施。此外,笔者下面列举我国上市公司主要所在的四地交易所关于提名委员会的相关规定(见表1)。

① 参见杨大可:《反思国有上市公司专门委员会的设置——以2018年〈上市公司治理准则〉为起点》,载《北方法学》2019年第5期。

表 1　主要交易所与"提名委员会"的相关规定

	上海证券交易所	深圳证券交易所	香港联合交易所	美国纽约证券交易所
董事独立性	—	—	非执行独立董事必须确保自己可向董事会或专门委员会投入充分的时间[①]	大多数董事必须是独立董事[②],非执行董事必须参加无管理层出席的定期举行的管理集会[③]
提名委员会的组成	鼓励上市公司董事会设立提名委员会[④]	非强制设立;如设立,全由董事组成,独立董事应当占多数并担任召集人[⑤]	必须设立提名委员会,大部分成员应为独立非执行董事,主席应由独立非执行董事或董事会主席担任[⑥]	必须设立提名委员会,且全由独立董事组成,并应就规定特定职责制定书面章程[⑦]
提名委员会的职责	对董事候选人的建议人选提出审议意见,向董事会提出推荐人选[⑧]	未明确。仅要求公司章程中应当对专门委员会的组成、职责等作出规定[⑨]	招聘董事会成员。按既定策略和目标,评核最佳组合;特别检视董事会所需技能,按多元化物色合适人选[⑩]	就董事会的规模、组成和专业技能向董事会提出意见和建议,并在公司批准执行董事继任计划时提交具体建议[⑪]

①《香港交易所董事会及董事指引》第 2.16 条及《企业管治常规守则》第 A.5.5 条

②《纽约证券交易所上市公司手册》(NYSE Listed Company Manual)第 303A.01 项。

③《纽约证券交易所上市公司手册》(NYSE Listed Company Manual)第 303A.03 项。

④《关于发布〈上海证券交易所上市公司董事选任与行为指引(2013 年修订)〉的通知》(上证公字〔2013〕21 号)第 13 条。

⑤《深圳证券交易所上市公司规范运作指引(2020 年修订)》(深证上〔2020〕125 号)第 2.3.4 条。

⑥《香港交易所董事会及董事指引》第 3.2 条,《上市规则》第 3.21、3.25 条及《企业管治常规守则》第 A.5.1 条。

⑦《纽约证券交易所上市公司手册》(NYSE Listed Company Manual)第 303A.04 项。

⑧《关于发布〈上海证券交易所上市公司董事选任与行为指引〉(2013 年修订)的通知》(上证公字〔2013〕21 号)第 13 条。

⑨《深圳证券交易所上市公司规范运作指引》(深证上〔2020〕125 号)第 2.3.4 条。

⑩《香港交易所董事会及董事指引》第 3.4 ~ 3.8 条。

⑪S. A. Rosenblum et al., *NYSE: Corporate Governance Guide*, White Page Ltd., 2014, p.315.

不难发现,主要市场的上市公司提名委员会均设置在公司董事会之下,[①]它的成员来源于董事会的选举和任命,而提名委员会本身又肩负遴选董事会成员之重任,这使董事会容易陷于重叠身份的尴尬境地。

① 中国香港特别行政区实行"一元制"的公司治理结构,即不设监事会,独立董事实际起监督之职。

三、提名委员会的实践和对公司治理的影响

本文假设其他情况不变,仅从提名委员会的设立和运作来考察其对公司治理的影响因素:委员会成员的组成和专业技能要求;以及遴选董事的标准和流程这两个重要因素。这些因素对公司治理目标的达成与多元化理念有着重大影响。

(一)提名委员会的成员组成及其要求

21世纪初,安然(Enron)、世通(WorldCom)和环球电讯(Global Crossings)三家"巨无霸"公司相继爆出财务丑闻并迅速崩塌、破产。尽管它们都有外部独立董事,却并未能履行其监督责任;这三家公司的提名委员会都完全由外部董事组成,但都有相当数量的"灰色董事"(Grey Directors)。[①] 尽管有外部独立董事的存在,但似乎提名委员会未能提名愿意为股东辩护的个人;相反,被挑选出来的董事似乎遵循了CEO的指示。美国证券交易委员会(Securities and Exchange Commission, SEC)的委员C. A. 格拉斯曼(Cynthia A. Glassman)表示,"人们普遍认为,提名程序与其说是由董事会运作,不如说是由有权有势的CEO在主导。在一些公司,似乎是CEO雇佣董事会,而不是董事会雇佣CEO"。[②] 这些公司的治理系统都出现了严重问题。

此后,美国进行改革,要求上市公司的外部独立董事必须占董事会的大多数,且必须有一个完全由外部独立董事组成的提名委员会。

我国内地和香港特别行政区并未要求提名委员会全部是独立董事,但都规定独立董事应占多数。对于委员会的负责人(召集人/主席),我国内地要求是独立董事,我国香港特别行政区则要求可以是独立董事或董事长。

笔者通过选取并翻阅我国部分上市/挂牌公司近期公开披露的提名委员会议事规则/职权范围书(以下简称提名委员会章程),整理出各公司提名委员会成员组成的个性化规定(见表2)。

---

① "灰色董事",是指那些与公司有大量业务和特殊关系的人,包括公司退休人员、投资银行家、向公司提供贷款的商业银行家、公司的法律顾问、供应商和客户的管理人员/董事。

② S. T. Petra, *Corporate Governance Reforms: Fact or Fiction?* Corporate Governance, Vol. 6:2, p. 107 – 115 (2006).

表 2　不同公司提名委员会成员组成的个性化规定

	上市/挂牌交易场所	提名委员会成员人数	提名委员会成员的其他要求
中国平安①	深圳证券交易所、香港联合交易所	≥3 人	至少一名独立非执行董事具备较强的识人用人和薪酬管理能力,具备在企事业单位担任领导或惯例职务的任职经历
中国光大控股	香港联合交易所	2 人	—
京东物流	香港联合交易所	具体人数不定,"由董事会不时委任"	—
哔哩哔哩	纳斯达克、香港联合交易所	≥2 人	—
金山办公	上海证券交易所科创板	5 人(其中 3 人为独立董事)	—
中国石化	上海证券交易所、香港联合交易所、美国纽约证券交易所	≥3 人	提名委员会可根据需要设立咨询委员,可应委员会要求向委员会提供咨询意见
中国铁建	上海证券交易所、香港联合交易所	3 ~ 5 人	—
金力永磁	深圳证券交易所创业板、香港联合交易所(拟)	3 人	—
格力电器	深圳证券交易所	3 人	—
硅烷科技	全国中小企业股份转让系统(新三板)	3 人	—

由于软法的性质,法律法规不对提名委员会成员组成作强制性要求,上市公司可以按自身业务发展情况自主决定。仅在国内 A 股市场上市的公司,其委员会人数一般为固定数;单独或同步在境外市场上市的公司相较灵活,倾向于不限定具体人数,由董事会视情况不时委任。至于委员会成员的其他要求,大部分上市公司都不在披露文件中详述;仅金融、能源等特别行业及央企更倾向于追求议事规则的个性化和实践性(见表 2)。

① 中国平安未设单独的提名委员会或薪酬委员会,二合一设立提名薪酬委员会。表 2 中系该提名薪酬委员会的数据。

（二）遴选董事的标准和流程

J. 韦斯特法尔（James Westphal）和 E. J. 扎耶克（Edward J. Zajac）（1995 年）发现，有权的董事提名者（如 CEO 或现有董事）和新董事的被提名人选在人口统计学上相似，[①]这与社会心理学上的“相似—吸引”理论一致。[②] 简言之，相似性能经常增强人际吸引力，[③]紧密联系的群体倾向于选择符合群体文化的新成员，因此有意无意地选择与自己相似的人。在这一原则下，提名委员会需要找出与董事会当前文化相匹配的候选人。

根据前述资源依赖理论，可以预见提名委员会将对董事提名具有很高的影响力，即要求特定的董事候选人具备众所周知的技能，并与公司的战略重点相匹配，从而为董事会带来关键资源。

R. 克伦（Richard Clune）等（2014 年）采访了 19 家在美国纳斯达克（National Association of Securities Dealers Automated Quotations，NASDAQ）或纽约证券交易所上市的公司负责人，其中近一半的人提及了董事技能集矩阵（a matrix of director skill sets）。[④] 这个矩阵涵盖了代理理论（如何创造股东价值）、资源依赖理论（生产和运营背景、战略规划技能）、人际化学共鸣/舒适问题[⑤]（共同管理、融入公司），以及一些实际考虑（年龄、居住地等）（详见表 3）。

表 3　董事遴选标准

董事标准
• 具有生产和运营背景
• 了解如何为股东创造价值
• 具有国际活动管理经验
• 战略规划能力

① J. D. Westphal & E. J. Zajac, *Who Shall Govern? CEO/Board Power, Demographic Similarity, and New Director Selection*, Administrative Science Quarterly, p. 60 - 83(1995).

② See Clune R., Hermanson, D. R. et al., *The Nominating Committee Process: A Qualitative Examination of Board Independence and Formalization*, Contemporary Accounting Research, Vol. 31:3, p. 748 - 786(2014).

③ D. Bryne et al., *The Effect of Economic Similarity-Dissimilarity as Determinants of Attraction*, Journal of Personality and Social Psychology, Vol. 4, p. 220 - 224(1966).

④ See Clune R., Hermanson, D. R. et al., *The Nominating Committee Process: A Qualitative Examination of Board Independence and Formalization*, Contemporary Accounting Research, Vol. 31:3, p. 748 - 786(2014).

⑤ 化学/舒适问题（chemistry/comfort issues），在西方语境中描述的是公司内部人际关系的平衡状态，指新成员融入团队合作的状态，即求同存异——彼此价值观契合，能保持团队团结；但希望在个别问题上存在不同见地，能产生化学反应。

续表

董事标准
• 比现有董事会成员年轻
• 能够很好地融入公司不同的个性群体并与之相处
• 居住地(为了使差旅更方便)
• 理解并接受公司期望长期参加董事会和委员会会议的文化

根据笔者翻阅的国内上市公司公开披露的提名委员会章程和 R. 克伦等(2014 年)对纳斯达克(NASDAQ)或纽约证券交易所上市公司负责人的访谈结果,①本文归纳出以下董事提名流程(见表 4)。

表 4　董事提名流程

董事提名过程所涉步骤
1. 公司职能部门和外部顾问编写需求,确定董事技能集矩阵
2. 提名委员会提出人选范围名单
3. 开会讨论(邀请 CEO、外部顾问)进行名单第一次删减
4. 提名委员会内部会议讨论,将名单缩减至 3 ~ 5 人
5. 联系候选人,了解对方兴趣和意愿
6. 对有意愿者的面试,提名委员会主席、CEO 等一起进行,时长约 3 个小时
7. 面试结束,提名委员会决定正式提名人选
8. 最终入围者与 CEO 及其他董事会成员见面,并最终邀请加入

当一个候选人被认为拥有公司所需要的技能(由职能部门或外部顾问提出功能性需求),能够支持管理层工作,并且能够合群时,其名字就会被添加到上述提名流程中的人选范围名单里。

能和被提名者有共同语言("舒适因素"),又可在观点上产生火花("化学因素")。具体来说,董事会关注的焦点不仅仅是寻找"和我们一样"的人,而是反映了这样一种观念:董事会是一个小团队,可能会因为不适合或不合群的人而影响公司的生产、运营。

虽然表 3 中列举了 8 条遴选董事的标准,但这些标准似乎仍显得过于模糊、复杂;由于"化学因素"具有高度的神秘性,可能导致董事会成为对管理层无效的监督者,

① See Clune R., Hermanson, D. R. et al., *The Nominating Committee Process: A Qualitative Examination of Board Independence and Formalization*, Contemporary Accounting Research, Vol. 31:3, p. 748 – 786(2014).

而缺乏对“化学因素”的关注又可能使董事会过于和谐而效率低下。正如受访的一位纽约证券交易所上市公司的提名委员会主席所说,“一个坏苹果可以炸飞整个董事会”①。

所以,提名委员会必须在一个非常复杂的决策设定中“跳舞”,即寻找新的董事候选人时,提名者必须在“左右为难”的困难环境中迂回前进,这被另一位受访的美国上市公司的提名委员会成员形象地称为“奇怪的小舞蹈”(strange little dance)。② 这在中国语境下,类似于“戴着镣铐跳舞”。简言之,提名委员会需要平衡好董事候选人的诸多因素,求同存异地寻找未来的伙伴,千万不要招聘到“坏苹果”。

(三)公司治理的目标和多元化

正是提名委员会的董事提名过程最终影响了董事会和下属其他专门委员会③的人员配置,从而决定了董事会和下属专门委员会的特征。因此,提名委员会是建立整体董事会和其他专门委员会的基础委员会。

1. 为了公司治理目标的达成

由于会计丑闻和2002年《萨班斯—奥克斯利法案》(Sarbanes-Oxley Act)的通过,使审计委员会得到了公司治理层足够的重视;2008年的金融危机和《多德—弗兰克法案》(Dodd-Frank Act)的通过,在金融机构高管的薪酬受广泛关注的背景下,薪酬委员会也受到了重视,而提名委员会则相对低调,其不应不受重视。因为外部人士很难全面评估新加入董事会董事的质量和他们的“真实特征”,这些候选人在现实中可能与其所描述的完全不同。

提名委员会的主要作用是确定拟招聘董事的人选,并建议、提名合适的候选人;与此相关的公司治理目标也就是减少管理层对董事选择过程的影响,客观评价和审核候选董事资质、能力(尤其避免受到大股东的干预)。这二者是契合并自洽的。

首先,提名委员会的建立可以有效维持公司管理权和控制权的平衡。④ 一方面,股东倾向加强对管理层的监督和控制,推动任命尽职尽责地维护股东利益的“积极”董事;另一方面,管理层为了抵制股东的控制权,倾向推动任命不太可能挑战他们决定的“被动”董事。提名委员会为了公司的整体利益和治理目标,协调股东与管理层

① See Clune R., Hermanson, D. R. et al., *The Nominating Committee Process: A Qualitative Examination of Board Independence and Formalization*, Contemporary Accounting Research, Vol. 31:3, p. 748 – 786 (2014).

② See Clune R., Hermanson, D. R. et al., *The Nominating Committee Process: A Qualitative Examination of Board Independence and Formalization*, Contemporary Accounting Research, Vol. 31:3, p. 748 – 786 (2014).

③ 董事会审计委员会和薪酬委员会成员也来自董事会成员,因而其人员配置亦受到提名委员会的影响。

④ See A. Shivdasani & D. Yermack, *CEO Involvement in the Selection of New Board Members: An Empirical Analysis*, The Journal of Finance, Vol. 54:5, p. 829 – 1853 (1999).

的权力平衡,这也是公司治理更仰赖"谁也不得罪"的外部独立董事的原因。

其次,提名委员会为董事行使职责提供了必要的资源和合法性,[①]所招募的那些被证明是管理层有效监督者的董事也获得了公司其他同事以及市场的认可。

最后,提名委员会对候选董事作出审核与客观评判,因为交易所鼓励提名委员会披露其年度工作报告,其中包括与提名过程相关的信息,这将引导委员会成员为维护其声誉而勤勉尽责。

事实上,董事的独立性,不光指外部独立董事,也是对内部董事的要求。对后者而言很微妙,对内部董事的独立性要求是——他可以有立场,但不能没有自己的态度。此处,"立场"是主观利益的倾向,"态度"是内部董事自己客观独立的判断。

2. 为了多元化

提名委员会为了协调股东与管理层的权力平衡,除倾向于董事的独立性外,就是现在被越来越多证券市场鼓励的董事会多样性或多元化(board diversity)建设,包括性别、国籍、种族和教育背景等。

由不同种族/民族的女性担任董事的公司表明,董事会具有更广泛的文化构成,一个种族多元化的董事会可以为公司展现一个积极形象。[②] M. 哈钦森(Marion Hutchinson)等(2015 年)强调了女性董事的价值,认为董事会性别多元化可以缓和公司风险,从而对公司的财务绩效产生积极影响。[③] S. 泰耶森(Siri Terjesen)等(2009 年)还对资源依赖理论进行了扩展,认为多元化的董事会可以为复杂问题的解决提供新视角。[④]

董事会内部高度的凝聚力可能会限制批判性思维,与之相关的从众压力会对董事会决策产生负面影响。所谓的"群体思维"被认为是导致安然(Enron)破产的因素之一,[⑤]因为安然的管理层并没有以股东的最大利益为出发点行事。R. 亚当斯

---

① See M. Huse, *Boards, Governance and Value Creation: The Human Side of Corporate Governance*, Cambridge University Press, 2007, p. 315.

② Marimuthu M. & I. Kolandaisamy, *Demographic Diversity in Top Level Management and Its Implications on Firm Financial Performance: An Empirical Discussion*, International Journal of Business and Management, Vol. 4:6, p. 176 - 188(2009).

③ See M. Hutchinson et al., *Who Selects the "Right" Directors? An Examination of the Association between Board Selection, Gender Diversity and Outcomes*, Accounting & Finance, Vol. 55:4, p. 1071 - 1103(2015).

④ See S. Terjesen et al., *Women Directors on Corporate Boards: A Review and Research Agenda*, Corporate Governance: An International Review, Vol. 17:3, p. 320 - 337(2009).

⑤ See R. R. Sims & W. I. Sauser, *Toward a Better Understanding of the Relationships among Received Wisdom, Groupthink, and Organizational Ethical Culture*, Journal of Management Policy and Practice, Vol. 14:4, p. 75 - 90 (2013).

(Renee Adams)和D. 费雷拉(Daniel Ferreira)(2009年)认为,多元化的董事会比同质化的董事会更有效。[①] 所以,存在大量委托—代理问题的公司更需要任命独立、多元化的董事候选人进入董事会。[②]

因此,提名委员会需要定期审查董事会的组成,并就任命合格的候选人提出建议。如果一个董事会缺乏技能、经验或多元化不足,委员会应该提出建议来纠正。提名委员会的另一个重要考虑因素是,是否有适当的董事继任计划,是否有足够的多元化储备,以减轻失去关键董事会成员的不利影响,以增加独立性,从而提高董事会履行其职责的能力。

四、我国上市公司提名委员会相关规制的重构与建议

我国上市公司在提名委员会成员独立性和委员会运作流程方面仍待完善。

(一)提名委员会成员的独立性保障

我国上市公司的几个主要上市地,除美国要求提名委员会成员需全部为独立董事外,我国内地与我国香港特别行政区则要求独立董事人数超半数即可。笔者认为,提名委员会成员的独立性关键并非独立董事人数之多寡,而在于担任委员的独立董事之独立性的有效程度。

我国目前独立董事普遍是由董事会、监事会、单独或者合并持有上市公司已发行股份1%以上的股东(实际为大股东)提名,并经股东大会选举决定。[③] 由董事会或大股东提名的独立董事人选,很可能带有人情因素,从而影响独立性。鉴于该规定出台时,上市公司并未被要求或鼓励设立专门委员会,故当时引入独立董事制度存在提名过程的不完善之处亦情有可原。20年之后的现在,虽然该条文尚未失效,但与时俱进的上市公司还是应当让提名委员会在独立董事的选任中发挥重要作用——大股东可依然拥有提名权,但需要由提名委员会对被提名候选人进行审核与评价。

简言之,提名委员会成员的独立性取决于该成员中独立董事的独立性程度,而独立董事又需要提名委员会的审核与提名,看起来似乎是个"鸡生蛋、蛋生鸡"的死循

① R. B. Adams & D. Ferreira, *Women in the Boardroom and Their Impact on Governance and Performance*, Journal of Financial Economics, Vol. 94:2, p. 291 – 309(2009).

② See K. O. Appiah et al., *Nomination Committee-Board Gender Diversity Nexus in Ghana*, International Journal of Business Governance and Ethics, Vol. 11:2, p. 135 – 158(2016).

③ 参见《上市公司独立董事规则》(中国证监会公告〔2022年〕14号)第12条。

环。但其实不然。公司治理改革的目标在于提升透明度,提高上市公司董事和高管的诚信、忠实程度和相应的履职能力,从而增强投资者信心。这个过程并非一蹴而就,只有真正赋予提名委员会相应的审核、提名权力,独立性才能不断地提升。

只要提名委员会中作为委员的独立董事具有独立性,那么委员会便能够保证所提名的独立董事候选人之独立性。[①]

(二)提名委员会运作流程的建立健全

笔者在前文列举了部分中国上市公司在提名委员会章程中的个性化安排,除特别行业的公司外,大多较笼统地规定了运作原则,但由于没有制定具体流程,就无法适应纷繁复杂的实际情况。尽管这都属于上市公司自主决定范畴,不违反法律法规,也没有与上市地交易规则相悖,但透明度的缺失会让投资者对委员会内部流程有失控之虞。

1. 委员会会议及信息披露

类似我国公司法对“三会”会议的规定,德国《股份法》对提名委员会会议有具体细致的要求。比如,委员会成员必须过半数参与表决,公司可自行规定比例,但不能低于 3 名委员的最低人数限制;再如,委员会会议必须制作成会议记录,所有委员均有权要求获得记录副本。[②] 鉴于提名委员会在实际运作中需要得到董事会、监事会等其他机构或职能部门的配合,尤其在审核、评判候选人相关重要信息的时候。在信息权构建这方面,德国《股份法》亦有可参考之处,该法第 90 条规定,监事会各委员会及其成员均有权向董事会要求报告有关公司的何种业务情况、关联交易情况和可能对公司状况具有重大影响的业务进展。[③]

此外,美国纽约证券交易所也要求提名委员会须制定书面章程,描述委员会的目的、责任和年度绩效评估情况且须在公司网站上披露。[④] 我国上市公司中已有越来越多的公司开始在相应报告期(通常一个会计年度)内披露委员会的履职情况汇总报告;虽然篇幅不大,但也概括地描述了一年内会议次数和讨论解决的问题,由每位委员签字确认。

2. 考察评估等事务常态化

提名委员会跟董事会一样,都属于一种“会议体”机关,即需要通过以会议形成有

---

① 参见朱方州:《我国上市公司提名委员会制度探究》,载《法制博览(中旬刊)》2014 年第 6 期。

② 参见德国《股份法》(1993 年 7 月修订版)第 107 ~ 109 条。

③ 德国公司的提名等专门委员会设在监事会下。

④ 参见韩文:《董事会治理优化路径研究:专门委员会制度的重构》,载《法学杂志》2019 年第 7 期。

效决议的方式来履行职能。而且提名委员会作为董事会的下属机构，完全依赖会议本身来提高运行效率几乎是不可能的。它既然是董事会这种会议体机关的有效补充，在董事会闭会期间，就应该对公司董事和高管的日常活动进行考察、评估并向董事会汇报，将事务常态化。

我国不少上市公司，如中国石化、中国铁建等，明确了提名委员会的办事机构为公司人力资源部门，负责承办委员会日常的具体事务。其他上市公司虽未明确委员会的具体办事机构，但也将考察、评估以及董事继任计划等作为其基础性工作，如定期检讨董事会规模并向董事会建议任何适当的变动①等。

值得一提的是，在境内外两地上市的公司在提名委员会职责中都加上了“多元化”的治理目标。如前所述，这当然是上市地交易所监管的要求，也是上市公司自我治理提升的必经之路。例如，中国铁建规定：“在检讨董事会的规模和组成、搜寻及提出董事人选时，应根据公司的业务模式和具体需要，从多个方面考虑董事会成员多元化，包括但不限于性别、年龄、文化及教育背景或专业经验。”哔哩哔哩也要求：“每年与董事会检讨董事会的整体架构、人数及组成以及建议将采取的措施，致使董事会反映其整体所需的独立性、知识、经验、技能、专业知识及多元化的适当平衡。”②

3. 回避制度

笔者在巨潮资讯网上，按由近及远的时间顺序搜索已披露提名委员会章程的上市公司共46家，它们的上市地分散在上海、深圳、香港和纽约等地。这46份提名委员会议章程中，共有13份写有“回避”条款，约占总数的28%。

不过这13份章程中，大多数只有寥寥一句——“在讨论与委员个人有利害关系的事项时，当事人应回避”。稍考究的公司在此基础上，会多列一句，“因提名委员会委员回避无法形成有效审议意见的，相关事项由董事会直接审议”。而有两家上市公司（金力永磁和同达创业），在章程中特意设了单独的一章“回避制度”，对回避发生情形、豁免、后果与解决等具体方面作了明确规定，这是值得所有上市公司学习的。

（三）其他相关建议

除本章前述两个关于提名委员会规制重构的关键问题外，其他虽也是在本文撰写中所发现存在争议的问题，但其重要性可能并不及关键问题，笔者就一并整理放在本节相关建议中讨论。

---

① 参见《哔哩哔哩股份有限公司提名及公司治理委员会章程》。

② 参见《哔哩哔哩股份有限公司提名及公司治理委员会章程》。

1. 是否参考德国法,将提名委员会作为监事会的下属机构?

杨大可(2019 年)在反思国有上市公司治理结构时提议,结合德国专门委员会的设置规则,将提名等专门委员会置于已与党组织有机耦合的监事会之下,可对内部人控制现象有所遏制。①

德国法中,监事会是董事会的产生机构,其地位高于董事会,这一观念与先行中国公司法差异太大。笔者认为,改革尚需充分地考量社会环境、思想观念和交易习惯、经济效益等方面,须符合"比例原则"。而且,我国上市公司治理中出现的问题是独立董事独立性的保障,单纯将提名委员会转移到监事会下属,并不能根本解决问题。

2. 提名委员会是否需要作为"必设"机构?

德国《公司治理准则》也属于非强制性的软法性质,其中建议监事会按照企业具体情况和监事人数设立专门委员会,还特别建议分别设立审计和提名委员会。可见,在德国的所有专门委员会都非"必设",均可由公司按需求自愿设立。②

2009 年,深圳证券交易所对其创业板和中小企业板上市公司设立审计、薪酬、提名和考核委员会的态度均为"应当设立";而在 2015 年,深圳证券交易所修订规则,除审计委员会,删去了强制设立其他专门委员会的要求。到了 2020 年再次修订时,依旧保持了提名委员会"非必设"的态度。

我国监管层的态度,从深圳证券交易所的规则修订过程上就可见一斑——每个公司个体情况很不相同,只有公司自己才最清楚其在哪些方面需要专门委员会的支持,因此将除审计委员会外的其他专门委员会设置的决定权交由公司自治,并无不妥。而且,关键问题并非提名委员会的设与不设,而在于是否能保障独立董事的独立性。

3. 独立董事人才库

在独立董事制度发达的国家,虽然没有正式官方的"独立董事池",但存在相应行业协会,也有专业的猎头公司,独立董事市场是无形却真实存在的。而且,这个市场是具有长期记忆力,即对董事声誉有客观的评价记录,并被市场所充分认可。

声誉标志着特定个人在一个象征性的环境中的位置,以一套规范和信念为外部

---

① 参见杨大可:《反思国有上市公司专门委员会的设置——以 2018 年〈上市公司治理准则〉为起点》,载《北方法学》2019 年第 5 期。

② 参见杨大可:《反思国有上市公司专门委员会的设置——以 2018 年〈上市公司治理准则〉为起点》,载《北方法学》2019 年第 5 期。

世界所证明。董事的声誉是建立在该董事的行为是否可被认为是积极董事会的“最佳实践”上,并加强了董事对经理人的监督。这些实践包括增加外部董事的比例、设立提名和薪酬委员会、将 CEO 和董事长的职能分离等。[①]

我们既然需要提高董事会的独立性,上市公司需要找到符合专业要求、有经验、懂管理的独立董事,就需要有源源不断的人才输出,也需要有配套的评价体系,这个市场的缺口很大。

目前,类似独立董事人才库的组织仅存在于个别领域,如会计等领域,[②]但其高度私密性就会伴随利益和非独立。所以公开、透明的独立董事人才库的建立迫在眉睫。

此外,还需要配套的培训体系,至少应包括公司治理、组织行为学、公司财务、人力资源管理等多方面的动态培训,在实践中操练、学习。我国现有的独立董事资格证书考试只是基础入门,并非笔者所建议的“培训体系”。

N. 曼斯·坎普(Nadia Mans-Kemp)等(2019 年)在研究南非上市公司董事会时发现,不少公司女性董事候选人不足是因为人才库有限。他们呼吁,公司不能只是表示无法完成自愿设定的董事会性别多元化目标,而要有目的地寻找和发展有潜力的候选人来实现这些目标,并建议公司也分配更多的资源来培养多样化的候选人。[③]

五、结　　语

本文立足我国上市公司治理实践,结合我国现行法律法规和交易规则以及域外相关制度与董事提名的运作过程,分析了提名委员会对上市公司治理的影响,总结、权衡我国上市公司提名委员会运作实践中的突出问题和其他学者的解决建议,尝试提出对提名委员会的重构思路如下:

第一,也是最关键的一点,通过赋予提名委员会对董事的实质性审核与提名权力,保障董事、尤其是独立董事的有效独立性;公司大股东、董事会、监事会和高管层应给予相应的支持。

---

① See A. Eminet & Z. Guedri, *The Role of Nominating Committees and Director Reputation in Shaping the Labor Market for Directors: An Empirical Assessment*, Corporate Governance: An International Review, Vol. 18:6, p. 557 – 574 (2010).

② 《上市公司治理准则》(中国证监会公告〔2018〕29 号)第 38 条规定,审计委员会为必设,审计委员会的召集人必须是独立董事且是会计专家,因而导致各高校会计系教授是各上市公司独立董事的主力人选。

③ See N. Mans-Kemp & S. Viviers, *The Role of Nomination Committees in Diversifying Boards in an Emerging Market Context*, Corporate Governance: The International Journal of Business in Society, Vol. 19:4, p. 648 – 668(2019).

第二,在第一点的基础上,尽可能提高董事会中独立董事的比例,并有意识地从性别、国籍、教育背景等方面提升董事会的多元化程度。

第三,建立、健全提名委员会的运作流程,制定符合公司需求的董事任职标准和技能集矩阵;完善委员会会议制度和信息权的设立,建立委员会办事机构以处理董事考察、评估等日常工作。

第四,制定并完善提名委员会议事流程,并在上市地交易场所公开披露,增强投资者尤其是维权投资者①的信心。

第五,监管机构、行业协会和上市公司可一起组织成立"独立董事人才库",记录所有适格独立董事人选及其学习、工作履历,尤其是担任独立董事的经历;同时配套设立分阶段、动态的培训体系。这样,既能提高独立董事候选人的数量,也可提升其质量(独立性)。

以上五个层次,环环相扣,解决提名委员会为公司提供合适董事人选的基础设施问题。让提名委员会做到在保障独立性的情况下,其推选的董事并不代表公司中任何一方利益群体,使董事会能够协调大股东与管理层利益的平衡,达成公司整体治理目标。

---

① 维权投资者(activist investors),相对于财务投资者而言,指购买上市公司大量股权以影响公司运营的个人或团体,如资产管理机构、对冲基金等。

证券虚假陈述责任纠纷的分类式审理路径探究

张颖璐* 常黎阳** 王舒蒙***

摘　要：近两年来，通过司法手段保护中小投资者的审判机制体制已日臻完善，各地法院受理证券虚假陈述责任纠纷的案件量呈现剧增态势。本文通过分析证券虚假陈述责任纠纷的案件特点，提出可将调解手段与示范判决机制和代表人诉讼机制相结合，建立该类案件的分类式审理路径。具体来说，通过召开庭前会议的方式讨论针对不同案情适用分类式审理程序，以及采取畅通投资者和中证中小投资者服务中心的沟通渠道、利用专业机构核定意见辅助调解、扩大调解协议的司法确认管辖法院、加强法院内部激励等方式作为证券虚假陈述责任案件多元化解纠纷机制的辅助措施。

关键词：证券虚假陈述责任纠纷　分类式审理路径　辅助措施

一、引　言

“金融是现代经济的血脉，全面推进金融纠纷多元化解机制的建设，是坚持和发展新时代‘枫桥经验’、践行司法为民宗旨的重要举措。”通过司法手段打击违法信息披露行为，保障中小投资者的权利，是证券市场法治化建设的重要组成部分。对此，中共中央办公厅、国务院办公厅专门印发了《关于依法从严打击证券违法活动的意见》，要求扎实推进资本市场执法司法体系建设，依法打击资本市场违法活动。证券

---

* 宁波市中级人民法院员额法官。

** 宁波市中级人民法院法官助理。

*** 宁波市中级人民法院法官助理。

虚假陈述责任纠纷是典型的涉众型金融纠纷案件,使用一般的调解手段难以有效化解。随着具有证券虚假陈述责任纠纷管辖权的法院范围扩大,如何设计出高效的审理模式,建立健全证券类案件的多元化解纠纷机制,成为各地法院金融审判团队面对的新难题。

二、现状分析:证券虚假陈述责任纠纷的案件特点

(一)收案数量快速增长

我国早在 2003 年就出台了最高人民法院《关于审理证券市场因虚假陈述引发的民事赔偿案件的若干规定》(以下简称《虚假陈述司法解释》),2022 年 1 月又发布了《关于审理证券市场虚假陈述侵权民事赔偿案件的若干规定》(以下简称《新虚假陈述司法解释》)。但前些年由于行政前置、证券执法力量不足、法院怠于立案等原因,真正进入法院的证券虚假陈述责任纠纷案件较少。近年来,随着股票发行注册制的改革、中概股的回流,加强资本市场的司法保障机制建设刻不容缓,通过民事赔偿责任保障中小投资者权益成为必然要求,这也导致证券虚假陈述责任纠纷案件数量激增。

从 N 市中级人民法院(以下简称 N 市中院)证券虚假陈述责任纠纷案件收案数来看,自 2012 年受理 1 起证券虚假陈述案件后,连续 5 年没有当事人就该类纠纷向法院提起诉讼。直至 2018 年开始受理 1 家上市公司虚假陈述责任纠纷案件后,仅 2020 年,陆续有 5 家以上市公司为被告的虚假陈述责任纠纷案件涌入法院。2018 年至 2020 年,证券虚假陈述责任纠纷分别收案 162 件、19 件、126 件。2021 年 1 ~ 6 月,证券虚假陈述责任纠纷收案 535 件,同比增长 970% (见图 1)。

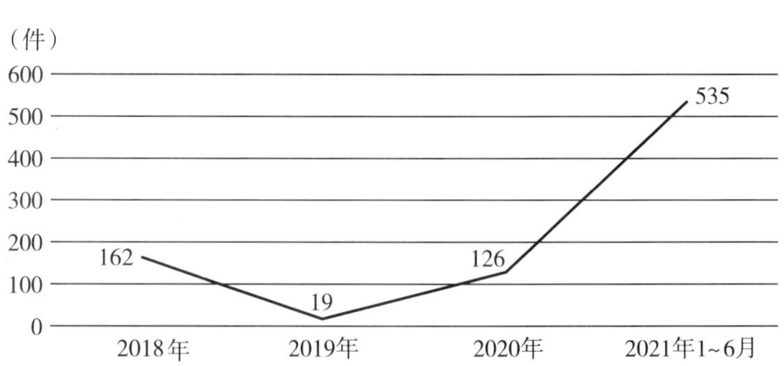

图 1 2018 年至 2021 年 6 月 N 市中院证券虚假陈述责任纠纷受理数量

(二)诉讼代理人参与度提高

证券虚假陈述纠纷数量快速增长的同时,证券维权律师团体也随之悄然兴起,在原告举证责任较低的情况下,有的投资者基于厌诉情绪、缺乏利用司法渠道维权的认知等原因,并不会主动发起诉讼。但我国证券虚假陈述责任纠纷的司法实践体现出这样一个特点——发起诉讼时系由律师找原告,而非原告找律师。律师通过微信公众号、个人博客寻求投资者的情况比比皆是,证券维权律师利用个人网站、微信公众号、维权平台等方式征集投资者效果显著。同时,这类案件具有明显的"破窗效应",一旦有一个系列案中的投资者请求得到支持,全国各地的律师会就所有符合立案条件的案件选择进入司法程序处理,每个律师手上可能有几十个甚至上百个案件等待立案。①

以N市某家上市公司为例,N市中院共受理涉该公司证券虚假陈述责任纠纷案522件,其中代理数量前三名的律师为:吴某某律师代理案件多达137件,占全部收案总数的26.2%;沈某某律师代理案件多达122件,占全部收案总数的23.4%;王某某律师代理案件多达64件,占全部收案总数的12.7%。

(三)案件审理周期较长

因证券虚假陈述责任纠纷案件类型新、审理难度大,N市中院对此类案件的平均审理天数达352天,案件审理周期远高于一般民商事案件。究其原因,一方面,证券虚假陈述责任纠纷案情复杂,具有多、难、小、久的特点,每个典型的证券虚假陈述责任纠纷,一般都会同时存在实施日、揭露日、基准日的确定、是否存在交易因果关系、是否存在系统风险和非系统风险、投资差额损失的核定等多个争议焦点,这些争议焦点都需要法官结合个案具体情形进行综合判断。② 若仅按照普通民商事一审程序审理此类案件会造成成本高、资源浪费、效率低的情况,司法实践迫切需要高效、便捷、资源充分利用的诉讼模式。另一方面,该类纠纷在短期内呈爆发性增长态势,而N市中院审理该类纠纷的法官仅有4名,且同时需要办理大量金融、破产案件,致使证券虚假陈述责任纠纷案件的审理周期难以控制。

(四)案件审理难度较大

证券虚假陈述责任纠纷专业性强、审理难度大。在一起证券虚假陈述责任纠纷

---

① 参见辛宇等:《投资者保护公益组织与股东诉讼在中国的实践——基于中证投服证券支持诉讼的多案例研究》,载《管理世界》2020年第1期。

② 参见夏丽华、鲍刚:《证券公司虚假陈述案件的裁判思路》,载《人民司法(案例)》2018年第17期。

的审理过程中,法官常常需要阅读并分析长达几十页的答辩状,除了对法律要件的逐一分析,还需要了解 2015 年的股市异常波动、国内外局势、近年来的经济环境等与案情有关的宏观经济面。除非法官具有足够的金融学知识,有一定投资经验且熟悉中国股市的波动规律,否则无法仅借助日常生活经验迅速判断出哪些可以构成“有效抗辩”,哪些只是“无效抗辩”。同时,原有虚假陈述赔偿责任的理论基础沿袭的仍是传统金融理论下的理性投资者模型假说,在行为金融学理论被提出后,对于单只股票的交易特征所引发的股票价格变化规律不同,是否影响责任大小,也是司法裁判需要面对的新命题。①

(五)案件调解成功率低

证券虚假陈述纠纷涉众性强、争议焦点多的特征,决定了该类纠纷很难通过调解方式化解矛盾。2018 年至 2021 年 6 月,N 市中院证券虚假陈述责任纠纷案件结案的有 268 件,其中通过调解结案的有 13 件,仅占 4.9%。

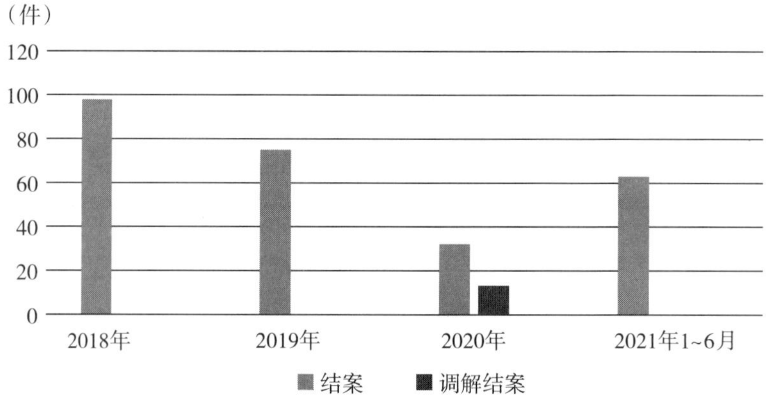

图 2　N 市中院 2018 年至 2021 年 6 月证券虚假陈述责任纠纷调解结案数量

三、实践困难:常规调解手段的失效

证券虚假陈述责任纠纷属于涉众型案件,尽管通过调解手段从诉讼源头化解矛盾纠纷是涉众型案件的高效处理方式,但根据笔者所在法院审理的几起证券虚假陈述责任纠纷案件的经验来看,这类案件呈现争议焦点多、数量多的特征,调解工作很

① 参见耿利航:《欺诈市场理论反思》,载《法学研究》2020 年第 6 期。

难进行。[①] 常规调解手段之所以失效,究其原因主要有如下四点:

(一)批量案件导致调解工作难

证券虚假陈述责任纠纷,不像其他类型的案件可通过个案处理进行调解,由于部分律师坚持实体判决结案,个案的调解成功率并不高,而即使成功调解,也无法阻挡后续案件的继续立案。第一,在诉前调解阶段。上市公司的诉前调解意愿随着案件数量的累积逐渐降低。刚开始上市公司会基于息诉和商誉的考虑,调解意愿较强,且调解配合度较高。随着后续案件的立案量增大,尤其是若部分前期调解失败的案件进入诉讼后判决生效,后续案件的当事人多缺乏诉前调解意愿。第二,在诉中调解阶段。上市公司的调解意愿与先行判决的结果高度相关,若先行判决驳回投资者诉请,上市公司一般不接受后续案件的调解;若先行判决支持投资者的赔偿请求,后续案件能否调解主要取决于判赔额占诉讼请求的比例,但一般情况下,上市公司能接受的调解比例非常低,如诉讼请求的10%等。此外,部分上市公司出于拖延支付赔偿额的目的,也怠于调解。第三,已有先行案件判决的后续案件调解工作的开展。对于已经作出先行案件判决的,上市公司一般倾向根据先行判决的赔付比例评估后续案件的赔偿额,如果先行判决整体赔付率较高,上市公司的调解意愿较高,但此时投资者基于对赔偿额的较高预期,反而降低了调解意愿,最终依然无法促成调解。

(二)赔偿可能性影响调解成功率

我国的证券虚假陈述责任纠纷呈现起诉率低但赔偿可能性高的特点。[②] 原告获得赔付的概率之所以较高,与现阶段司法实践对投资者的举证责任要求偏低有关。[③] 这也意味着原告投资者起诉到法院时,带着大概率会得到民事赔偿的期待,其不愿意通过调解的方式让渡自己可能获得的赔偿额。

(三)和解意愿低致使调解手段少

实际上,针对证券虚假陈述责任纠纷案件的化解,我国早已出台文件完善了行政

---

① 根据笔者查阅的资料和与其他法院进行经验交流时的感受,证券虚假陈述责任纠纷案件调解工作难以开展是各地法院在司法实践中达成的共识性经验。2018年,长沙中院委派湖南证监局进行数百件诉前调解的虚假陈述案件,但鉴于长沙中院尚未对同类诉讼作出判决,上市公司、投资者、调解组织等各方作出价值判断缺乏参考基础,各方矛盾难以调和,因此无一例诉前调解成功。参见毛梦远:《关于创新和完善证券期货纠纷多元化解机制的实践与思考》,载郭文英主编:《投资者》第7辑,法律出版社2019年版,第139页。

② 参见徐文鸣:《证券民事诉讼制度实施效果的实证研究——以虚假陈述案件为例》,载《证券市场导报》2017年第4期。

③ 参见黄辉:《中国证券虚假陈述民事赔偿制度:实证分析与政策建议》,载黄红元、徐明主编:《证券法苑》第9卷,法律出版社2013年版,第967页。

和解的处理程序,但实践中通过行政和解方式化解的案例并不多。[①] 实际上,证券维权律师之所以愿意和解,一般系因存在以下几个基础性条件:(1)律师风险代理获利高;(2)若持续诉讼,预计需 2 至 3 年;(3)若实体判决,原告负较高的举证责任;(4)律师采用和解或诉讼程序均可拿到赔偿额的 1/3,相比之下和解工作量较小。上市公司愿意和解,主要基于以下三方面原因:(1)董事、高管可向公司报销,后公司通过董事、高管责任险解决,故倾向和解;(2)和解金占赔付诉讼请求额的比例较小;(3)可及时消灭潜在诉讼赔偿风险,稳定股价。[②]

实践中,由于我国证券虚假陈述责任纠纷案件具有上市公司董事责任险不够普及、原告倾向通过司法手段维权等特点,故适用行政和解程序结案的可能性较小。[③]

(四)投资差额损失带来调解新难点

法官开展调解工作的难易度,和原告、被告的调解意愿高度相关。实践中,被告多在损失因果关系部分主张存在"系统风险等其他因素"以扣减大部分诉请金额。因此,对于已被立案调查的案件,原告、被告都对被告大概率会赔付没有争议,但可扣减的"系统风险等其他因素"的比例是多少?被告需要赔付原告多少?原告、被告之间存在很大的心理预期差。而可扣减的"系统风险等其他因素"又需要依靠庭审的反复质证和法官运用金融法原理来认定,因此投资损失数额的不确定性给调解增加了新的困难。[④] 由于原告、被告调解意愿的大小,与调解/判决结果的预期确定性高度相关,而符合补偿原则的差异化个案处理方式和调解预估的可确定性之间产生了矛盾,导致原告、被告调解意愿较低。

四、路径选择:现有诉讼模式的优缺点分析

近年来,为确保证券期货纠纷案件的高效处理,最高人民法院和各地法院出台了

---

① 我国行政执法和解在实践中很少,虽然《中华人民共和国证券法》和《证券期货和解实施办法(征求意见稿)》对于行政执法和解的程序有明确规定,但尚未得到广泛应用。参见高振翔、陈洁:《美国证券执法和解制度镜鉴》,载《证券市场导报》2020 年第 11 期。

② 张巍:《美式股市集团诉讼问题与矛盾》,载郭文英主编:《投资者》第 10 辑,法律出版社 2020 年版,第 165 页。

③ 参见章武生:《我国证券集团诉讼的模式选择与制度重构》,载《中国法学》2017 年第 2 期。

④ 参见徐文鸣、莫丹:《证券虚假陈述投资者损失的理论模型与实证研究——基于有效市场假说》,载《广东财经大学学报》2019 年第 6 期。

一系列审判指导文件，探索完善证券案件的多元化解纠纷机制。[①] 同时，全国各地法院，尤其是广州、上海等地区法院先行先试，探索出了具有中国特色的示范判决机制、代表人诉讼、证券支持诉讼等多种审理模式，并适用上述机制批量审理了“匹凸匹证券支持诉讼案”“方正科技示范判决机制案”“飞乐音响普通代表人诉讼案”“康美药业特别代表人诉讼案”等社会影响力大的典型案件，为处理证券纠纷提供了丰富的审判实践经验。

（一）示范判决机制

示范判决机制，是指人民法院通过司法判决宣示法律规则、统一法律适用，受诉人民法院可选取在事实认定、法律适用上具有代表性的案件作为示范案件，先行审理并及时作出判决，引导其他当事人通过证券期货纠纷多元化解机制解决纠纷，该机制有如下优点：

第一，示范判决可有效减轻法院审判团队的工作量。法院通过示范判决机制，选取一个或几个代表性案件作为示范判决，确定案件的典型争议焦点，同时结合令状式或表格式判决书格式判决后续案件，可大大减轻审判团队的工作量。[②]

第二，示范判决为后续案件调解提供规则支撑。正如上文所述，证券纠纷调解难的一大原因就在于诉讼争议焦点太多，在结果尚不确定的情况下，原告、被告均难以接受调解。因此，可将示范判决机制与中证中小投资者服务中心（以下简称投服中心）的调解工作相结合。先行案件调解结案后，向后续立案的投资者出具已生效的示范判决，并以示范判决作为规则支撑辅助其预测判决结果，进而将投资者引导至投服中心进行调解。

第三，示范判决是提升调解意愿的重要砝码。一方面，示范判决机制对多个争议焦点进行了确定，又向后续诉讼的投资者昭示了案件的可能处理结果，提升其调解意愿。另一方面，目前证券纠纷大多由证券维权律师进行风险代理，实因投资者个人力量不足，而对于已通过示范判决机制审理的案件，后续案件的投资者可不再委托律

① 2016 年，最高人民法院、中国证券监督管理委员会出台了《关于在全国部分地区开展证券期货纠纷多元化解机制试点工作的通知》。2016 年，最高人民法院《关于进一步推进案件繁简分流优化司法资源配置的若干意见》提出要探索实行示范诉讼方式。2018 年，最高人民法院、中国证券监督管理委员会出台了《关于全面推进证券期货纠纷多元化解机制建设的意见》。2019 年，最高人民法院《关于为设立科创板并试点注册制革提供司法保障的若干意见》也提出要“全面推动证券期货纠纷多元化解工作，推广证券示范判决机制”。2020 年，最高人民法院颁布了《关于证券纠纷代表人诉讼若干问题的规定》，标志着证券纠纷领域诉讼代表人规则的落地。同日，中国证监会出台了《关于做好投资者保护机构参加证券纠纷特别代表人诉讼相关工作的通知》，以及中证中小投资者服务中心有限责任公司发布了《中证中小投资者服务中心特别代表人诉讼业务规则（试行）》。

② 参见倪培根：《论我国证券期货纠纷示范判决机制的制度化展开》，载《河北法学》2019 年第 4 期。

师,而是直接根据示范判决结果向法院提起诉讼或委托投服中心调解,无须为律师的风险代理支付高额律师费。

同时,我们也应看到示范判决机制的不足之处,证券虚假陈述责任纠纷的审理周期过长,投资者大多不在审理法院所在地,因此,投资者对单独发起诉讼仍存在一定的畏难情绪,若上市公司采取多种拖时间的手段躲避诉讼时效,有可能无法及时保障投资者的合法权益。

(二)代表人诉讼机制

代表人诉讼机制,是指对于共同诉讼的投资者原告人数众多的,可以由当事人推选代表人,国务院证券监督管理机构设立的证券投资者保护机构以自己的名义提起诉讼,或者接受投资者的委托指派工作人员或委托诉讼代理人参与案件审理活动的,人民法院可以指定该机构或者其代理的当事人作为代表人。该机制在简化诉讼程序、提升投资者进入诉讼比例、有效惩罚上市公司的证券欺诈行为等方面有明显优势。尤其是特别代表人诉讼机制省去了原告参加审理前段程序的步骤,故对于符合一定条件的投资者,相当于直接从执行步骤开始快速拿到赔偿金,因此代表人诉讼机制提升了投资者通过诉讼手段取得民事赔偿的意愿。

值得注意的是,代表人诉讼机制也有一定的适用门槛,需要谨慎考虑适用。一方面,该机制给法院带来了更大的工作量,以及给上市公司带来一定的破产风险。在证券虚假陈述民事责任纠纷尚存在损失核定不科学、民事赔偿责任有循环支付理论缺陷等情况下,很多上市公司有可能需要承担与其证券欺诈行为不相符的责任。[①] 诚然,我们要通过司法手段实现赔偿投资者和惩罚证券欺诈行为的制度目标,但若因不合理的审理结果导致一家上市公司因承担民事责任而破产或因潜在诉讼风险而陷入股价不稳定状态,是否属于过度赔偿?是否偏离了制度的初始目标?这都是法官在审理证券虚假陈述责任纠纷案件时必须谨慎思考的问题。另一方面是法官绩效的影响。从对法官的考核测评角度考虑,结案量的计算是法官在安排工作时必须考量的因素,若不能对使用代表人诉讼机制给予特别考虑,除非有特别需要,承办法官可能倾向暂时使用其他审理模式,以避免年终考核时的考评结果和实际工作量不相符。

(三)证券支持诉讼机制

与投服中心合作,适时引入证券支持诉讼。2014年,中国证监会组建了投服中

---

① 参见耿利航:《欺诈市场理论反思》,载《法学研究》2020年第6期。

心,在保护中小投资者方面实现重大跨越。[1] 投服中心通过购买少量股票的方式,以公益机构身份积极倡导股东积极主义。至今,投服中心已陆续提起数十起证券支持诉讼案件,有效保护了中小投资者的合法权益。与民间证券维权律师相比,投服中心有如下优点:一是具有一定的权威性。投服中心作为证监会下属公益机构的权威性,提升了投资者对于胜利维权的信心,减轻进入诉讼程序的畏难情绪。二是开发了专业核定风险软件。近年来投服中心开发的专业核定软件,可以精准估算股票价格波动中的系统风险,提升了审理结果的科学性和专业性。三是具备宣传和教育优势。作为专门保护我国中小投资者的公益机构,投服中心拥有更多的媒体宣传资源和投资者教育需求,由其发起支持诉讼,可有效提升相应案件的宣传水平,提升全国中小投资者对通过司法手段维权的认知度。[2] 因此,法院在选择通过示范判决机制或代表人诉讼机制进行审理的模式时,可与投服中心支持诉讼相结合,能有效平衡原告、被告的诉讼能力,确保案件的公正审理。

此外,为了充分发挥投服中心的解纷功能,相应的辅助措施仍有待完善。一方面,司法确认程序有待明晰。在投资者选择投服中心委托调解后,对调解协议的司法确认应由哪家法院管辖尚不确定。司法确认程序是提升调解意愿的重要手段,故应及时明确司法确认的管辖规则,避免因此影响当事人调解意愿的达成。另一方面,投资者与投服中心沟通仍待进一步加强。因中小投资者存在"集体行动难题",投服中心与投资者的沟通仍待进一步加强。从功能定位来看,投服中心应作为中小投资者的主要保护方,但在司法实践中,投服中心提起诉讼和参与证券纠纷的比例仍然不高。发起诉讼的通常不是投资者,而是团队化的证券律师。而证券维权律师又倾向于实体判决结案,因此造成调解的难度增大。笔者认为,投资者对投服中心的功能定位认识不足、对通过民事诉讼手段寻求投资损失赔偿的程序了解不够,同时也由于证券群体性纠纷不同于其他案件,诉讼当事人分散在全国各地,投资者大多不在审理法院当地,故更倾向通过委托律师的方式解决纠纷,这是在投资者中普遍存在的问题。[3]

(四)小结

由此可见,对于证券虚假陈述责任纠纷的审理,使用一般的调解难以有效化解,而现有的诉讼模式也各有优缺点。笔者认为,可探索设计分类式的证券虚假陈述责

---

① 2017 年,投服中心接受了 14 名投资者的委托,就一则证券虚假陈述责任纠纷向上市公司匹凸匹及其高管和实际控制人提起诉讼,这也是全国首例证券支持诉讼。

② 参见吕成龙:《投保机构在证券民事诉讼中的角色定位》,载《北方法学》2017 年第 6 期。

③ 参见李激汉:《证券民事赔偿诉讼方式的立法路径探讨》,载《法学》2018 年第 3 期。

任纠纷审理程序路径,将调解手段与示范判决机制和代表人诉讼机制、证券支持机制相结合,通过召开庭前会议的方式讨论对不同的案情匹配合适的审理模式,同时通过利用专业机构核定意见辅助调解、扩大调解协议的司法确认管辖法院、加强法院内部激励等方式完善证券虚假陈述责任案件多元化解机制的辅助措施。

五、程序设计:分类式多元化解纠纷机制的构建

(一)分类式证券案件多元化解纠纷机制的审理路径

结合现行证券虚假陈述责任纠纷起诉案件的案情类型,多元化解纠纷机制可分为如下4种类型:

1. 诉前调解

对于明显不属于虚假陈述行为或属于典型细微事件的,可通过诉前调解程序处理。①

不同于其他的民事责任案件,证券虚假陈述责任纠纷案件中可能存在行政程序和民事程序的交叉。对于仍处于行政程序的案件,立案窗口可先向起诉方释明后续可能存在的民事和行政协调问题,当事人坚持先提起民事诉讼的,再予以立案受理。而对于那些不符合法定重大事件要求或实际上属于操纵市场行为等明显不属于虚假陈述行为的案件,法院也可在正式审理前向当事人进行释明,通过诉前调解进行化解。

2. 先行调解+类示范判决+多元化解

对于属于较细微事件、可能作出驳回实体判决的案件,可通过“先行调解+类示范判决+多元化解”模式处理。

对于信息属于较细微事件、可能作出驳回实体判决的案件,法院可视案情组织当事人调解。若双方调解意愿不强、调解成功可能性不大的,法官无须启动示范判决机制审判模式,但可借鉴示范判决机制选取一个典型案件进行先行判决,在先行案件的驳回实体判决生效后,及时通过中国裁判文书网公布。对已经进入诉讼程序的相关当事人,法院可及时告知先行判决结果并说明具体审理情况,再由原告选择撤诉或继

---

① 细微事件是指没有披露的信息或错误披露的信息在上市公司的财务指标中所占比例过于细小时,信息是非重大的,一般认为该信息不会对投资者的判断有影响。刘东辉:《谁是理性投资者——美国证券法上重大性标准的演变》,载郭锋主编:《证券法律评论》2015年卷,中国法制出版社2015年版,第78页。

续等待实体判决,实现该类纠纷的快速解决。同时,业务部门审判团队可将先行案件已作出驳回实体判决的相关情况告知立案窗口,由立案窗口对后续立案的投资者进行释明,告知其可参照先行案件的判决结果对案件进行诉讼处理结果的预估,实现该类纠纷的诉讼源头化解。

3. 示范判决机制 + 专业机构核定 + 委托投服中心调解 + 司法确认

对于虚假陈述行为轻微且影响较小、可能作出支持实体判决的,可通过"示范判决机制 + 专业机构核定 + 委托投服中心调解 + 司法确认"模式处理。

在示范判决生效后,法院可把示范案件判决结果告知平行案件当事人。对已经进入诉讼程序的相关当事人,通过电话及时告知;对还未立案的当事人,法院可在立案窗口释明示范案件的判决结果。结合示范判决对于争议焦点的确立,引导后续立案的投资者前往投服中心进行调解。投服中心可利用其开发的系统风险核定软件,提升投资者可获得赔偿额的科学性,促成原告、被告达成调解,实现该类纠纷的快速解决。①

4. 投服中心支持诉讼 + 代表人诉讼机制 + 专业机构核定 + 委托投服中心调解 + 司法确认

对于虚假陈述行为严重且影响较大、可能作出支持投资者的实体判决的,可通过"投服中心支持诉讼 + 代表人诉讼机制 + 专业机构核定 + 委托投服中心调解 + 司法确认"模式处理。

2020 年 7 月 31 日,最高人民法院颁布了《关于证券纠纷代表人诉讼若干问题的规定》,对启动代表人诉讼、发出权利登记公告、推选代表人、投保机构等证券纠纷代表人诉讼程序作出了明确指引。同日,中国证监会出台了《关于做好投资者保护机构参加证券纠纷特别代表人诉讼相关工作的通知》,以及投服中心发布了《中证中小投资者服务中心特别代表人诉讼业务规则(试行)》。这一系列规定的出台,标志着中国证券代表人诉讼机制的正式落地。② 需要指出的是,代表人诉讼机制适用于那些社会影响力大、虚假陈述行为严重、上市公司有一定赔付能力的情况,不宜"一揽子"全部适用。

---

① 参见曹明哲:《证券虚假陈述民事赔偿"示范判决 + 多元调解"的诉讼模式构建》,载《中国证券期货》2020 年第 1 期。

② 参见林文学等:《〈关于证券纠纷代表人诉讼若干问题的规定〉的理解与适用》,载《人民司法》2020 年第 28 期。

(二)构建分类式多元化解机制的配套措施

1. 程序保障:畅通投服中心的沟通渠道

针对目前投服中心参与多元化解纠纷机制参与度不足的问题,可采用如下辅助措施:第一,在投资者常用网站开辟示范判决专区。东方财富网、同花顺App等已成为投资者网上投资的主要方式,虽然我国已为保护中小投资者专门设立了中国投资者网网站,但从投资者的日常交易习惯来说,他们大多不会主动进入投资者保护网站。因此可以借助东方财富网、同花顺App等投资者交易股票常用网站的高访问率,直接开辟示范判决专区对投资者进行科普教育。在科普时应注意语言的直白易懂,抓住投资者寻求投资损失索赔的实际心理。第二,在中国投资者网设置在线索赔通道。投服中心可将在中国投资者网设立的在线索赔通道链接内置于前述示范判决专区处,同时,与证券登记结算中心合作,对于委托调解案件,由投服中心直接调取交易记录并进行专业核定。这可以保障投资者只需在索赔通道填写简要信息即可得到索赔,既解决了投资者的全国地域性问题,也解决了投资者需要提交前期材料等一系列烦琐工作带来的"集体行动难题"①。

2. 专业保障:利用专业核定意见辅助调解

近两年,随着专业机构核定意见的引入,投资者损失差额的核定有了更加科学性和专业性的测算方法,原告、被告可大致预估最终的投资损失差额,调解意愿大大提升。投服中心在2018年开发了投资者损失计算软件,并由上海金融法院首次在"方正科技示范判决机制案"中使用。② 法院通过示范判决或代表人诉讼机制确定争议焦点后,将后续案件交由调解组织进行,同时引入损失核定专家意见可促成原被告积极调解。由专业机构来核定投资差额损失,有如下几点好处:第一,避免虚假陈述责任成为股民买股票的兜底保险;第二,更契合民法的补偿原则;第三,交由专业机构核定分析,契合程序正义要求。由专业机构来辅助核定投资损失差额,也是最高人民法院的审判指引导向,其在2020年出台的《关于证券纠纷代表人诉讼若干问题的规定》中明确提出,"人民法院可以依当事人的申请,委托双方认可或者随机抽取的专业机构对投资损失数额、证券侵权行为以外其他风险因素导致的损失扣除比例等进行核定"。因此,考虑到代表人诉讼规定中随机抽取机构的导向,不妨多鼓励培养几家专

---

① 钟芸:《我国证券期货纠纷多元化解机制探讨》,载《中国证券期货》2019年第1期。

② 杨宏等:《证券虚假陈述案投资者损失计算软件的运行逻辑》,载《证券日报》2018年11月21日,B04版。

业核定机构,由当事人委托或法院随机选取。[①]

3. 执行保障:扩大调解协议的司法确认管辖法院

实践中,调解协议的司法确认分为两种类型:一种是审理法院委托或委派调解组织进行调解,对此,最高人民法院在《关于全面推进证券期货纠纷多元化解机制建设的意见》中有明确规定,即由委派的法院进行司法确认;另一种是当事人直接委托调解组织的情形,根据民事诉讼法相关规定,应由调解组织所在地基层法院进行司法确认。[②] 对此,投服中心所在地的基层法院,即上海虹口区法院,经向最高人民法院、中国证监会等进行多次请示,确认其可以对全国各地投资者直接向投服中心请求的调解进行司法确认,但其他调解组织所在地的基层法院或投资者住所地法院可否对调解协议进行司法确认,仍有待进一步明确。[③] 笔者认为,针对投资者具有全国性的地域特点,同时也为了减轻投服中心的调解压力,可赋予各地证监局所在地法院可对证监局促成的调解协议进行司法确认的权限。

4. 组织保障:加强法院适用多元化解机制的内部激励

证券虚假陈述责任纠纷属于新类型案件,不仅金融审判团队需要学习新的金融知识,所在法院也应认识到这类涉众型案件的复杂程度。首先,绩效制度对审判团队使用多元化解纠纷机制有所激励,鼓励法官先行先试大胆探索。其次,法院也要针对案件的不同情况,对这类涉众型案件带来的风险提前评估,以及及时与金融部门沟通案件的金融风险。最后,考虑上海金融法院已明确对科创板上市公司所涉证券纠纷实行跨区域集中管辖,以及北京金融法院已明确对新三板精选层挂牌公司所涉证券纠纷实行跨区域集中管辖,未来也可考虑有必要时跨区域审理证券纠纷案件,这既提升了案件审理的专业性,又克服了可能存在的地方保护主义因素。

六、结　　语

中国证监会主席易会满指出,“打铁必须自身硬,通过管住人和健全制度防火墙,

---

① 参见张保生、朱媛媛:《证券虚假陈述责任纠纷中运用人工智能算法精准量化系统风险的研究》,载郭锋主编:《证券法律评论》2019 年卷,中国法制出版社 2019 年版,第 191 页。

② 参见上海市高级人民法院课题组:《多元化解证券期货纠纷协调对接机制发展现状与完善建议——以诉调对接为重点》,载郭文英主编:《投资者》第 7 辑,法律出版社 2019 年版,第 95 页。

③ 参见陈丽:《调解协议司法确认的路径和建议》,载郭文英、徐明主编:《投资者》第 4 辑,法律出版社 2018 年版,第 86 页。

更好地落实看住钱”,因此,我们需要加快构建符合中国证券市场特点的证券虚假陈述责任纠纷审理路径。随着证券虚假陈述责任纠纷案件管辖范围的扩大,金融审判团队有必要提早研究具体处置方案,针对不同案情特点,选择最合适的证券纠纷多元化解模式,通过构建科学有效、稳定可预期的司法制度,支持和保障中国证券市场的成熟发展。

论债券发行人破产对债券投资者损失认定的影响

曹明哲*

摘　要：债券发行人进入破产程序将对债券投资者的损失认定产生影响，主要有四个方面。其一，债券发行人破产对债券违约诉讼中投资者的损失认定产生影响；其二，在民法典有关担保制度司法解释的影响下，债券发行人破产对投资者向担保人主张权利产生影响；其三，债券发行人在破产临界期内对债券投资者的本息兑付、追加担保可能会受到管理人行使破产撤销权的影响；其四，发行人重整还会对债券投资者的诉讼管辖产生影响。

关键词：破产　债券　债券持有人　违约　担保　破产撤销权

在市场化、法治化的债券违约处置中，破产程序是司法化解债券违约危机的重要方式之一。事实上，当债券发行人出现《中华人民共和国企业破产法》（以下简称《企业破产法》）第2条规定情形从而进入破产程序，在客观上有利于债券投资者、债券持有人利益的保护，尤其是能够保障债券投资者的平等受偿。例如，在进入破产程序后，发行人的个别清偿无效、发行人被司法保全的财产将解除保全措施、正在进行的执行措施中止等，上述规定能够实现全体债券投资者的公平受偿。无论是破产清算、重整还是和解，对于债券投资者利益的维护各有其优势。同时，债券投资者也会因发行人破产程序而受到诸多影响，本文拟从发行人破产对债券投资者损失认定影响的角度，结合司法实践，对相关问题进行分析。

---

* 北京市第一中级人民法院法官助理。

一、发行人破产对债券违约诉讼的影响

目前债券发行人进行破产程序的案件逐渐增加,在发行人的破产申请被人民法院受理前或者受理后,也仍然存在债券投资者请求发行人偿付本息的债券违约诉讼,就此时的损失认定应注意以下方面。

其一,破产申请受理时债券利息连同违约金一并停止计算。《企业破产法》第 46 条第 2 款规定,"未到期的债权,在破产申请受理时视为到期。附利息的债权自破产申请受理时起停止计息"。因此,出现发行人破产时,人民法院认定债券利息时应依照前述规定。此外,如前所述,有的募集文件明确了到期未付本息时的违约金(逾期利息),对于这部分违约金,司法实践中有裁判亦按照破产停止计息的规则处理,①笔者赞同此种处理方式。这主要是因为,破产停止计息的规则主要是为了在破产程序开始时确定所有债权,保证破产程序的顺利进行和全体债权人的公平清偿,②停止计算违约金亦为相同道理,这种方式也在地方法院的规范性文件中得以确认。③

其二,人民法院受理发行人破产后,债券投资者的给付请求可以变更为确认债权的请求,人民法院也可以作出给付判决。在人民法院受理发行人破产申请之前,已经有债券投资者向人民法院起诉发行人请求偿付本息以及其他损失。在人民法院受理发行人破产申请后,对于这些未决的债券违约诉讼,实践中有的债券投资者将给付请求变更为确认债权请求;④有的人民法院依职权将给付之诉变更为确认债权之诉;⑤还有的债券投资者经人民法院释明后变更诉讼请求。之所以会将给付请求变更为确认债权请求,主要是为了避免与破产程序中发行人不得进行个别清偿的规则发生冲突,实现与破产程序的衔接,最高人民法院《关于〈中华人民共和国企业破产法〉施行

---

① 江苏省常州市中级人民法院民事判决书,(2017)苏 04 民初 135 号;新疆维吾尔自治区乌鲁木齐市中级人民法院民事判决书,(2019)新 01 民初 126 号。

② 参见王卫国:《破产法精义》,法律出版社 2007 年版,第 135 ~ 136 页。

③ 如根据《深圳市中级人民法院破产案件债权审核认定指引》第 54 条的规定,债权人申报的破产案件受理日以后的需债务人承担的债务利息不予认定;第 55 条规定:"本指引所称的债权利息,包括依照法律法规、生效法律文书、合同以及根据交易习惯应当计算的利息、逾期利息、罚息、复利、逾期还款或付款的违约金或滞纳金、资金占用费等。"《北京市高级人民法院企业破产案件审理规程》第 157 条规定:"破产申请受理前已产生违约金的,该违约金计算至破产申请受理之日。"

④ 北京市第二中级人民法院民事判决书,(2016)京 02 民初 185 号。

⑤ 浙江省金华市中级人民法院民事判决书,(2019)浙 07 民初 188 号。

时尚未审结的企业破产案件适用法律若干问题的规定》第9条第2款也作出类似规定。[①] 但是,按照2019年《全国法院民商事审判工作会议纪要》(以下简称《九民纪要》)第110条的相关精神,人民法院没有必要向当事人释明改为确认之诉,管理人根据给付判决也能够确认债权,但是人民法院应在给付判决中说明,权利人只能在破产程序中依法申报债权,不能据此获得个别清偿。[②] 因此,债券投资者变更诉讼请求、人民法院作出给付判决均无不可。

其三,债券受托管理人、债券投资者的各自起诉、申报债权并不矛盾,但债券投资者不能重复获利。在当前的债券违约纠纷中,主要存在两种起诉方式:一种是债券投资者个别起诉,另一种是债券受托管理人集中起诉。二者的关系应当遵从《债券会议纪要》第6条的规定。破产程序中的债权申报中也同时存在集中申报与个别申报两种,既可以由债券投资者依据登记结算结构出具的持有人证明文件向破产管理人申报债权,也可以由债券受托管理人代债券投资者向破产管理人统一申报债权。比较而言,由债券受托管理人统一申报更符合2019年修订的《中华人民共和国证券法》第92条的立法目的、破产程序快速推进的目的,也符合债券受托管理人的职责定位。[③] 在这样的背景下,实践中,可能出现债券投资者已经单独向破产管理人申报了债权,但是债券受托管理人仍然在诉讼程序中向发行人主张偿付本息,对此应认为,债券投资者申报债权与债券受托管理人的起诉之间并不矛盾,但是,人民法院应当明确,此时各债券投资者不能因此而重复享有利益。[④]

二、债券发行人破产对担保责任的影响

对于发行人破产程序中的担保责任,多依照《企业破产法》、《中华人民共和国民法典》(以下简称《民法典》)以及最高人民法院《关于适用〈中华人民共和国民法典〉有关担保制度的解释》(以下简称《担保制度司法解释》)的规则进行处理即可,本部分结合债券纠纷司法实践中常见的问题进行阐述。

---

① 该条规定,"债权人就争议债权起诉债务人,要求其承担偿还责任的,人民法院应当告知该债权人变更其诉讼请求为确认债权"。

② 参见最高人民法院民事审判第二庭:《〈全国法院民商事审判工作会议纪要〉理解与适用》,人民法院出版社2019年版,第559页。

③ 对破产程序中债券类债权的处理,参见曹明哲:《论破产重整中债券持有人的权益保护》,载《福建金融管理干部学院学报》2020年第3期。

④ 对此方面的处理,参见北京市高级人民法院民事判决书,(2017)京民初160号。

第一,破产受理时担保债务同时停止计息。《企业破产法》第46条规定,附利息的债权自破产申请受理时起停止计息,对于担保债务是否同时停止计息,《担保制度司法解释》第22条明确,人民法院受理债务人破产案件后,担保债务同时停止计息。

对于该问题,理论与实践存在较大分歧,"肯定说"认为,根据担保的从属性原则,担保责任范围应以主债务人实际承担的责任范围为限,故应停止计息;"否定说"则认为,破产止息规则是破产法作出的特殊安排,调整对象为破产债务人与其债权人之间的法律关系,担保人不得援引本条。[①] 在《担保制度司法解释》征求意见过程中,破产法学界主流意见亦采否定说。[②]《担保制度司法解释》对"肯定说"立场的选择还是对担保范围从属性的贯彻,将担保人承担责任的范围限定在主债务,防止因债务人破产程序的久拖不决而再将担保人拖垮。

第二,发行人破产不影响债券投资者向保证人主张权利。对于债券投资者向破产管理人申报债权后还能否在破产程序终结前向担保人起诉,司法实践曾存在不同做法,在债券纠纷中也存在此类问题,如在"国泰君安证券股份有限公司与林和平公司债券交易纠纷案"中,发行人的担保人即认为,被告承担担保责任的范围需待发行人破产案件终结后才能确定,故该案应中止审理。但是,法院不予采纳,同时指出,由于债券受托管理人已经在发行人破产案件中代理债权人申报债权,故法院可以支持的金额中,应扣除债权人在发行人破产程序中可以分得的部分。[③]

《担保制度司法解释》第23条第1款明确规定,债权人申报债权并不影响其向担保人起诉。2018年发布的《全国法院破产审判工作会议纪要》(以下简称《破产会议纪要》)第31条即作出规定,[④]《担保制度司法解释》第23条第2款前句延续上述规定精神,也明确此时的担保人可代替债权人在破产程序中受偿,但债权人未获全部清偿的除外。值得注意的是,此时但书的法律依据是《民法典》第700条,即"保证人承担保证责任后,除当事人另有约定外,有权在其承担保证责任的范围内向债务人追偿,享有债权人对债务人的权利,但是不得损害债权人的利益"。所谓"不得有损于债

---

① 案例与学说梳理,参见沈伟、吕启民:《破产止息规则下保证责任从属性之惑及疑解——兼议独立保证入典》,载《上海财经大学学报》2020年第1期。

② 参见王欣新:《论债务人进入破产程序后其保证债权应否停止计息》,载《人民法院报》2018年12月12日,第7版。

③ 上海金融法院民事判决书,(2018)沪74民初160号。

④ 该条规定:"破产程序终结前,已向债权人承担了保证责任的保证人,可以要求债务人向其转付已申报债权的债权人在破产程序中应得清偿部分。"

权人”主要是指在担保债权部分清偿时，担保人不能先于债权人优先受偿。[①] 故此时担保人不能在破产程序中优先于债权人受偿。此外，依据担保范围从属性，担保人承担的责任范围不能大于主债务，故《担保制度司法解释》第 23 条第 2 款规定，担保人可就债权人超额受偿的部分，在担保人承担担保责任的范围内请求债权人返还。

第三，破产重整、和解对担保人责任的影响。依据《企业破产法》第 124 条，债权人依照破产清算程序未受清偿的债权，可要求保证人继续承担清偿责任，依据《企业破产法》第 92 条第 3 款、第 101 条，债权人对保证人享有的权利也不受重整计划或和解协议的影响，上述规则在《担保制度司法解释》第 23 条第 3 款前句得以体现，即债权人在破产程序中未获全部清偿的，可以请求担保人继续承担担保责任。

同时，依据《企业破产法》第 94 条和第 106 条，按照重整计划、和解协议减免的债务，自重整计划、和解协议执行完毕时起，债务人不再承担清偿责任。故为了防止出现对同一笔破产债权进行重复清偿，[②]避免发生保证担保的破产债权比其他破产债权获得更多比例的清偿，违反破产法同类债权平等清偿的原则，[③]《破产会议纪要》第 31 条明确规定，“保证人承担保证责任后，不得再向和解或重整后的债务人行使求偿权”。[④]《担保制度司法解释》第 23 条第 3 款后句亦延续上述规定，故此时担保人承担的担保责任范围例外地大于主债务。

三、债券发行人破产后偏颇清偿撤销权的行使

实践中，在债券发行人偿付债券投资者本息后不到 6 个月的时间内，即进入破产程序，此时发行人的破产管理人可否依据《企业破产法》第 32 条有关撤销权的规定，对 6 个月之内发行人的本息兑付行为予以撤销？此方面的典型案例为“山东胜通集

---

① 参见谢鸿飞：《共同担保一般规则的建构及其限度》，载《四川大学学报（哲学社会科学版）》2019 年第 4 期。

② 王欣新：《〈全国法院破产审判工作会议纪要〉要点解读》，载《法治研究》2019 年第 5 期。

③ 贺小荣等：《破产清算、关联企业破产以及执行与破产衔接的规范与完善——〈全国法院破产审判工作会议纪要〉的理解与适用》（下），载《人民司法（应用）》2018 年第 16 期。

④ 在此之前，最高人民法院在《关于代为清偿的连带债务人是否有权向破产和解的债务人继续追偿问题请示的复函》（〔2010〕民二他字第 15 号）中曾指出：“债权人如果已在主债务人的破产和解或者重整程序中全额申报了债权，其未得清偿的部分可以向保证人或者连带债务人主张。但保证人或连带债务人履行完剩余的清偿义务后，由于对于任何实质上源于同一债务的普通债权，在破产程序中只能得到与其他普通债权相同的受偿比率，而不能得到二次清偿，并因此得到高于其他普通债权人的清偿比率；因此，保证人或连带债务人承担清偿责任后不得向破产和解、破产重整的债务人追偿。”

团股份有限公司管理人与山东省国际信托股份有限公司请求撤销个别清偿行为纠纷案”[①],在该案中,破产管理人请求撤销胜通集团于 2018 年 11 月 2 日向“山东信托华创锐进 4 号债券投资集合资金信托”等债券持有人兑付胜通集团 2015 年度第一期中期票据共计 2120 万元款项的行为,人民法院最终没有支持管理人的诉请。由此产生的一般性问题是,在债券清偿场景下,发行人向全体债券投资者兑付部分或全部债券本息后不满 6 个月被申请重整或破产清算的,管理人根据《企业破产法》第 32 条的规定请求人民法院撤销该清偿行为的,人民法院是否应予支持。

(一)主观善恶意与撤销权的行使

在前述案例中,法院未支持管理人撤销权的一个重要理由是债券投资者接受发行人的本息兑付有合理期待,并且无主观恶意,法院也明确指出,能否撤销需要看债权人主观属于善意或恶意。从《企业破产法》第 32 条的规定来看,其中并不含债权人主观要件,符合破产临界期内的清偿行为即符合行使撤销权的客观要件。

对于偏颇行为的撤销是否需要考察债权人的主观善意和恶意,是一个颇具争议的问题,“破产撤销权的制度设计,是平衡多种相互冲突的社会利益诉求之后的结果;而各个国家不同的社会状态自然会导致不同的破产撤销权制度设计。如果立法者经过权衡认定某种类型的交易属于有害交易,那么就会将其划为破产法上的可撤销权行为。为了达成良性平衡,一种常见的对策是针对不同类型的交易行为设置不同的证明责任分配机制。例如,某些交易行为的撤销必须以受让人在交易发生时知晓特定事实为前提——破产法可以推定其知晓,但也应该允许受让人反证其并不知晓”[②]。

比较法上,德国、日本规定了主观善意恶意要件。美国《1898 年破产法》曾经明确规定,必须证明该偏颇债权人具有相信债务人在给付时已经资不抵债的合理理由。但是美国《1978 年破产法》却试图抛弃这种立法例,其认为,债权人的主观状态与公平分配原则没有任何关系,如果必须证明债权人对债务人的资不抵债是知情的,对因破产前的偏颇给付而使能从破产财团获得的分配大大减少的具有相似地位的其他债权人来说,偏颇撤销规则所能提供的救济将微乎其微。[③] 根据美国《1898 年破产法》,

---

① 参见山东省东营市中级人民法院民事判决书,(2020)鲁 05 民初 112 号。

② [美]杰伊·劳伦斯·韦斯特布鲁克等:《商事破产:全球视野下的比较分析》,王之洲译,中国政法大学出版社 2018 年版,第 88 ~ 89 页。

③ 参见[美]查尔斯·J. 泰步:《美国破产法新论》(第 3 版)(中册),韩长印等译,中国政法大学出版社 2017 年版,第 537 页。

管理人实施撤销时需证明在给付时债务人已事实破产,这种举证责任的分配在实践中极大地限制了偏颇撤销规则作用。美国《1898年破产法》采纳的解决办法是针对非关联关系人的偏颇清偿,推定债务人在日的偏颇期限内已经破产。[①] 而与此同时,偏颇清偿可以撤销的其中一个例外是常规营业例外,其目的是让债务人常规财务关系不受干扰,因为其并未影响偏颇撤销一般政策目标的实现,即防止债务人或债权人在债务人行将破产时实施反常行为。这项原则的存在似乎还间接肯定了可责性的原则。[②] 有学者指出,美国破产法虽然未明文提及主观要件而对债权人提供直接保护,但其在现行法上设置了诸多的偏颇清偿例外,以校正未规定主观要件所带来的失衡。[③]

(二)《企业破产法》第32条主观要件的分析与解释

如前所述,我国的破产撤销制度在主观方面,采取严格的客观主义立场,不要求债务人或受益人具有恶意。[④] 但是理论界不少观点指出,应适度考虑债权人的主观善恶,"如果确实需要规定对此类行为的撤销,则应将可撤销行为限定在恶意所为的范围内,并对恶意的认定做出完善的规定。对于为继续生产经营等而进行的必要清偿不应被纳入可撤销的范围内。所谓恶意不仅要求债务人已知其不能清偿到期债务仍对个别债权人予以清偿,而且应要求接受清偿的债权人也明知债务人不能清偿的事实。此外对是否存在恶意,还可以根据被清偿的债权人与债务人有无关联关系或其他特殊利益关系确认"[⑤]。"我国企业破产法第三十二条的偏颇清偿简略,容易造成打击面过大的情况,进而背离市场规律,危机交易安全,因此,可以利用这种表述模糊性,作出有利于善意破产债权人的解释"[⑥]。司法实践中,也有持此观点者,认为偏颇清偿的撤销与合法受偿的个别债权人利益存在冲突,司法应平衡整体利益与个别利益,对于债权人接受债务履行出于善意的,不应撤销。[⑦]

如果将债权人主观善意恶意考虑在内,则前述案件的结论是有道理的。本案债券属于公开发行,本息兑付完全系依据募集说明书以及发行人公开公告,债券投资者

---

① 参见[美]查尔斯·J.泰步:《美国破产法新论》(第3版)(中册),韩长印等译,中国政法大学出版社2017年版,第563页。

② 参见[美]查尔斯·J.泰步:《美国破产法新论》(第3版)(中册),韩长印、何欢、王之洲译,中国政法大学出版社2017年版,第577~578页。

③ 参见许德风:《论偏颇清偿撤销的例外》,载《政治与法律》2013年第2期。

④ 参见陈韵希:《论民事实体法秩序下偏颇行为的撤销》,载《法学家》2018年第3期。

⑤ 王欣新:《撤销权研究》,载《中国法学》2007年第5期。

⑥ 许德风:《论偏颇清偿撤销的例外》,载《政治与法律》2013年第2期。

⑦ 参见张志新:《对个别清偿行为行使破产撤销权的构成要件》,载《人民司法》2010年第6期。

具有合理期待。从债券发行人的公告以及相应的兑付行为看,债券投资者有合理理由相信发行人并不具备破产原因,因此管理人不满足撤销权的行使要件。而且,根据债券本息的兑付交易实践,本息兑付并非系通过债券投资者与发行人"一对一"地私下进行,而是通过登记结算机构依法公开进行。如依据《深圳证券交易所公司债券发行上市审核业务指南第 1 号——募集说明书参考格式》(深证上〔2021〕453 号),偿债计划中需明确:"本次债券本金及利息的支付将通过证券登记机构和有关机构办理。支付的具体事项将按照有关规定,由公司在中国证监会指定媒体上发布的公告中加以说明。"

(三)危机期间的个别清偿撤销的其他例外

此外,偏颇清偿撤销大抵还有以下例外,或能够为前述案例的分析提供思路。

第一,附担保债权的个别清偿。依据最高人民法院《关于适用〈中华人民共和国企业破产法〉若干问题的规定(二)》(2020 年修正)(以下简称《企业破产法司法解释二》)第 14 条的规定,"债务人对以自有财产设定担保物权的债权进行的个别清偿,管理人依据企业破产法第三十二条的规定请求撤销的,人民法院不予支持。但是,债务清偿时担保财产的价值低于债权额的除外"。因此,《企业破产法》第 32 条的"对个别债权人进行清偿",是指对无财产担保债权人的个别清偿,对有财产担保债权人的清偿不在此限,因有财产担保的债权人在破产程序中仍享有优先受偿权。但是,在担保物价值不足以清偿担保债权时,债务人对超出担保物市场价值的债权部分的清偿便属于偏袒性清偿。[①] 之所以如此规定,是因为虽然该清偿行为造成破产财产的减少,但在担保财产的价值高于债权额时,被清偿的债权人并未因此清偿而获得较之前更有利的地位,其他债权人也并未因此受到不公平对待。因为即使债务人未在危机期间内进行个别清偿,该债权人在破产程序中仍然对债务人设定的担保财产享有优先受偿的权利,因此该清偿行为不构成偏颇清偿。[②] 债券的类型中有附担保公司债,此时,依据上述规定,发行人的本息兑付行为便不属于可撤销的偏颇清偿。

第二,履行生效法律文书或基于执行行为的个别清偿。《企业破产法司法解释二》第 15 条对此有明确规定,[③]该条依据在于,除法院依法定程序可以撤销执行行为

---

① 王欣新:《撤销权研究》,载《中国法学》2007 年第 5 期。

② 胡利玲:《如何理解破产临界期内个别清偿使债务人财产受益——对我国偏颇清偿例外的重释与情形补足》,载《人民司法》2019 年第 22 期。

③ 该条规定,"债务人经诉讼、仲裁、执行程序对债权人进行的个别清偿,管理人依据企业破产法第三十二条的规定请求撤销的,人民法院不予支持。但是,债务人与债权人恶意串通损害其他债权人利益的除外"。

外，其他人是无权否认其效力并加以撤销的，但在债务人丧失清偿能力的情况下，其在可撤销期间内基于对个别债权人的偏袒清偿等非法目的而利用执行名义进行的可撤销行为，违背公平原则，应予以撤销。[①] 因此，一般而言，债券投资者或者债券受托管理人取得生效裁判，发行人基于该生效裁判进行本息兑付，不属于偏颇清偿可撤销的范围之内。

第三，惯常交易。"惯常交易例外"，是指对常规营业中产生的债务，在常规的财务往来或者依照常规的交易条件实施的付款行为，不受破产撤销权的追溯，其积极意义在于，可以鼓励债权人在债务人濒临破产之际继续保持与债务人的常规交易和财务往来，相应地保持债务人营业的连续性；同时，防止债务人在濒临破产之际采取非常规的付款或者交易行为。[②] 在美国法上，偏颇清偿撤销的一项重要例外是那些符合"债务人正常商业与财务流程"，该项支付无论对债权人还是债务人而言都是通常而非反常的交易，该交易必须符合双方的交易习惯。[③]《企业破产法司法解释二》第16条第2项的"债务人为维系基本生产需要而支付水费、电费等的"规定，属于偏颇清偿撤销的例外，是"惯常交易例外"这一原则的体现。这一原则在解释发行人兑付债券利息上是颇有说服力的。在绝大部分情形下，发行人向债券投资者兑付本息均是按照募集说明书的约定并有规律地偿还，形成发行人与债券投资者之间就利息支付的"交易习惯"，因此，至少债券利息兑付并不属于偏颇清偿撤销。

四、债券追加担保与破产撤销权的行使

对没有财产担保的债务在破产临界期内追加担保，本质上也属于偏颇清偿，因为实现破产债权人公平受偿是破产法所遵循的原则，在破产程序中，有财产担保的债权较之普通债权优先受偿，债务人在人民法院受理破产申请前一定期限内对没有财产担保的债务提供财产担保，意味着本应用于集体清偿的财产变成了有财产担保的债权人优先受偿的标的，从而使普通债权人通过破产程序所能够获得的清偿数额减少，这显然不符合破产程序实现公平清偿的目标。但是《企业破产法》第31条第3项将"对没有财产担保的债务提供财产担保的"行为与债务人无偿行为规定在了一起，有

① 最高人民法院民事审判第二庭：《最高人民法院关于企业破产法司法解释理解与适用：破产法解释(一)·破产法解释(二)》，人民法院出版社2013年版，第232页。

② 韩长印：《破产撤销权行使问题研究》，载《法商研究》2013年第1期。

③ 许德风：《论偏颇清偿撤销的例外》，载《政治与法律》2013年第2期。

学者指出,这殊为不当。①

在债券交易中,中国证监会《公司债券发行与交易管理办法》(2021年修订)第59条指出,"公开发行公司债券的受托管理人应当按规定或约定履行下列职责……(五)预计发行人不能偿还债务时,要求发行人追加担保,并可以依法申请法定机关采取财产保全措施"。因此,无论是在司法实践还是交易实践中,债券投资者或者受托管理人要求债券发行人追加担保,是十分常见的做法。但是,这一方式会受到破产撤销权的制约,主要是《企业破产法》第31条的规定,"人民法院受理破产申请前一年内,涉及债务人财产的下列行为,管理人有权请求人民法院予以撤销……(三)对没有财产担保的债务提供财产担保的"。在债券司法实践中,已经出现了此类案件,但是人民多不予支持。

首先,依据既存债务追加担保的撤销规则,所针对的必须是"既存债务"追加担保。在破产临界期内,对新债务设置担保是允许的,因为伴随新担保的设置债务人财产获得相应的增加,这并不损害债权人的利益。② 也就是同时担保行为不予撤销,同时担保行为也被称为同期交易,企业破产法规定对没有财产担保的债务提供财产担保的行为应予撤销,仅限于对无担保的债务补充提供财产担保,债务人与债权人在可撤销期间内签订主合同且同时签订抵押等担保从合同的,不在可撤销之列,因其不是对原无财产担保的债权补充提供担保,不具有改善某一债权人只有原有清偿地位的不公平性质。③

其次,有一些情形下,虽然在签订主合同的同时签订了担保合同,但是担保物权的设立未履行相应的公示手续,在破产临界期,也就是在1年内,才履行了公示手续,这时应如何在破产撤销权之下处理?应当说,未办理公示手续的原因比较多,可能是债务人的拖延,也可能是债权人的怠于行使权利,还有可能是当事人所无法决定的客观因素(如登记机构原因等)。因此,可能的方式是具体问题具体分析,即由裁判者判断未办理公示手续的原因为何,若是因债权人自身原因导致,则可认为属于既存债务追加担保而予以撤销;若系因债务人或者其他客观因素导致,则确定债权人提出办理登记请求的时间后,视该请求是否在破产临界期内确定是否可得撤销。

当然,还有观点认为,应视债务人关于担保的承诺是否构成债权人放款的对价,

① 许德风:《破产法论——解释与功能比较的视角》,北京大学出版社2015年版,第380页。
② 参见王卫国:《破产法精义》,法律出版社2007年版,第90页。
③ 李永军等:《破产法》(第2版),中国政法大学出版社2017年版,第97页。

以及担保设定与借款提供之间的时间差是否合理。如果原来的借款合同中约定出借人提供借款的同时债务人提供担保,应认为在借款与担保之间形成了互为对价的关系,不得撤销,同时当事人应当在合理的期限内完成担保设定手续,合理期限的确定参考登记流程、市场习惯等因素,如果在借款合同履行后很长时间内未完成登记手续,可认为债权人已就担保的设定为债务人提供了"信用",可以撤销。[①] 还有观点指出参照《美国破产法典》的规定,即只要担保物权在其基础合同生效之日起 30 日内得以公示登记,担保物权的创设与债务的成立就仍可视为实质性同时交易,如果超出 30 日,那么将不受偏颇安全港规则的保护,而应予撤销。[②] 这种做法无疑可以倒逼当事人尽快办理登记,减少争议的发生,但基于对客观原因阻碍登记的考虑,或可将"在基础合同生效之日起"改为"自能够办理公示之日起"。

债券纠纷司法实践中也有此类案件,如在"东营佛思特生物工程有限公司管理人与长城嘉信资产管理有限公司破产撤销权纠纷案"中,涉案债券的发行与认购发生在 2016 年,但是担保协议的签订与担保物权的公示均发生在 2018 年 12 月,管理人依据《企业破产法》第 31 条的规定请求撤销。[③]

对此,还应该注意的是,如果担保物权设立未履行必要的公示手续,本身担保物权没有设立,故也就不存在撤销的问题,如同国外研究者所指出的那样,"如果债权人在设定其担保物权时未能遵守担保法的既有规则,则其自然不应期待其担保物权获得承认,因此,撤销不当设立的担保物权所实现的政策目标,早已在担保法中确立"[④]。在我国,不动产抵押权未登记不具有物权效力自不待言,需要特别说明的是动产担保物权。《民法典》第 403 条规定,动产抵押未经登记,不得对抗善意第三人,也就是说动产抵押权不需公示即可设立,公示只是对抗要件,《担保制度司法解释》第 56 条明确,破产管理人属于不得对抗的第三人之列。换言之,未登记的动产抵押权在破产程序中不具有优先受偿的效力,故动产抵押权未登记与不动产抵押权未登记一样,在破产程序中均没有优先受偿的效力。

最后,与危机期间个别清偿一样,《企业破产法》第 31 条对既存债务追加担保的撤销,从法条描述上也没有关于债权人善意与恶意的要件。

---

① 参见许德风:《论偏颇清偿撤销的例外》,载《政治与法律》2013 年第 2 期。

② 参见任一民:《既存债务追加物保的破产撤销问题》,载《法学》2015 年第 10 期。

③ 山东省东营市中级人民法院民事判决书,(2020)鲁 05 民初 299 号。

④ [美]杰伊·劳伦斯·韦斯特布鲁克等:《商事破产:全球视野下的比较分析》,王之洲译,中国政法大学出版社 2018 年版,第 89~90 页。

五、发行人重整计划执行对债券投资者诉讼管辖的影响

发行人破产重整计划执行期间，有债券投资者以其他虚假陈述行为人如中介机构为被告，在中介机构所在地有管辖权的中级人民法院提起证券虚假陈述责任纠纷，此时产生的问题是，人民法院是否应将案件移送至发行人所在地法院?

首先，在一般意义上，就重整计划执行期间诉讼的管辖，司法实践中历来存在两种观点。一种观点认为，重整期间只是破产案件整个审理期间的一部分，重整计划执行阶段仍然属于破产案件审理期间，因此重整计划执行期间，有关债务人的民事诉讼仍应当适用《企业破产法》第 21 条有关集中管辖的规定。另一种观点认为，重整计划执行期间，法院除了听取管理人的监督履职报告之外，基本上无其他破产程序需要处理，在此意义上，继续由破产受理法院集中审理有关债务人的民事诉讼案件，尤其是新事实或者事件引发的诉讼已无太多必要。①

《九民纪要》第 113 条第 2 款指出，重整计划执行期间因重整程序终止后新发生的事实或者事件引发的有关债务人的民事诉讼，不适用《企业破产法》第 21 条有关集中管辖的规定，除重整计划有明确约定外，上述纠纷引发的诉讼不再由管理人代表债务人进行。

其次，在债券虚假陈述责任纠纷领域，该问题也同样存在争议。如在"深圳市融通资本管理股份有限公司等与亿阳集团股份有限公司等证券虚假陈述责任纠纷案"中，债券投资者以中介机构为被告在中介机构所在地法院起诉，被告提出管辖权异议，法院应移送至发行人(破产债务人)所在地法院管辖，②相反观点则主张不予移送。③

---

① 参见最高人民法院民事审判第二庭:《〈全国法院民商事审判工作会议纪要〉理解与适用》，人民法院出版社 2019 年版，第 572 ~ 573 页。

② 法院认为，《企业破产法》第 21 条规定:人民法院受理破产申请后，有关债务人的民事诉讼，只能向受理破产申请的人民法院提起。中信信托公司、融通资本公司、对外经贸信托公司向本院提起本案诉讼时，亿阳集团已向哈尔滨中院提起破产重整申请。现亿阳集团虽处于重整计划执行阶段，但中信信托公司、融通资本公司、对外经贸信托公司起诉主张的发行人存在虚假陈述行为及承销机构未尽勤勉尽责义务等相关事实发生在哈尔滨中院受理亿阳集团重整申请之前，本案不属于重整计划终止后发生的事实或事件引发的有关亿阳集团的诉讼。且三原告均认可已向相关管理人申报涉案债权，申报数额与本案诉请金额一致。故本案审理结果与亿阳集团重整程序密切相关，哈尔滨中院对于亿阳集团重整案件的整体情况更为了解，应当由哈尔滨中院集中管辖，本案应当由哈尔滨中院审理。北京市第一中级人民法院民事判决书，(2020)京 01 民初 480 号。

③ 典型如"蓝石资产管理有限公司与辽宁知本律师事务所等证券虚假陈述责任纠纷案"，北京金融法院民事裁定书，(2021)京 74 民初 1 号。

对此，按照《九民纪要》第113条第2款的规定，是否移送管辖主要视诉讼是否因新发生事实而引起。就债券纠纷而言，由于人民受理破产案件后，未到期的债权视为已到期，故无论债券是否发生实质违约，在重整计划中必然会涉及发行人（破产债务人）就债券的兑付问题；况且在司法实践中，在破产案件受理前，基本上发行人早已发生债券违约，无法兑付债券本息。因此，债券违约事实是发生在重整程序终结之前的。此外，债券投资者以证券虚假陈述责任纠纷起诉中介机构，指向的是中介机构在债券发行中未尽勤勉尽责，上述行为也并非重整计划执行阶段新发生的事实。

证券公司投资者保护之投诉纠纷源头治理

苏美丽*

摘　要：投资者投诉纠纷处理工作重在“源头治理”，证券经营机构应摒弃接到一笔处理一笔的传统思维，将被动工作转化为主动工作。在日常管理中强化投资者保护意识，深入开展适当性管理，切实保护投资者合法权益；通过投资者教育的开展和创新，提升投资者理性投资、依法维权意识；重视投诉案例和监管案例的分析研究，通过案例分析查找自身薄弱环节和风险隐患，及时整改、提升服务。通过多角度深入开展“源头治理”工作，有效减少投资者投诉纠纷事件的发生。

关键词：投资者保护　源头治理　适当性管理　投资者教育　案例分析

总体来看，我国的证券市场还是一个以个人投资者为主体的市场，特别是中小投资者占比较高，且专业知识欠缺、风险意识淡薄、风险承受能力不强、自我保护能力不足，在信息获取和专业能力上存在天然劣势，个人权益容易受到侵害，在市场中整体处于弱势地位。为了切实保护投资者合法权益，2011 年年底，中国证监会成立了中国证监会投资者保护局，负责证券期货市场投资者保护工作的统筹规划、组织指导、监督检查、考核评估。2019 年修订的《中华人民共和国证券法》（以下简称《证券法》）（主席令第 37 号）新设了“投资者保护”专章，建立了普通投资者与证券公司纠纷的强制调解制度，加大违法行为的惩处力度，从而依法保护投资者合法权益，给市场生态带来深刻变化，更好护航资本市场改革发展，为我国资本市场健康发展和中小投资者权益保护带来了积极且深远的影响。在各方极力提升投资者保护力度的大环境

* 西部证券股份有限公司网络金融部客服中心客户投诉处理专员。

下，投资者投诉纠纷的有效化解和源头治理工作就显得更重要。

一、投资者保护工作的简介

2021 年 5 月 15 日，中国证券业协会下发《证券公司投资者权益保护工作规范》（以下简称《保护工作规范》）。《保护工作规范》明确，投资者权益保护工作，是指证券公司建立完善投资者权益保护相关管理机制和制度流程，规范对投资者提供产品和服务的行为，畅通与中小投资者的沟通渠道，依法妥善处理投资者投诉纠纷等活动，以推动实现投资者在与证券公司发生业务往来的各个环节中得到公平、公正和诚信的对待，确定了投资者权益保护工作的目标：①维护公开、公平、公正的资本市场秩序，促进资本市场健康稳定发展；②提升投资者自我保护能力，帮助投资者树立理性投资理念，提高风险防范意识；③规范证券公司提供产品和服务行为，防范和化解证券市场风险；④多元化解投资者纠纷，倡导卖者尽责、买者自负理念，引导投资者理性维权。

《保护工作规范》明确了证券公司在投资者教育、适当性管理以及投资者投诉纠纷有效化解等方面，应当加强长效管理机制的建设，确保相关政策落地实施；且进一步明确了投资者投诉纠纷有效化解工作的重要性。

二、通过投资者投诉纠纷案例分析，寻找引发纠纷投诉的原因

投资者投诉纠纷的多元化解工作是投资者保护工作的重要环节。证券公司作为投资市场前端机构，与投资者接触密切，投诉纠纷事件发生率较高。那么，引发证券公司与投资者投诉纠纷的源头是否可以得到有效治理，我们可以从相关案例的分析，寻找引发投诉纠纷的源头。下面就近些年多发的投资者投诉纠纷类型进行分析。

第一类是佣金纠纷。佣金纠纷属于证券市场常见的纠纷类型，涉及金额小，耗费时间长，占用精力多，处理难度大，引发的原因有证券公司未及时履约、投资者对证券公司管理模式不了解、对佣金相关政策讲解不到位的。

常见类型一：未按约定对投资者账户佣金标准进行调整。不难看出，此类投诉中的投资者就本人账户佣金标准向证券公司提出调整要求后，与证券公司已经过协商并达成一致，原本是皆大欢喜的事情，但证券公司因为种种原因，未能及时给投资者

办理佣金调整,投资者发现后自然会认为证券公司对已承诺事项不履行,不讲诚信,从而引发投资者投诉,证券公司信誉受损。

案例:投资者向某证券公司营业部申请调整交易佣金。经过协商,客服人员口头答应为其办理降佣手续,未提供相关回执单据。之后,投资者发现其账户交易佣金并未下调,随即要求营业部退还多收取的佣金。营业部提出未找到投资者申请调整佣金的相关资料,并强调不允许前台工作人员未经审批程序就直接答复投资者可调整佣金,故无法接受投资者的诉求。

经双方当事人申请,在当地调解站对该纠纷进行了调解。首先,就营业部“没有提供回执单”行为的法律责任与“无证据赔偿”等争论焦点,邀请双方听取专业律师意见。律师认为,佣金调整是营业部与投资者约定执行更优惠收费标准的行为,现行法律法规对具体流程无相关规定。回执单提供与否可由营业部基于合规与服务的需要自行确定,双方当事人对此表示认可。之后,调解员一方面督促经营机构履行投诉处理首要责任;另一方面积极与投资者沟通,引导双方理性化解矛盾。经多轮沟通,双方就赔偿金额计算基数与比例等达成一致意见,由营业部给予投资者一定补偿。

在本案中,营业部虽然制定了佣金调整的内部流程,但营业部既未向投资者提供回执单,又未与投资者主动确认调整结果,业务流程没有形成服务闭环,埋下了风险隐患。证券公司应当将“以投资者为中心”的理念根植于心,从制度、流程设计等各环节不断完善服务,才能提升投资者满意度,减少此类投诉的发生。

常见类型二:普通账户与融资融券账户佣金标准不同步。涉及此类事项的投资者多为证券市场资深投资者,同时拥有普通 A 股账户和融资融券账户,投资者在与证券公司协商调整佣金标准时,不了解证券公司对两个账户的管理模式,也未向证券公司进行咨询,主观上以为两个账户的佣金是同步的,所以在协商过程中并未明确表述需申请调整佣金账户的类型。但按照证券公司的管理模式,普通 A 股账户与融资融券账户是相对独立的,所以大多证券公司在这两类账户的佣金管理上也是不同的。因为账户管理上的差异和证券公司员工服务的不到位,导致投资者两个账户佣金的标准出现差异。直至投资者账户发生交易之后才发现普通 A 股账户与融资融券账户的佣金标准不一致,引发投诉。

案例:投资者在某证券公司营业部开立普通账户进行股票交易,随后向营业部申请调低了交易佣金。次年,投资者又在该营业部申请开立了融资融券账户,但投资者并不知道其融资融券账户始终保持在开户时默认的佣金标准下进行交易。在投资者发现自己信用账户佣金较高，且与普通账户佣金水平差距较大时，即投诉营业部，要求营业部对信用账户交易佣金进行补偿，补偿金额按照普通账户佣金标准与信用账户佣金标准之间的差额进行计算。

经了解，投资者在某证券公司开立普通证券账户后，临柜申请调整了佣金标准。之后投资者开通信用账户时，未曾提出办理信用账户佣金调整的申请，所以该投资者的融资融券佣金水平一直按照默认标准收取。投资者认为其开立信用账户之后，佣金费率不应当高于其普通账户佣金水平，或应当与普通账户保持一致，营业部不能因为其未再提出信用账户调整佣金申请即默认按照标准佣金收取，因此营业部的佣金设置存在不当，应当补偿其信用账户多收取的佣金。而营业部认为，普通账户佣金及信用账户佣金为独立设置的，相互之间不存在同步关系，且应当由投资者提出申请，明确需要调整佣金的账户，并根据投资者账户资产及交易的实际情况作出调整，因此营业部佣金设置无明显过错。

证券公司在了解该投资者的实际情况后，多次邀约投资者进行沟通，并且将该投资者的融资融券账户佣金进行适当的调整，同时向其解释营业部不同账户之间的佣金关系及设置规则，但投资者始终坚持认为营业部佣金设置不合理，不接受协商方案且态度较强硬。经过多次反复沟通协商，该营业部与投资者终于达成共识。

在本案中，证券营业部虽然在其佣金设置调整过程中认为佣金调整应当由投资者本人提出申请，并明确需要调整的账户类型，其设置过程无明显不当，但没有考虑到投资者对于证券公司的业务规则及流程并非完全清楚，其应当从投资者关怀角度出发，酌情考虑提醒投资者，例如，在开户时告知投资者当前新开立的账户佣金标准，让投资者明确知晓本人账户的佣金标准，避免投诉纠纷的发生；投资者在交易过程中，应当适时了解自己账户的交易成本及资金变动情况，若能够尽早发现自己佣金水平较高，及时与证券营业部协商沟通，即可避免后续问题的产生。

常见类型三：证券公司对投资者账户调整后的佣金标准解释不明确。投资者就本人账户佣金标准与证券公司进行协商，经协商达成一致，证券公司为投资者调整了账户佣金。但证券公司员工并未就账户调整后的佣金标准作出详细解释，投资者则以为账户中参与的所有投资品种的佣金标准均作出了调整。投资者在操作部分投资品种时发现佣金并没有调整，立即联系证券公司，但证券公司大多会回答“当时您申请的对某某品种的佣金标准进行调整，并没有表示对某某品种进行调整，如果您有需求可以来公司进行协商。”投资者会有一种被愚弄的感觉，从而引发投诉。

案例:投资者在某证券公司营业部开立账户,之后与营业部协商已将账户佣金标准下调。但在之后的交易过程中,投资者发现,当其参与封闭式基金交易时,营业部未按照协商标准收取佣金,随即向营业部进行询问,营业部告知“基金产品佣金与股票不同”。因投资者误以为基金的佣金与股票相同,并导致其在交易过程中多交了费用,故引发投诉,要求营业部按照已调整的佣金标准退还佣金差额。

经查,投资者来营业部协商佣金时,对普通 A 股账户和开放式基金账户的佣金标准进行了调整,但其后续参与的是封闭式基金的交易,因此佣金收取标准会有所不同。营业部就此向投资者作出解释,在营业部告知这两类基金是分开调整的,还需要另行办理后,投资者认为,营业部在服务上不到位,即撤出了账户上的资金,并投诉。之后,营业部安排专人积极与投资者联系沟通,就佣金调整具体情况进行反馈和沟通,表示营业部是根据投资者诉求为其调整佣金,并就工作人员未能向投资者详尽讲解佣金标准表示歉意。投资者情绪稳定后也表示是个误会,不再就此事作任何责任追究。

本案中,营业部在投资者申请调整佣金时,未就调整后的佣金标准作出详细解释,投资者在申请调整佣金标准时也未明确本人要求,导致之后误会的产生。证券公司应当清楚投资者不可能对证券公司的相关业务了如指掌,如果在申请调整佣金标准的过程中,营业部工作人员能够就佣金标准情况作出详尽解释投资者也能够清晰完整地表达个人意愿,误会即可避免。

第二类是资管产品兑付违约纠纷。近些年,在金融创新的大背景下,金融市场进入了快速创新发展阶段。金融机构发售的资管产品受到不少投资者的追捧,成为市场的新宠。然而,刚性兑付的打破将资管产品原本潜在的风险彻底显现出来,资管产品延期兑付的情况时有发生,而投资者对于打破刚性兑付后需要承担的风险一时间无法接受,由此引发投诉。

案例一:投资者在某证券公司营业部购买该公司发售的集合资产管理计划。产品到期后,该公司并没有按合同约定进行兑付,而是发布公告称该项目出现问题,资金暂时无法收回,需要延期兑付。投资者对此不满,就此事问询证券公司,工作人员告知公司已就该产品兑付事项提起诉讼,采取财产保全措施。投资者不认可,认为证券公司延期兑付的行为,损害了自己的利益,故致电投诉。

经核查,该投资者在购买资管产品时,可承受的风险等级与产品风险等级匹配,认购过程并无不妥。证券公司对该投诉高度重视,成立了工作小组,产品相关部门负责人及工作人员直接参与，在投诉处理过程中给予投资者更专业和准确的解释。在产品到期之时，证券公司收到产品相关主体公司发来的《申请函》申请延期兑付，并表示公司正在采取包括但不限于资产重组、处置资产、引入投资者等措施，争取早日恢复流动性以偿还债务，并承诺于年底前偿付该计划相关债务。为保障委托人的合法权益，证券公司立即采取了主动诉讼和财产保全的法律措施，并积极进行资产处置。经过努力，资产处置工作取得了阶段性的成果，该证券公司已分次向投资者兑付部分认购金额，但投资者依然表示不满。经过多次解释沟通，投资者依旧不予接受。之后，通过调解站调解，双方达成和解。之后，在证券公司的持续努力下，投资者的本金得以全部返还。

本案中，该投资者对于资管产品的投资风险认识不足，且不愿承和理性地面对投资风险。证券公司应以此为戒，加强对投资者的风险教育，充分揭示“卖者尽责、买者自负”的理念，引导投资者理性投资，切实深入落实适当性管理制度。本案中的证券公司在本机构发售的产品出现兑付问题时，积极应对，一方面，安抚投资者，理解投资者心态，并组织专业人员做好相关解释工作；另一方面，采取法律措施，全力推进财产保全，为投资者挽回经济损失，履行了证券公司应当承担的社会责任，切实维护了投资者权益。

案例二：这是一个非证券公司发生的某行“＊油宝”案例。某行“＊油宝”是一款挂钩原油期货的理财产品，风险等级高。根据相关投资者对外披露的交易合同文本及相关新闻报道显示，该行在认购合同中仅提示该产品存在损失本金的可能，并未揭示该产品存在投资者还有可能承担“＊油宝”穿仓损失的风险。最终投资者不仅损失投资本金，还背负金额巨大的负债。就此，部分投资者进行了维权。

中国银保监会对“＊油宝”产品风险事件高度重视，第一时间要求某行依法依规解决问题，投资者平等协商、及时回应，切实维护投资者的合法权益。同时，中国银保监会会同相关部门成立跨部门联合调查组，就“＊油宝”事件展开核查事实、处置风险、堵塞漏洞等工作，坚决查处某行违法违规行为，于 2020 年 12 月公布了对某行“＊油宝”产品风险事件相关违法违规行为依法从严处罚的决定，全力维护金融市场秩序。某行的主要违规行为包括：第一，产品管理不规范，包括保证金相关合同条款不清晰、产品后评价工作不独立、未对产品开展压力测试相关工作等；第二，风险管理不审慎，包括市场风险限额设置存在缺陷、市场风险限额调整和超限操作不规范、交易系统功能存在缺陷未按要求及时整改等；第三，内控管理不健全，包括绩效考核和激励机制不合理、消费者权益保护履职不足、全行内控合规检查未涵盖全球市场部对私产品销售管理等;第四,销售管理不合规,包括个别投资者年龄不满足准入要求、部分宣传销售文本内容存在夸大或者片面宣传、采取赠送实物等方式销售产品等。

在本案中,某行将高风险产品处理成普通理财产品,导致风险错配,加之销售合同存在缺陷,销售环节夸大宣传,采取赠送实物等违规销售行为,诱导投资者,导致投资者在对风险了解不充分的情况购买了产品。某行在这次产品的销售过程中,适当性管理落实不到位,未能守住系统性金融风险的底线,极大地损害了投资者的合法权益。

第三类是服务类投诉。证券公司根据相关要求为投资者提供各类必需的服务,同时也会为了增强公司竞争力,为投资者提供一些增值服务,提升服务质量、提高投资者满意度。这些服务有的为投资者避免了资产损失,有的为投资者提供了关怀,总的来说,为投资者提供了方便和温暖。然而在服务的过程中,因为种种原因,依然会引发投资者投诉。

常见类型一:新股申购制度改革后,投资者可通过账户持有股票市值参与新股申购,这为广大投资者拓宽了投资空间,减少了资金压力,投资者可以先参与申购,中签后再投入资金,减少了资金占款时间。然而,就在这个非常友好的政策下,依然频频发生投诉,较突出的是投资者参与申购新股中签后,证券公司未及时通知其缴款,导致投资者未能按时缴款,错失投资机会,导致投诉。

案例:投资者反映本人参与申购的新股中签后,直至缴款日闭市后才接到营业部的电话通知,手机上也没有收到通知短信,账户上的资金都已经买了股票,导致没能按时缴款,要求营业部作出解释。

经查,证券公司短信平台已在获取到该投资者中签信息后第一时间向投资者正常发送的提示短信,而临近缴款时间,营业部发现该投资者依然未足额补充资金,立即电话联系,但一直到缴款前几分钟才联系到投资者,因投资者账户上资金不足,一时间也没能转入资金补足,导致未能及时完成缴款,中签新股只能被迫放弃。营业部对投资者心情表示理解,安排专人联系投资者解释沟通。经过安抚,投资者情绪恢复平稳,未再提出任何要求。

本案中的投资者参与了新股申购后,未主动查询账户中签情况,同时,又由于个人原因导致通知短信未能及时阅知等种种原因,导致未能及时补足资金。从本案得出经验,即作为投资者应养成定期查看账户资产情况的习惯,对于异常情况及时咨询,避免出现此类情况。营业部则应进一步加强投资者教育,引导投资者熟悉相关业务规则和流程,同时不断优化通知模式,减少此类事件的发生。

常见类型二:很多证券公司为了提升投资者满意度,增强竞争力,对于配股、可转债发行等情况的标的证券持有投资者进行各种形式的通知提醒,避免投资者错过而遭受损失。然而,由于服务规则的不合理,或是工作人员的疏漏,依然会存在投诉的情况。

案例:投资者投诉证券公司营业部未及时通知其持有股票配股如何缴款,导致其资产遭受损失。投资者称其关注到账户持有的股票近期进行配股,即在账户内预留了足额资金。投资者一直以为上市公司配股缴款资金会自动扣除,之后却发现自己未能成功缴款参与配股。投资者联系营业部问询,被告知:“我们都通知了,请问您是不是更换过手机号码?”投资者称自己在该营业部开户后从未更换过联系电话,并未接到该营业部的任何通知。之后,投资者接到该营业部核实后的回复:“您作为投资者应该自己会操作。”投资者不认可,故致电投诉,要求该营业部给予合理解释并进行赔偿。

经核查,投资者发现自己并未成功配股后,联系营业部询问,值班人员接听电话,并告知配股需要本人操作完成缴款,投资者又提出营业部工作人员应该提前告知其如何缴款。值班人员接到电话后将具体事项转述给客服人员,因为该营业部对本部融资融券账户相关投资者进行了通知,而值班人员在转述过程中具体信息描述不全面,客服人员未作详细沟通即误认为该投资者是融资融券账户投资者,所以回复“我们都通知过了,请问您是不是更换过手机号码?”。经过核实后客服人员再次联系投资者,告知是自己搞错了,确实未通知过该投资者,但是在上市公司公告中都有相关配股缴款的提示,需要投资者自己关注。投资者对客服人员的回复非常不满,即刻挂机。

接到投诉后,营业部立即安排专人联系投资者,了解投资者诉求,同时诚挚地向投资者表示歉意,表示以后将进一步提高服务。经过沟通,投资者心情得以平复,表述不再就此进行追究。

本案中,营业部客服工作存在不足:第一,接到投资者反映后,未经核查即回复投资者,这种想当然的工作态度是极不可取的。第二,营业部工作人员之间沟通时提供的信息不全面,也未作进一步核实,导致服务出现偏差,工作不细致。第三,客服人员再次联系投资者时,强调投资者责任,激怒投资者引发不满。第四,投资者挂断电话的举动已经表示不满情绪,但营业部并未采取任何补救措施安抚投资者,致使事件进一步发酵。第五,营业部在为投资者提供通知服务时,将高净值投资者与普通投资者区别对待,没有给予投资者同样的公平待遇,忽视了中小投资者的弱势地位,违背了公平、公正的服务原则。如果当时营业部在提示投资者配股信息时,没有将投资者区别对待,通知到所有持仓投资者,并明确告知投资者配股缴款的时间和操作方法,那么这位投资者就不会因业务知识的欠缺导致资产损失。通过本案,该营业部意识到自己在投资者服务的管理上存在很大的疏漏且不尽合理,立即实施整改,提升投资者服务质量。

三、证券公司应有效开展源头治理,避免引发投资者投诉纠纷

证券行业的投资者体量大、人员结构复杂、知识层次不等,年龄跨度较大,是投诉发生率较高的行业。那么,如何降低投资者投诉发生率呢?结合上述案例分析,投资者投诉纠纷的起因多种多样,证券公司作为投诉"首要责任"机构,应当有效开展源头治理工作,做到有的放矢,从完善业务流程、客户服务流程,投资者教育、适当性、合规管理等角度加强内部管理,坚守保护投资者合法权益的使命,积极探索投资者保护的新途径。

(一)明确经营机构投资者保护及投诉处理工作责任人,落实"首要责任",强化"源头治理"意识

证券公司应高度重视投资者保护工作,将投资者保护意识贯穿到各项业务环节和各个工作岗位中,提高工作人员对投资者保护工作的重视,确保每一位工作人员都能够做到各司其职,认真履职,让投资者在每一个工作环节都能够得到全面、周到、细致的服务。证券公司应将投资者投诉纠纷的首要责任层层落实,明确每一层级在发生投资者投诉后应承担的责任,责任清则任务明。

(二)本着以"投资者为中心"的理念,制定和完善业务流程、服务流程,公平、公正地服务每一位投资者

1. 证券公司在制定业务流程、服务流程时,应在合规的前提下尽可能地做到简洁、明晰、方便操作,为更好地服务投资者,为其提供便利。同时,还应当考虑制定闭环型业务流程,从投资者申请、业务办理、到回复投资者,业务流程应全面、细致、严谨。

以账户佣金标准调整流程为例:投资者申请—查询投资者账户情况(核查投资者

账户情况)—协商(详细介绍佣金标准)—签署降佣申请—审批—柜台办理—反馈投资者。首先,在投资者申请调整佣金时,证券公司应先详细查询投资者账户开立情况,以投资者为服务单位制定合理的沟通方案;在协商环节中详细、全面地告知投资者各类账户调整后的佣金标准;业务办理完结后应及时回复投资者,整个业务环节应形成闭环。每一个服务环节的工作人员都应该做到专业、周到、细致,且有耐心和责任心,能够细心核查,善于沟通,能够准确了解投资者需求,并能够详尽地讲解不同账户类型、不同业务佣金标准情况,做到无遗漏。投资者如有误解即可及时发现,避免投诉产生。

其他类似需要延迟送达投资者的业务类型,业务流程均应做到以上要求,解释到位、通知到位,形成闭环,减少疏漏。

2. 为投资者提供服务,应遵循公平、公正的原则,特别是中小投资者因业务知识欠缺、风险意识淡薄、风险承受能力不强、信息获取的能力不足,在投资市场处于弱势地位,是投资者保护的重要群体。证券公司应换位思考,理解中小投资者处于弱势地位所需要的帮助,给予中小投资者更多的关注。

以常见的新股中签、配股等信息提示为例,证券公司在开展此类服务工作时,应当筛查本机构所有中签投资者或配股标的证券持有投资者,进行全覆盖通知。杜绝重视高净值投资者,忽略中小投资者的行为。在通知新股中签投资者时,应明确告知划款时间,提示投资者预留充足的资金,如资金不足应在什么时间内补足资金,交易所对于新股中签放弃有什么要求;在通知投资者配股信息时,应明确提示投资者配股时间、配股操作方法,若逾期未缴将视为放弃,请投资者酌情参与。让投资者明确自己此时该做什么,怎么做。

3. 提示投资者关注证券公司发送的各类信息,防止错过重要信息。有些投资者会在手机上设置黑名单,将证券公司的短信号码、电话号码屏蔽,导致证券公司无法联系投资者,重要信息无法送达。证券公司应告知投资者公司短信号码、客服电话等重要联系渠道,提示投资者一定不要对该渠道进行屏蔽操作,避免因重要信息无法送达而导致资产损失。

4. 丰富投资者沟通渠道。证券公司应为投资者提供多元化沟通渠道,并向投资者公示,公开接受投资者的咨询、建议、意见、投诉等。目前,大多证券公司在保持电话、邮箱、网站等原有沟通模式的基础上,增加了微信、直播等互动方式,极大地拓宽了投资者与证券公司沟通渠道,但只拓宽渠道是远远不够的,而应该对所有的渠道进行有效管理,安排专人定时回应投资者,确保有问必有答,及时为投资者答疑解惑,消除投诉隐患。

(三)证券公司应高度重视适当性管理的重要性,切实深入落实投资者适当性管理工作,将适当性管理贯穿各个业务环节

证券公司应当按照《证券期货投资者适当性管理办法》《证券经营机构投资者适当性管理实施指引(试行)》《基金募集机构投资者适当性管理实施指引(试行)》等相关制度要求,深入开展适当性管理工作。在销售产品或者提供服务的过程中,勤勉尽责,审慎履职,规范销售人员的销售行为,将适当的产品或者服务销售或者提供给适当的投资者,维护投资者合法权益。

在证券公司内部管理中,柜台业务办理环节“一般”相对容易监控,就业务风险等要点进行揭示,并按照适当性管理要求进行“双录”。视频业务模式需通过工作人员见证,从而控制风险。然而,对于销售环节的管理则成为难点,在销售产品的过程中,销售人员是否充分揭示产品风险,是否准确解读产品规则、有无以销售为目的误导投资者的行为,投资者提供的信息是否真实有效,对产品或服务的风险是否充分理解均无法实时监控。结合相关投诉案例,证券公司应在以下几个环节加强适当性管理消除风险。

1. 防范临时性、突击性风险测评隐患。有些投资者为了购买相应的金融产品适应产品风险等级的要求,重新进行风险测评以达到参与投资的目的。但临时增加的风险测评结果的真实性和准确性是证券公司很难核查和监控,无法确认投资者风险等级的提高是真实的还是虚增的。一旦产品出现兑付风险,那些潜在的风险立即就会暴露,从而引发投诉风险。证券公司应对此类投资者进行重点关注,提前做好防范工作。

2. 向投资者准确介绍销售理财产品的基本情况、充分揭示产品风险。销售人员在向投资者推荐理财产品时,如果未完全按照合同内容严谨、规范地向投资者介绍产品存续期、投资范围等要点,未向投资者揭示产品可能产生的最大风险,那么就会导致投资者对产品认识不充分,盲目投资,一旦产品出现兑付问题,投资者无法承受资产可能遭受的最大损失。销售人员在向投资者推荐理财产品时,一定要严格按照合同内容讲解产品情况,遵循严谨、合规的销售理念。

3. 做好前期尽调工作,充分评估产品的风险。产品风险的评估结果会直接影响投资者的选择,对适当性管理的有效性产生绝对的影响。一旦错配,即可能让投资者

购买到不适合自己风险等级的产品,增加投资者的资产风险。证券公司在对相关产品进行尽调和风险评估时,一定要认真、尽责、严谨、实事求是,严格审批流程,避免出现风险错配的情况。

4. 了解适当性匹配意见。证券公司应向投资者宣讲,经营机构的适当性匹配意见不表明其对产品或者服务的风险和收益作出实质性判断或者保证。投资者应当在了解产品或者服务情况,听取经营机构适当性意见的基础上,根据自身能力审慎决策,独立承担投资风险。

(四)加强投资者教育的开展和创新

在如今互联网高速发展,推广渠道众多的多媒体环境,为证券公司开展投资者教育活动提供了非常便利的条件。网站、微信公众号、小视频、直播等方式已经成为证券公司开展投资者教育工作的重要方式,适应了目前非现场投资者众多的现状和发展方向,弥补了传统投资者教育方式的空白。然而,我国目前还存在着众多的老年投资者,这个群体对于新模式的接受度有一定的限制。那么做到投教工作广泛覆盖,还需要证券公司在投教工作的开展中做到新老结合,不留空白。

1. 开展创新的同时,还应不断加强传统投资者教育模式。证券公司应始终将投资者教育工作贯穿日常服务与各个业务办理环节,将投资者风险提示工作落到实处,避免流于形式。现场互动式的投资者教育活动还应适时开展。我国市场有众多的老年投资者,他们对网络上的信息获取、观看直播等操作还不够熟悉,而更习惯于现场沟通。因此,对这一部分投资者的投资者教育活动也不能忽视,所以现场投资者教育活动依然有存在的意义。

2. 将投资者教育与投资者咨询、投诉纠纷工作相关联,对多发的投资者疑问、投诉纠纷多发的业务类型及时进行整理汇总,有针对性地为投资者提供宣传和教育。在实践中发现,有很多的投诉纠纷与投资者对相关业务知识和流程不了解,对相关政策不理解或理解错误导致投诉,所以将投资者教育与投诉、咨询等工作相关联,对于有针对性地开展投资者教育有极大的帮助,对提高投资者证券知识水平,引导投资者理性投资会更加有效。

3. 投资者教育内容应紧跟市场发展。证券公司应及时就市场新业务、新产品开展相应的投资者教育活动,确保投资者及时、快速地了解到相关的业务知识、风险以及可能产生的投资损失。引导投资者充分了解业务相关知识,理性参与,避免盲目投资。

4. 加强投资者风险意识教育。证券公司应当通过业务知识讲解、真实案例分析等多种宣传方式,强化投资者的风险意识,向投资者传递“卖者尽责、买者自负”的基本原则,树立投资者理性投资的理念。

5. 引导投资者理性维权、依法维权意识

2019 年修订的《证券法》自 2020 年 3 月 1 日起施行以来,中国资本市场进入新《证券法》时代。2019 年《证券法》专章规定投资者保护制度,创新了证券民事诉讼制度,开创了证券维权新模式。证券公司应加强证券法律法规等政策宣传工作,引导投资者学习相关法律法规,正确理解,树立理性维权、依法维权意识。

(五)定期开展工作人员培训,增强合规意识

证券公司是投资者保护工作的实施机构,为了有效落实投资者保护工作和适当性管理工作,加强合规管理,证券公司应重视和加强工作人员的培训工作,加强工作人员的合规意识,了解适当性管理的重要性,自觉承担起投资者保护的责任和义务。

1. 定期组织工作人员开展业务规则、业务流程、投资者服务规范等相关培训,增强工作人员业务水平,熟悉服务规范,提高工作人员主动服务意识,树立“以保护投资者合法权益为己任”的理念,为投资者提供高质量的服务。

2. 定期组织适当性管理培训,加强工作人员对适当性管理要求的了解,充分认识适当性管理的重要性,了解证券公司在适当性管理中应履行的义务,切实履行适当性管理要求,把适当的产品销售给适当的投资者,保护投资者合法权益。

3. 定期组织合规管理培训,加强工作人员合规意识。证券公司应通过合规培训警示工作人员,合规是证券从业的底线,是不可触碰的红线。特别是销售人员容易受到利益和竞争的影响,放松合规意识。证券公司应警钟长鸣,进一步加强销售人员的合规意识,做到合规推荐、合规营销、合规服务。

4. 加强工作人员沟通能力的培训。证券公司工作人员经常要直接面对投资者提供服务,具备良好的沟通能力就显得尤为重要,沟通能力的高低直接会影响沟通结果的有效性,更能够避免误解的产生,减少投诉的发生。

(六)加强投资者投诉纠纷案例的分析研究

证券公司应重视投资者投诉案例和监管案例的分析研究工作,要善于从案例中查找问题产生的原因,总结经验教训,并及时整改,查漏补缺。并将案例通过培训在内部进行分析和学习,警示工作人员引以为戒。

(七)有效落实问责机制,加强工作人员对首要责任的认识

对于在投资者投诉事件中存在责任的人员进行分级问责,根据责任轻重给予批评教育、警告、通报、调换工作岗位等处罚措施,从而增强工作人员责任心。做好投诉源头治理工作,是减少投诉、保护投资者合法权益、维护资本市场健康运行的内在要求,是投资者保护工作的重要内容。证券公司应坚持把投资者保护工作融入业务拓展和服务的全过程,重视每一位投资者的意见、建议、抱怨。要改变来一笔处理一笔的投诉处理模式,从源头上加强管理,有效地遏制投诉事件的发生,与广大投资者携手,共同营造证券市场稳定、健康的环境。

司法机关参与的投资者保护问题研究

张泽辰*

摘　要:从证券市场投资者的立场出发,尽管证券违法者所受到的惩处越来越严厉,不论是行政罚款还是刑事罚金,数额都屡创新高,但利益真正受损的投资者并未因此有效地填补损失。因此,笔者认为,逐步完善我国证券投资者保护制度,从证券领域先行赔付制度、有奖举报制度两个方面入手探索建立证券罚没款"分成"机制,并尝试开展检察机关公益诉讼的探索,以期更好地保护证券市场金融消费者的合法权益,进一步为上海国际金融中心建设提供优质的法治保障。

关键词:证券领域　先行赔付制度　有奖举报制度　公益诉讼

一、探索建立证券罚没款"分成"机制

按照我国《中华人民共和国行政处罚法》第 53 条和 2019 年修订的《中华人民共和国证券法》(以下简称《证券法》)第 222 条的规定,证券监管部门应当将行政罚款上缴国库,待需要具体开支时,应按照"收支两条线"由财政部门进行划拨,所以无论是赔偿投资者的损失,还是给予举报人一定的物质奖励,其都应当由财政部门进行审核和批准。[①] 同样地,根据《人民法院第四个五年改革纲要(2014—2018)》,地方各级法院收取的刑事罚金等也需要按照"收支两条线"的原则,统一上缴省级国库。

《中华人民共和国民法典》(以下简称《民法典》)第 187 条明确提出,民事主体的同一行为引发的民事、行政与刑事责任之间不存在冲突性,倘若被处罚主体的财产难以支付处罚或赔偿数额的,应先承担民事赔偿责任。《中华人民共和国刑法》(以下

---

* 上海市人民检察院第四检察部干部。本文仅是个人观点,不作为单位意见。

① 参见肖凯:《构建有效的证券市场执法机制》,载《清华金融评论》2019 年第 10 期。

简称《刑法》)第36条也作出了类似规定,承担民事赔偿责任的犯罪分子,同时被判处罚金,其财产不足以全部支付的,或者被判处没收财产的,应当先承担对被害人的民事赔偿责任。由此可见,民事责任优先已经被作为一项基本原则贯穿于法律体系的始终。现阶段,行政和司法部门处理的罚款和罚金必须先上缴国库,证券领域民事责任优先原则往往不能在司法实践和行政执法中加以体现。

就目前来看,投资者大都是在兑现民事诉讼权益时,才发现承兑方曾被处以行政或刑事处罚,此时行政或司法部门对其处以的罚款或罚金等都已上缴国库,涉案人员已经无力支付民事损害赔偿。对此,有部分学者提出应当在证券领域内开展刑事罚款和行政罚金暂缓上缴国库制度,通过设置"投资者补偿基金",按比例先行赔付证券投资者的损失,并将部分基金用于奖励相关线索的举报人,保护证券投资者的合法权益。[①]

(一)建立先行赔付制度

2019年修订的《证券法》第220条在原《证券法》规定的罚款、罚金基础上,进一步增加了违法所得的内容,扩大了当违法行为人的财产不足支付时优先用于民事赔偿的金额范围。2020年8月8日,最高人民法院对外发布了《关于为创业板改革并试点注册制提供司法保障的若干意见》,进一步明确了"民事责任优先原则",尽最大努力维护好投资者的合法权益。在证券市场中,侵害投资者合法权益的行为通常会触犯我国法律的强制性规定,实施该种行为的相关责任人员在责任追究程序上通常会面临着民事、刑事、行政程序交叉以及刑事罚金、行政罚款等问题。[②] 由于目前我国的公力实施机制与私力实施机制尚不能有效衔接,有时会使投资者无法及时、充分地获得民事赔偿,个别极端情形下甚至还会因为公力救济的实施而导致妨碍民事赔偿的现象发生,越是监管机关处罚严厉的证券违法行为越难以弥补投资者的损失。因此,笔者认为亟须紧紧围绕有效填补投资者损失这一证券市场的总体目标,完善证券刑事、行政、民事责任衔接机制,有效弥补证券投资者的损失。

1. 先行赔付的激励机制

事实上,行政和解制度以及认罪认罚机制能够有效激励先行赔付行为。目前,2019年修订的《证券法》在第93条规定了先行赔付制度,同时也在第171条完善了行

---

① 参见肖凯:《发挥证券执法的威慑功能,需要建立有效的证券执法机制》,载《清华金融评论》2019年第10期。

② 参见吴凡:最高法民二庭负责人就《最高人民法院关于为创业板改革并试点注册制提供司法保障的若干意见》答记者问,载微信公众号"最高人民法院"2020年8月18日,https://mp.weixin.qq.com/s/_vEWieV_BkYYdIljNPncsQ。

政和解制度。根据第 171 条的规定,被调查者通过书面的形式承诺在国务院证券监管部门认可的期限内纠正违法行为、消除所造成的不良后果并对投资者的损失予以赔偿的,监管部门可中止对其调查;如果被调查者履行了自己所作出的承诺,监管部门可终止对其调查。在以往的案例中,中国证监会对于实施了先行赔付的当事人会作出减轻处罚的决定。但在 2019 年修订的《证券法》第 171 条的授权下,对于赔偿投资者损失的违法主体,中国证监会可以终止调查,即免于对行为人的行政处罚。倘若因发行人的虚假陈述等违法行为使投资者的权益遭受损失,那么应当将发行人的实际控制人、控股股东等予以先行赔付的行为,视为第 171 条认定的行政和解制度的赔偿有关投资者损失,则会有效激活先行赔付制度,增加行为人履行赔付义务的动力。①

同时,最高人民法院、最高人民检察院《关于办理操纵证券、期货市场刑事案件适用法律若干问题的解释》明确提出,倘若行为人满足该解释第 2 条和第 3 条的标准,即有悔罪表现,认罪态度良好,及时退缴非法所得,如实供述犯罪事实,可从轻处罚;情节轻微的可依照《中华人民共和国刑事诉讼法》的有关规定不予起诉或者是免除对其刑事处罚。该司法解释在全面落实严厉惩治证券、期货类犯罪的基础上与《刑事诉讼法》中确立的认罪认罚从宽机制相协调,确保各项机制能够在证券类犯罪中得以使用。

笔者认为,如果将证券犯罪的认罪认罚机制和 2019 年修订的《证券法》有效对接,将支付先行赔付款视为退缴违法所得,并在《刑法(修正案)》中加以明确,则同样能够激活先行赔付制度,增加行为人履行赔付义务的动力,同时也能够增加认罪认罚的适用率,更好地落实宽严相济的刑事政策②,为证券市场改革提供刑事政策的法治保障。

2. 先行赔付的配套机制

从万福生科、海联讯等先行赔付案例中可以看出,民事赔偿机制在我国已逐步发展成型。但必须要明确的是,与现行赔付相关的配套机制仍处在不完善阶段,资金难以落实到位,无法真正实现投资者保护的最终目的。所以在笔者看来,应该逐步完善我国现行赔付机制的各项配套措施,积极探索行政罚款和刑事罚金暂缓上缴国库机

---

① 参见彭冰:《解读证券法中的先行赔付条款》,载微信公众号“北京大学金融法研究中心”2020 年 3 月 9 日,https://mp.weixin.qq.com/s/ob9x2t9_9X471gB_qAmLZg。

② 参见彭冰:《解读证券法中的先行赔付条款》,载微信公众号“北京大学金融法研究中心”2020 年 3 月 9 日,https://mp.weixin.qq.com/s/ob9x2t9_9X471gB_qAmLZg。

制，并使用罚款和罚金设立“投资者补偿基金”，以此来最大限度地弥补投资者所遭受的损失，确保民事优先原则能有效地落实到位。[①]

具体而言，笔者认为，先行赔付配套机制的试点探索可以分为如下几个部分：

一是案件领域。依照《证券法》的有关规定，先前赔付机制的适用范围极其有限，即只能因虚假陈述等其他严重违法行为而导致投资者利益严重损失的情况下才可使用。可以看出，先行赔付适用的罪名领域中与欺诈发行等虚假陈述类犯罪之间有着较紧密的联系，十分契合当下完善以信息披露为核心的证券注册制改革、加大虚假陈述类犯罪违法成本的刑事政策背景。但是，也应该看到内幕交易、操纵证券市场等传统证券犯罪的先行赔付案例在司法实践中尚未出现，虽然2019年修订的《证券法》没有具体明确此类案件可以适用先行赔付制度，但是笔者认为可以纳入“其他重大违法行为”当中加以规制。

二是主体适用。从前文可以看到，行政和解制度以及认罪认罚机制能够有效激励先行赔付行为。因此，笔者建议，以受到行政处罚或者是刑事处罚的主体为基础，积极探索实践先行赔付机制的适用和完善。同时，2019年修订的《证券法》第93条也规定了虚假陈述中发行人的控股股东、实际控制人以及相关证券公司为先行赔付的责任人，在先行赔付完毕后，可依法向直接责任人员进行追偿。笔者认为，2019年修订的《证券法》第93条规定的主体范围仍然较窄，在加大证券中介机构违法责任追究的注册制改革背景下，应当将注册会计师事务所、律师事务所等共同作为证券中介机构加以追究其刑事责任。另外，内幕交易、操纵证券市场犯罪中的主体是自然人犯罪，虽然其偿付能力不如机构主体，但是笔者认为，也应该将主体逐步拓宽到此类犯罪。

三是责任分工。从理论方面上来看，具有公益性质的投资者保护机构应以维护投资者合法权益为己任，秉持中立性、公益性、独自性的工作原则，既能有效地对赔付行为进行监管，同时也可为该制度的落实提供必要的帮助，使先行赔付制度能够在公平公正的条件下运行。近年来，公益性投资者保护机构在实践中不断摸索前进，在保护投资者权益方面发挥了重要作用，然而其仍有需要改进的地方。笔者认为，根据2019年修订的《证券法》第93条的规定，先行赔付责任主体可以委托投资者保护机构就赔偿事宜与受到损失的投资者达成协议。但是，目前并没有就投

① 参见中国证券投资者保护基金有限公司：《中国资本市场投资者保护状况白皮书2018年总报告》。

资者保护机构作出进一步明确。在行政监管领域,我国目前有两个公益性证券投资者保护机构,分别是中国证券投资者保护基金公司和投服中心。而在司法领域,检察机关则是公共利益的代表。笔者认为,可以构建由中国证券投资者保护基金公司负责管理先行赔付资金,由投服中心负责初步审查受偿投资者范围、赔付金额,由检察机关以及特邀的检察"外脑"专家,负责最后确定受偿投资者范围、赔付金额,并监督中国证券投资者保护基金公司先行赔付资金的使用。这样的组织架构使先行赔付中的三大公益机构可以根据各自的定位与特点进行分工合作,以提升投资者保护实效,并形成一定的监督和制约机制。

(二)建立有奖举报制度

"吹哨者"计划①巧妙地借助了私人监督力量,通过物质奖励吸引广大民众举报违法行为。高质量的违法案件线索信息,有助于提高证券执法的效率,而且由于大多是内部人举报,也减轻了监管部门调查举证的压力,节省了监管资源。但仅仅提供物质奖励还远远不够,加强举报人的保护,打消举报人的后顾之忧才是该机制的核心。在此种大环境下,切实加强对举报人员及其近亲属的人身安全保护,并采用给予一定量的物质奖励作为激励措施,这样就能在很大程度上缓解证券违法行为证据收集难的困境,而"罚没款分成"就是在这种背景下设立的。②

1. 制度设计

2014年6月,中国证券监督管理委员会发布《证券期货违法违规行为举报工作暂行规定》(以下简称《暂行规定》)。依照《暂行规定》,提供虚假信息披露、内幕交易、操纵市场等违法行为线索或进行实名举报的,中国证监会在查证属实后应当给予信息提供者和举报者一定的物质奖励,并且应当对相关人员的身份信息进行保密,具体的奖励事宜交由中国证券投资者保护基金有限责任公司进行处理。

虽然奖励机制已经实施了多年,但就目前来看,社会民众的举报热情并不高涨,监管部门通过知情人获取的违法信息内容比例仍旧较低。我国关于举报奖励的相关

---

① 2019年11月15日,美国证监会在其官网发布了《美国证监会"吹哨者计划"2019年年报》(以下简称年报),该年报详细介绍了2019年"吹哨者计划"的执行情况,以及该计划对证券市场行政执法和投资者保护的重大影响。"吹哨者计划"是《多德—弗兰克法案》催生的产物,该法案在《1934年证券交易法》的基础上进行了修订,增加名为"吹哨者激励与保护"的第21F条,明确了证券违法举报人奖励制度。除此之外,《多德—弗兰克法案》还建立了一整套包括保密和反报复等内容在内的举报人保护机制,其中包括:除少数法定的例外情况之外,证监会不得披露任何在合理预期下可能导致举报人身份泄露的信息。在律师的协助下,举报人也可以选择匿名举报。此外,任何雇主不得因举报人提供信息、协助调查等而对其进行报复。参见源泉:《美国证监会"吹哨者计划"2019年年报》解读,载微信号"证券法谭"2020年3月9日,https://mp.weixin.qq.com/s/WfwDa5x4gd73x2fSysCxlg。

② 参见刘沛佩:《论我国证券监管中有奖举报制度的完善》,载《证券市场导报》2017年第5期。

法律制度可以从以下两个方面进行完善：一是提高立法层级。目前，在《证券法》以及《刑法》等刑事法律中还没有关于举报奖励制度的相关规定，而是散见于各个部门规章当中，缺乏体系性和规范性。二是完善保护措施。举报奖励制度的运行除奖励基金的作用之外，最主要的还是对举报人保护措施的完善。我们可以从正当性的角度入手，建立起举报内容真实性与正当性的判定依据，并通过设立相关的政策性机制来为举报者的行为作出正确引导。同时，可以探索由检察机关参与的举报人保护措施，对有奖举报制度和实施保障机制进行完善，以此提升有奖举报制度的可操作性和实践性，大大提高有奖举报制度的“软实力”。①

2. 资金来源

在我国，中国证监会下设的中国证券投资者保护基金有限责任公司负责基金的日常管理、分配和运营。根据2016年修订的《证券投资者保护基金管理办法》，第三章基金筹集中的第14条规定了证券投资者保护基金的来源，其中包括第6款规定的其他合法收入。另外，第四章中第19条对基金的具体用途作了详细的规定：第一，证券公司依法被撤销、关闭、破产或者被中国证监会进行接管、托管时，依照我国现行法律的规定对债权人进行一定的偿付；第二，经国务院批准的其他用途。笔者认为，行政罚款、刑事罚金都可以视为其他合法收入，同时可以通过立法将举报人的激励金都规定为国务院批准的其他合法用途，拓展举报人奖励基金的来源。

从实践的角度出发，对举报人进行物质奖励的资金来源往往需要多个部门予以协调，因此会有一定程度的困难。另外，行政罚款全部上缴国库的机制会严重阻碍有奖举报制度的顺利推行。如前文所述，如果在我国探索建立行政罚款和刑事罚金执行上的暂缓入库机制，通过“罚没款分成”制度解决目前奖金来源需要跨部门协调的困扰，将行政罚款和刑事罚金共同用于建立专门的“投资者补偿基金”，一方面，可以对因证券违法行为而遭受损害的投资者进行补偿；另一方面，还可以作为对举报人奖励的资金池，将部分源于行政处罚和刑事处罚中的罚没款收入用于奖励举报人。

3. 监督机制

在国际上，以物质激励和金钱刺激来调动民众作为举报人积极性的奖励机制证券市场领域以及食品安全、污染防治、交通运输、财政税收等多个社会领域都得到了广泛应用。笔者认为，这与目前我国公益诉讼举报人激励机制有异曲同工之处，可以

① 参见刘沛佩：《论我国证券监管中有奖举报制度的完善》，载《证券市场导报》2017年第5期。

进一步扩大我国公益诉讼举报人激励机制的适用范围,探索在证券市场领域构建由证券监管机构和检察机关共同参与的举报人激励制度。在检察机关的参与下,可对举报信息的真实性、渠道、证明力等进行把关,能有效防止因金钱奖励可能会引发的虚假举报现象,有效缓解证券监管部门的审查压力,同时也能够进一步监督奖励资金的使用范围和资金去向,以保障举报人激励机制的公开、公平和公正。①

以上海检察机关目前的司法实践为例,线索获取难一直是制约检察公益诉讼工作开展的“瓶颈”。为进一步加强对国家利益和社会公共利益的维护,鼓励和正确引导广大民众为司法机关提供案件线索,上海市设立了国内首家公益诉讼举报中心——松江检察院公益诉讼举报中心。与此同时,上海市松江区、金山区人民检察院都已经相继出台了《公益诉讼案件举报处置暨奖励办法(试行)》(以下简称《奖励办法》),《奖励办法》对公益诉讼案件线索受理的条件作了相应的规定:一是属于本院管辖的公益诉讼举报线索;二是举报内容具体明确且属检察机关尚未掌握的线索;三是提供与举报内容相关的初步证据或证据线索。《奖励办法》还规定了倘若民众所提供的线索经有关部门查证属实后应给予一定的物质奖励,原则上实行“一案一奖”,物质奖励应采用发放奖金的方式进行。具体的奖励数额应当根据举报内容的价值情节以及避免、挽回损失的数额等进行综合考量,通常以500元为起点,一般不超过5000元。举报奖励由公益诉讼部门提出奖励对象、奖励金额的初步意见,由检察机关的分管领导审批决定,并在决定之日起30日内发放给举报人。对匿名举报,无法核实身份的,不列入奖励范围。2019年6月25日,上海市金山区人民检察院在公益诉讼宣传周启动仪式上首次对两名实名举报人进行奖励,并当场向两名提供公益诉讼线索并查证成案的举报人发放证书和奖金。由此可见,检察机关参与的公益诉讼奖励机制在法律基础完善、实体中心建设,以及实践落地等各个环节均有了一定的成熟土壤,具备将证券市场领域举报人纳入激励范围的制度基础。

二、探索检察机关参与证券集团公益诉讼

近日,上海市人民代表大会常务委员会发布了《关于加强检察公益诉讼工作的决定》,该决定提到检察机关将在资本市场等金融秩序领域开展公益诉讼工作。笔者认

---

① 参见肖宇、黄辉:《证券市场先行赔付:法理辨析与制度构建》,载《法学》2019年第8期。

为，检察机关可以在涉众型资本市场违法犯罪中寻找合适的切入点，在违规披露、欺诈发行等领域试点提起刑事附带民事公益诉讼，协同发挥“四大”检察职能作用，切实维护证券市场投资者的合法权益，进一步为上海国际金融中心建设提供优质法治保障。

（一）中国特色证券集体诉讼现状

2019 年修订的《证券法》第 59 条第 3 款明确提出，如果有 50 名以上投资者的委托，除部分投资者明确表示不参加诉讼外，投资者保护机构可作为代表参加诉讼。此条款赋予了该机构作为诉讼代表人的合法性，并在确定诉讼成员范围中选用“明示退出、默示加入”的方式，使证券类案件领域中新的代表人诉讼机制得以形成。2020 年 3 月 24 日，上海金融法院发布《上海金融法院关于证券纠纷代表人诉讼机制的规定（试行）》，这是全国首个关于证券纠纷代表人诉讼制度实施的具体规定。2020 年 7 月 31 日，《最高人民法院关于证券纠纷代表人诉讼若干问题的规定》（以下简称《代表人诉讼若干规定》）的出台，标志着证券集体诉讼制度在我国真正落地，该规定全面规范细化了以“明示加入”为特征的普通代表人诉讼和以“明示退出”为特征的特别代表人诉讼，在全国司法审判实践中为 2019 年修订的《证券法》中投资者保护机构作为“特别代表人”的诉讼机制的实施与落地提供了制度供给。

证券纠纷代表人诉讼分为两类。一类是普通代表人诉讼。2020 年 8 月 18 日，上海金融法院在审理一起证券虚假陈述责任纠纷案件中，多名原告共同申请适用普通代表人诉讼程序。该案中的原告魏某等 34 名投资人依照最高人民法院颁布的《代表人诉讼若干规定》的规定，选择其中的 4 名作为诉讼代表人。该案是《代表人诉讼若干规定》出台实施后国内第一起依申请发起的普通代表人诉讼案件，是证券诉讼领域普通代表人诉讼机制的最新实践，已经为中小投资者自行委托代表直接参与诉讼维权提供了“通道”。另一类是特别代表人诉讼。特别代表人诉讼的启动与运行需要证监会系统多家单位的参与和配合。为保障“特别代表人”诉讼机制的平稳运行，中国证监会发布了《关于做好投资者保护机构参加证券纠纷特别代表人诉讼相关工作的通知》（以下简称《工作通知》），投服中心随即也发布了《中证中小投资者服务中心特别代表人诉讼业务规则（试行）》（以下简称《业务规则》），明确了投资者保护机构参加特别代表人诉讼机制的具体内容，其中包括明确投资者保护机构的诉讼职责、投资者保护机构的代表权限以及案件选择的标准。另外，依照《代表人诉讼若干规定》第 32 条的规定，在权利公告期内，投资者保护机构获得 50 名以上权利人的特别授权时才可以代表人身份参加诉讼。倘若率先受理案件的法院不具备管辖权,应将其移交至有管辖权的法院。在一些学者看来,该条内容实质上在我国确立了“法院发动、投保机构选择”的原则,此外也明确了证券集体诉讼的发动权属于法院,法院必须首先同意展开普通代表人诉讼程序,投保机构才能选择加入,将该普通代表人诉讼程序转化为特殊代表人诉讼程序。① 但是,也有学者指出,人民法院权利公告的时间太短,投服中心审查是否属于其受案范围的时间有限,不利于投服中心行使其特殊代表人的权利。② 因为只有符合《业务规则》第 16 条的这些条件时,即行政部门作出处罚或法院作出刑事裁判的,案件重大、典型性强、在社会中造成严重影响,被告具备偿付能力或者确有必要时,投服中心才有机会作为特别代表人参加诉讼,之后还需要公开征集或以其他方式接受适格投资者的授权,才能作为代表人参加诉讼。

笔者认为,目前投服中心的执法资源有限,使有限的执法资源发挥更大的社会效果,缩小受案范围是具有实践意义的。但从证券市场投资者全面保护的角度来看,极有必要探索由检察机关作为投保机构参与的公益诉讼制度,进一步扩大证券市场投资者的保护范围。

(二)检察机关公益诉讼等外探索

在资本市场发达地区,证券领域集体诉讼机制也存在滥诉现象的频繁出现、维权成本高、诉讼时间长等问题,最终导致证券投资者实际获赔不多等后果。在我国,有效规避集体诉讼存在的弊端不仅需要参考域外经验,更要立足于我国国情完善集体诉讼的相关配套机制。③ 笔者认为,可以视情况放宽投资者保护机构的范围,探索构建检察机关参与的证券领域刑事附带民事公益诉讼制度,以此切实保障证券市场金融消费者的合法权益,为上海国际金融中心的建设提供强有力的检察保障。

1. 有效节约司法资源

根据《业务规则》第 16 条的规定,投服中心选取案件的一个条件就是有关机关作出过行政处罚或刑事裁判。如果检察机关选取在违规披露、欺诈发行等领域试点提起刑事附带民事公益诉讼,在审查起诉刑事案件时直接对投资者的民事损失情况进

---

① 参见彭冰:《中国版证券集体诉讼的发动》,载微信公众号“北京大学金融法研究中心”2020 年 8 月 1 日,https://mp.weixin.qq.com/s/4vI6FMefOeeKE4CJevPZMw。

② 参见张巍:《雏形初已现,何时显峥嵘》,载微信公众号“比较公司治理”2020 年 8 月 1 日,https://mp.weixin.qq.com/s/4vI6FMefOeeKE4CJevPZMw。

③ 参见程合红:《探索建立符合中国国情的集体诉讼制度 强化金融消费者保护》,载《清华金融评论》2020 年第 2 期。

行审查并提前作出判断,为集团诉讼程序提供案件事实和证据材料,能够有效地节约司法资源,也可有效地遏制公益诉讼权被滥用的现象发生。另外,依照《代表人诉讼若干规定》,当案件的受理法院对代表人诉讼不具备管辖权时,应当及时将其移交至有管辖权的法院。从这个规定可以看出,特别代表人诉讼也属于需要进行集中管辖的案件类型。笔者认为,从这点来看,在上海试点开展检察机关参与的证券领域刑事附带民事公益诉讼具有天然的地域优势和相对完备的制度基础。首先,从审判机关来看,根据最高人民法院出台的《关于上海金融法院案件管辖的规定》,上海金融法院对发生在辖区内的,由中级人民法院审理的一审金融类民商案件享有管辖权。此外,上海金融法院也是我国第一家发布关于证券纠纷代表人诉讼制度实施具体规定的法院,具有一定的制度基础。其次,从检察机关来看,上海市人民检察院第四检察部的前身为金融检察处,早在 2011 年就已经构建了以专业化办理金融犯罪案件为特色的金融检察办案机制。2020 年 7 月,在科创板顺利运行一周年之际,上海检察机关发布了《上海市检察机关关于深化服务保障科创板注册制改革的实施意见》,其中就提到要回应最高人民检察院按照案件类型设立专业化办案组织的要求,发挥上海市人民检察院第三分院跨行政区划的职能优势,对本市科创板中的证券类犯罪进行管辖。另外,实施意见中也明确要不断实施刑事、民事、行政“三合一”办案机制,在涉科创板案件中探索建立证券领域的刑事附带民事公益诉讼制度。

2. 发挥大数据资源优势

现阶段,随着我国金融领域信息化的不断加快,金融交易与服务行为的发生都会保留一定的痕迹,因此我们可以通过大数据系统的运用为公益诉讼提供应有的技术支持。笔者认为,可以充分发挥上海金融检察大数据功能,并进一步探索建立数据互联共享机制,为金融风险的防范预警提供信息支持。目前,上海检察机关正在探索建立自律监管与刑事司法之间的信息共享机制,拟与上海证券交易所、中国证券登记结算有限责任公司及证券行业自律组织搭建合作交流平台,掌握证券市场动态,对出现的可疑账户、可疑交易提前预判、及时处置。在此基础上,充分利用证券市场“看穿式”实名制账户体系和电子化交易结算数据,在集体成员身份确认、通知、登记、证据核实、损失计算及执行赔付等各个重要环节,利用信息化手段快速高效地解决。[①]

---

① 参见程合红:《探索建立符合中国国情的集体诉讼制度 强化金融消费者保护》,载《清华金融评论》2020 年第 2 期。

董事履职行为的法律约束与会计约束

——以"商赢环球案"为切入

陆华强*

摘　要：上市公司是典型的"两权"分离的企业。上市公司开展经营管理活动的主要体现为董事参与决议等履职行为。董事履职应当勤勉、尽责，寻求公司整体利益最大化。这是股东对董事履职的基本期待。我国公司法中董事的勤勉义务长期处于虚置状态。这种勤勉义务的虚置状态体现为董事的勤勉义务停留于抽象化、概念化的行为标准，难以落实于公司经营的具体商业情景之中。"商赢环球案"表明，董事履职时倾向从法律显性指标判断商业交易的合理性，而忽视从隐性财务意涵视角对商事计划之经济实质的观察。围绕董事履职行为，法律规则如果单独运作，难以对其构成有效约束。法律与会计两种技术性约束力量的同幅共振，将共促董事在履职与商业判断过程中的归位、尽责。

关键词：商业判断　董事　履职　会计

一、引　言

2019年12月19日，商赢环球（股票代码：600146）董事会通过变更业绩承诺的议案，同意与公司签署《资产收购协议》的交易对手罗某斌对公司的业绩补偿承诺由现金补偿变更为非现金资产和现金相结合的补偿方式。具体而言，罗某斌安排第三人将该第三人持有的共青城大禾投资管理合伙企业（有限合伙）（以下简称共青城大禾）无偿过户至商赢环球，作为其兑现业绩补偿款（评估价2.23亿元）的替代性方案。

* 上海海事大学法学院讲师。

2021 年 3 月，南昌仲裁委员会作出裁决，罗某斌因为尚未向原持有人支付共青城大禾对价，导致原持有人主张商赢环球退还共青城大禾权益。

上述有关业绩补偿的闹剧，并非因为上市公司决策程序存在瑕疵。商赢环球董事会在 2019 年 12 月 19 日召开第 51 次董事会会议，审议通过了上述变更补偿方案的议案。其中，关联董事回避了表决，董事会的召集、召开、审计、表决程序符合法律、法规和公司章程的规定。独立董事还根据公司章程规定发表了独立意见。其认为，本次交易的价格以资产评估机构的评估结果为基础确定，交易价格客观、公正、交易价格公允，符合公司和股东的利益，补偿方案得到交易各方认可且切实可行。就上述交易，公司董事会审计委员会召开 2019 年第 12 次会议，认为上述关联交易议案符合相关法律、法规和《公司章程》的规定，履行了必要的审议和决策程序，根据具有执行证券、期货相关业务资格的评估机构出具的评估报告确定价格，交易价格公允，没有损害公司及公司股东，尤其是中小股东的利益。在董事会程序的基础上，2019 年 12 月 31 日，公司召开股东大会审议通过上述变更方案。

本文的分析表明，在商赢环球董事参与业绩承诺变更的商业判断过程中，法律与会计规则对《资产收购协议》项下的“业绩补偿”变更这个商业操作形成了各自的理解图像。董事履职时更多地体现为对法律规范的按部就班式的遵循，而有意或无意地忽视对商业交易之财务意涵的解读。法律与会计各自运行的知识体系之间的路径分野、法律程序和会计约束之间的疏离现象，导致类似商赢环球一样上市公司董事在与公司决议的商业判断活动中，不经意偏离了公司利益最大化的基本航向，股东对其勤勉尽责的合理期待由此落空。

以“商赢环球案”为切入，本文聚焦于思考法律与会计对上市公司商业事件的不同描述路径、两者对董事勤勉履职的实际支撑作用，以及两者之间联动约束、协同规范①的可能性。

二、上市公司董事履职的基本商业场景

上市公司是营利法人，其必然精于计算。与此同时，上市公司利益多元，相较于非上市公司，上市公司内部各样的利益表达和利益平衡机制更加重要。

① 陆华强：《商业判断的会计约束与法律约束——以上市公司股份回购为切入》，载《经贸法律评论》2021 年第 1 期。

（一）营利法人与精于计算

《中华人民共和国民法典》第76条将有限责任公司、股份有限公司一并列为营利法人。营利性是协调公司股东、董事、管理层以及雇员集体行动的鲜明旗帜，亦是董事开展履职活动、进行商业判断时的基本站位，含糊不得。上市公司董事会如果醉心于社会公益，不计成本地开展慈善活动，就偏离了营利性的自我定位。与公司的营利性相伴相生的是风险性。上市公司作为商事组织面临各种各样的经营风险，董事进行商业判断必然需要评估成本与收益。为了经济效益，上市公司管理层时常关注资产收益率，股票投资人紧盯公司净资产收益率。经营管理层除关注年度业绩、预测收益外，必然需要考虑各种成本，甚至包括货币资金的时间成本。规范运作的上市公司通常都配置专门财务、出纳人员负责处理财务会计事宜，以确保公司能够做到精于计算，为股东谋福利。为推动董事会在商业决策时能够积极参与计算，中国证监会甚至要求上市公司聘任的独立董事中必须有会计专业人士。①

（二）利益多元与团体意思

上市公司作为公众公司，股东往往包括创始股东、雇员股东（受激励的关键雇员）、战略投资人、财务投资人，还有二级市场的散户投资者。上市公司融资方式多元，股权融资、债权融资双管齐下。管理层除需要关注股票投资人的年度分红状况外，往往需要兼顾债券投资人在固定收益方面的合理期待。除投资者背景与角色的多元外，所有权与经营权分离的基本事实往往意味着，股东与董事、监事、高管等经营管理层之间也存在明显的利益分殊。例如，股东期待公司每年多分红，管理层则希望保留盈余资金择机进行扩大再生产，以获“长袖善舞之利”。公司是一个多元利益的混合体。无论是年度投资计划，还是项目公司的经营方案，上市公司任何一项商业决策对不同利益相关者往往有着不同的商业意涵。

因此，就上市公司而言，必须确保公司开展投资计划、经营决策等商业判断时，有相关机制来征询相关方意志，体恤并回应相关方的诉求。② 上市公司股东大会、董事会、监事会、独立董事、公司登记、信息披露以及公司决议无效、可撤销制度（《中华人民共和国公司法》（以下简称《公司法》）第22条）、股东派生诉讼（《公司法》第152条）等机构设置和程序性制度安排，框定了包括董事履职和经理人开展商业判断时的

---

① 《上市公司章程指引》（2019年修订版）（证监会公告〔2019〕10号），第107条。

② 例如，公司在决定和实施有关增资、回购、股权激励等重大事项时，按照相关法律规定和公司章程规定，往往需要股东大会决议，并由财务顾问、外部律师、独立董事发表专业意见。

行为守则和行动边界。相比股东大会,上市公司中董事会会议的召开更频繁。以“商赢环球案”为例,2019 年度,公司董事会召开 18 次,股东大会召开 4 次,监事会召开近 5 次。会议效率方面,相较股东大会和监事会,董事会机制更有深度和富有效率。董事会角色承上启下,其决议成为上市公司经营管理活动的规范化、常态化呈现,而董事以民主协商、集体决议的方式聚合各方智慧,形成上市公司作为法律所拟制的营利法人的“团体意思”,以开展商业判断和经营管理活动。

(三)小结

董事履职有其基本的商业环境。就上市公司而言,董事履职的基本前提预设是:上市公司是营利法人,董事履职致力于股东利益最大化,为股东创造更多价值。为此,上市公司在经营管理活动中需要考虑成本收益,需要精于计算。当然,对上市公司来说,还存在股东、管理层、雇员、供应商、顾客等多元的利益相关者。营利性是协调、统合董事、股东、雇员等团体内部多方主体行动的价值同心圆。聚焦于价值同心圆,上市公司在商业判断与经营决策环节,需要有合理的利益表达、利益平衡机制。董事会以及股东大会和监事会等决议机制,是实现上市公司有序运行、规范治理的组织保障和机制保障。

三、法律对董事履职的约束及其局限

(一)董事履职的一般性法律约束

承前所述,公司以营利性为常态运行模式,以股东利益最大化为运行目标。当然,在追求公司利益最大化的商业判断过程中,需要避免触碰法律红线。董事商业判断所面临的法律约束,除刑法、民法、行政法等关于“为或不为”的一般性约束[①]外,首要的是公司组织的程序性约束。根据《公司法》的规定,决定公司“经营计划和投资方案”,需要董事会审议;决定公司“经营方针和投资计划”,需要获得股东会或股东大会的审议;增加公司注册资本,需要经代表 2/3 以上表决权的股东通过。[②]

① 例如,从刑法角度来看,公司和自然人一样,不得从事毒品贩卖等违法犯罪的业务。从民法角度来看,公司具有签署合同的自由,但不得损害国家、集体和第三人的利益,否则该等合同不具有法律上的效力。最高人民法院通过《全国法院民商事审判工作会议纪要》表达了对公司参与“对赌”的法律立场,目标公司与投资机构签署的现金补偿或股份回购等“对赌”条款,只要不违反合同法上强制性规定,应当认定为有效。从行政法角度来看,公司申领经营许可,需要遵守行政法关于行政许可的规定。

② 参见《公司法》第 37 条、第 43 条第 2 款、第 46 条。

法律、公司章程以及交易所自律规则等规范构成了董事和管理层实施商业判断的流程性控制,这种流程一方面,确保商业判断需要经历一定跨度的时间轴;另一方面,确保商业判断需要征询相关方意志,并回应相关方诉求。[①] 正当程序的制度安排的基本前提假设是,公司是一个多元利益的混合体,但一项商业决策对不同利益相关者往往意味着不同商业后果。除了股东大会、董事会、监事会机制,独立董事、公司登记、信息披露,以及公司决议无效、可撤销制度(《公司法》第22条)、股东派生诉讼(《公司法》第152条)等机构设置和程序性制度安排,框定了包括董事和经理人开展商业判断时的行为守则和行动边界,最大限度地保护和平衡相关方的利益,避免董事、管理层在商业决策中"裹挟私货"。[②]

(二)法律对董事履职的基本约束

1. 案例的商业场景

在"商赢环球案"中,罗某斌本来应当以向上市公司承诺的现金方式提供业绩补偿。2019年,其提出将现金补偿方案调整为非现金和现金相结合的方式。罗某斌向上市公司作出营利补偿承诺的基本缘由是,2016年9月,上市公司商赢环球将非公开发行募集的资金收购罗某斌所持有的"环球星光"95%股权,商赢环球支付收购价款18.8亿元(分期支付,其中第一期支付14.1亿元)。当时,作为环球星光实际控制人罗某斌和商赢环球实际控制人杨某共同承诺,环球星光2017年至2019年扣除非经常性损益后的净利润分别不低于6220万美元、8460万美元和11,870万美元,复合增长率达到38.14%。

2019年11月,罗某斌提出以非现金方式替代现金方式进行业绩补偿。具体而言,罗某斌将其持有共青城大禾权益折价2.23亿元,作为其以现金方式履行业绩补偿的替代性方案。经资产基础法评估,以2019年9月30日为评估基准日,共青城大禾净资产价值评估值为223,188,121.93元,评估增值213,211,124.80元,增值率2137.03%。2021年3月,南昌仲裁委员会裁决,罗某斌因为尚未向原持有人交付对价,导致原持有人(刘某林、李某)没有理由将其持有的共青城大禾权益根据罗某斌的指示交付于商赢环球。鉴于此,仲裁委裁决上市公司应当将其无偿接受的共青城大

① 例如,公司在决定和实施有关增资、回购、股权激励等重大事项时,按照相关法律规定和公司章程规定,往往需要股东大会决议,并由财务顾问、外部律师、独立董事发表专业意见。

② 例如,上述捐赠案例中,公司财务状况不错,对外捐赠行为不影响公司正常经营的时候,如果公司章程约定100万元以上的捐赠行为需要经过股东会审议,那么股东而不是董事的立场和态度,决定了公司在捐赠事项上之商业判断的基本走向。

禾权益退回原持有人。

2. 法律对董事履职的基本约束

(1)董事会机制

根据《上市公司监管指引第4号——上市公司实际控制人、股东、关联方、收购人以及上市公司承诺及履行》第5条的规定:除因相关法律法规、政策变化、自然灾害等自身无法控制的客观原因外,承诺确已无法履行或者履行承诺不利于维护上市公司权益的,承诺相关方应充分披露原因,并向上市公司或其他投资者提出用新承诺替代原有承诺或者提出豁免履行承诺义务。上述变更方案应提交股东大会审议,上市公司应向股东提供网络投票方式,承诺相关方及关联方应回避表决。与此同时,商赢环球《公司章程》第137条规定,董事与董事会会议决议事项所涉及的企业有关联关系的,不得对该项决议行使表决权,也不得代理其他董事行使表决权。该董事会会议由过半数的无关联关系董事出席即可举行,董事会会议所作决议须经无关联关系董事过半数通过。对此,上市公司商赢环球第七届董事会第48次临时会议决议时,公司的关联董事罗某、杨某、朱某明、林某彬四位董事回避表决。

(2)独立董事机制

《股票上市规则》第10.2.9款规定,独立董事应当就公司拟进行的关联交易发表独立意见。商赢环球《公司章程》也规定了针对提名和任免董事、聘任或解聘高管人员、超过300万元或者经审计净资产5%的资金往来,需要由独立董事发表独立意见。

(3)股东大会机制

除董事会审议外,该议案由于涉及控股股东的关联交易,还需要经股东大会审议。股东大会的机制确保持有表决权的股东可以发出不同的声音。就本次业绩补偿承诺变更议案,投服中心认为,变更业绩承诺补偿方式增加了业绩承诺补偿的不确定性,为此投服中心呼吁广大中小投资者积极行使表决权,维护自身权益。2019年12月31日,109名股东和股东代理人参加股东大会,该等出席会议股东所持表决权占公司有表决权股份总数的52.15%。上述变更补偿方案的议案经出席会议股东所持表决权的99.68%获得通过。

(4)小结

无论是股东大会机制、董事会机制,还是独立董事机制,都成为对董事履职的事先、事中、事后的保障和监督机制,构成了对上市公司董事履职行为的规范、指引、监督和约束。

3. 法律规则对董事履职行为约束之局限

针对罗某斌业绩补偿方案的调整,法律和公司章程对公司董事的角色期待,无非是审议非现金补偿方案作价是否合理,是否损害公司利益,是否损害中小股东利益。从披露材料看,共青城大禾旗下的土地资产经过了有资质的评估机构的评估,评估价值达到 2.23 亿元。此外,本次交易也确实有助于推动承诺人罗某斌的承诺的兑现。因此,商赢环球董事对该议案投赞成票,似乎并未背离法律对其履职的基本预设。

这样一个程序完整、流程体面的业绩补偿变更计划,最终是一出“出尔反尔”的闹剧。从合同法原理来看,罗某斌与上市公司之间业绩补偿承诺关系是基础性的法律关系,共青城大禾原权益持有人属于第三人。第三人同意将其持有的共青城大禾权益无偿转让给上市公司,作为罗某斌兑现向上市公司提供现金补偿的一种替代。从上市公司披露材料①看,包括董事在内的上市公司,在审议相关议案时候,并没有关注第三人缘何替代义务人罗某斌向上市公司无偿转移利益。可见,包括董事在内,在上市公司开展决议事项过程中,注重从法律要素的角度考察,例如,关注大禾权益是否能够登记于上市公司名下,关注共青城大禾公司旗下的土地资产经评估后的价值几何。工商部门的登记信息以及评估机构出具的评估报告显示的评估信息,构成了董事会是否通过上述变更业绩补偿的关键信息。与此同时,共青城大禾公司旗下的在海南的土地资产与该公司在服装主营业务的匹配性,与该公司业务条线的协同度,董事似乎并不关心。

从财务角度看,罗某斌本来向上市公司商赢环球以现金方式提供业绩补偿承诺,变更为以项目公司方式提供土地资产。具体从会计科目的视角看,这种调整属于货币资金科目向长期股权投资科目的调整,影响公司的资产结构,进而影响公司的流动

---

① 2019 年第三次临时股东大会会议材料显示,独立董事发表了如下独立意见:(1)上述议案已经公司第七届董事会第 51 次临时会议审议通过,关联董事已回避表决,董事会的召集、召开、审议、表决程序符合相关法律、法规及《公司章程》的规定;(2)本次环球星光国际控股有限公司业绩承诺方罗某斌方拟向公司提供的用于业绩补偿的非现金资产即共青城大禾投资管理合伙企业(有限合伙)100% 股权,公司已聘请具有执行证券、期货相关业务资格的中兴华会计师事务所(特殊普通合伙)、上海众华资产评估有限公司对其进行审计、评估,上述中介机构除与公司有业务关系外,无其他关联关系,具有充分的独立性;(3)本次交易采用资产基础法进行了评估,评估结论依据资产基础法。该评估方法依据了委估资产的实际状况、有关市场交易资料和合相关法律法规要求。评估的假设前提合理、评估方法的选取得当、评估参数选取合理;(4)本次交易价格以具有执行证券、期货相关业务资格的资产评估机构的评估结果为基础确定,交易价格客观公正、交易行为公允,符合公司和股东的利益,不存在损害非关联股东特别是中小股东利益的情形;(5)本次董事会审议的各项议案是能够得到交易各方认可且切实可行的补偿方案,对环球星光业绩补偿的及时性和可操作性将产生积极影响,有助于公司尽快获得业绩补偿,促进公司发展,增厚公司收益,不存在损害公司、股东特别是中小股东利益的情形。综上所述,我们同意公司第七届董事会第 51 次临时会议审议的各项议案,并同意将上述议案提交公司股东大会审议,关联股东需回避表决。

比例、速动比例和短期偿债能力。独立董事由于聚焦于对法律的显性规则的恪守，似乎也无暇顾及法律议案背后的会计意义。

由此可见，法律对董事决议变更补偿事项的规范和约束较程式化，可视化程度较高。无论是董事会决议、股东大会决议还是独立董事的独立意见，都有相应程序和法律文书。例如，董事会会议有会议记录和会议决议；股东大会有律师见证；独立董事的独立意见也是书面的，并且进行了公示。除可视化、程式化的约束外，法律规则对董事履职行为的实质约束相对有限。上市公司将已经过户的共青城大禾合伙企业财产份额退还给原持有人，说明此种业绩补偿方案确实如投服中心所判断的——存在较大不确定性，[①]可行性存疑。事实表明，董事履职的法律约束没有使董事履职行为朝着公司利益最大化的方向。这些都体现了法律约束对董事勤勉履职约束力的局限性。

四、会计要素对董事履职的影响力

（一）法律议案的财务意涵：资产负债表之维

在“商赢环球案”中，从财务角度出发，罗某斌本来向上市公司以现金方式提供业绩补偿承诺，变更为以项目公司长期股权投资方式提供土地资产。从会计科目的视角看，现金属于货币资金科目，而项目公司股权属于长期股权投资科目。货币资金属于流动资产，长期股权投资属于非流动性资产。如果非流动性资产是公司开展主营业务的生产经营所必需的资产，那么这种非流动性资产的置入，有助于公司正常生产经营的开展，提高资产收益率。在多数情况下，上市公司的持续经营能力维持，必须秉持“现金为王”的经营理念。相同金额的流动资产对公司持续经营意义更大。对商赢环球来说，2019 年年末的账面货币资金仅 1103 万元，较 2018 年年末的 2.8 亿元货币资金，大幅度缩水。因此，流动性是公司维持持续经营能力更需要关注的问题。在这种局面下，以现金资产置换为非流动性资产，与上市公司保持持续经营能力方向背道而驰。

总之，业绩承诺变更背后的财务意涵是公司资产结构的调整，这种调整直接影响公司的流动比例和速动比例，影响公司的短期偿债能力。商赢环球董事在审议

---

① 周松林：《投服中心质疑商赢环球，收购事项是否存在利益输送》，载《中国证券报》2019 年 11 月 29 日。

变更业绩承诺的议案时,有意或无意地忽视了上述变更议案背后的财务意涵。因此导致董事对公司根本利益理解的偏差,自然也是对公司精于计算之初心使命的背离。

(二)法律议案的财务意涵:利润表之维

变更业绩承诺议案的财务意涵,不仅表现为对公司资产负债表的影响,而且还体现为对公司利润表的影响。

商赢环球早在1999年就实现了股票上市,是一家老牌的上市公司。控股股东和管理层深谙证券发行、股票上市、市值管理等资本市场游戏规则。2019年前三季度,营业收入虽然达到9.6亿元,但净利润却为-2.8亿元。正当市场上的投资者担心公司2019年面临亏损的时候,为了获得一张体面的财务报表,公司开展了一系列组合拳操作。一方面,公司紧急处理了两家亏损子公司,使年度业绩增加4138.2万元;另一方面,公司与星光环球的实际控制人罗某斌签署协议,约定变更业绩补偿方式,罗某斌安排第三方将该等第三方持有的共青城大禾经评估的公司权益2.23亿元过户至公司。

就此次业绩补偿议案,公司2019年11月28日,公司董事会审议通过;2019年12月31日,公司2019年第三次临时股东大会审议通过。根据工商登记材料,在2019年12月31日当日,前述共青城大禾评估值超过2亿元的权益被过户至商赢环球控股的两家子公司名下。2020年1月18日,商赢环球就迫不及待地发布业绩预盈的公告。公告显示:公司本次业绩预盈主要是由于收到环球星光国际控股有限公司业绩承诺非现金资产补偿、处置亏损子公司、受赠资产等非经常性损益事项所致,影响金额约为37,356.38万元。①

不难看出,变更业绩补偿的议案,虽然可能导致公司获得业绩补偿的形式由现金转变为长期股权投资,但相较遥遥无期的现金补偿方案而言,在变更后的方案下,长期股权投资在当年12月31日之前就可能过户至上市公司名下,成为经会计确认的入账资产,这便使上市公司当年账面的营业收入(无论是否是非经常性损益)增加2.23亿元。也就是说,变更业绩补偿方式成为上市公司实施业绩和市值管理的一种实现方式,以避免公司因2019年业绩亏损而被实施退市风险警示。

① 参见《商赢环球股份有限公司关于2019年度业绩预盈的公告》(公告编号:临-2020-010)。

(三)商业本质的二维呈现:法律与会计

1. 法律与会计:商业本质的"两重映像"

就商赢环球案而言,公司与罗某斌之间变更业绩承诺的交易安排,存在法律与财务两个维度的观察面向(见图1)。就法律面向而言,根据《资产收购协议》约定,作为共同承诺方,上市公司实际控制人杨某与罗某斌就业绩补偿承担连带赔偿责任。因此,本议案牵涉杨某,具备关联交易因素。鉴于此,无论是董事会还是股东大会审议时,涉及关联董事、关联股东应回避表决的问题。除了法律面向,变更业绩承诺还存在多重的财务面向。首先,由于变更安排涉及金额上亿元,这种财务面向,需要根据公司章程规定由独立董事发表意见,并由股东大会进行表决;其次,变更业绩承诺的议案,导致公司资产负债表的调整,进而影响业绩补偿到位后的流动比和速动比,事关公司"持续经营能力";最后,变更业绩承诺的议案,还可能导致公司因为接受股权资产而当年增加业绩和净利润,进而涉及公司是否因为自身业绩指标不达标被贴上"ST"标签的问题——一个上市公司"保壳"问题。因此,上市公司不论是对外投资、实施并购还是聘任CEO、实施雇员激励,其商业本质是公司商业计划的底层逻辑,法务和会计人员面对和关注的法律问题和财务问题,只是潜伏的商业本质在法律和会计维度局部呈现所形成的"两重映像"。

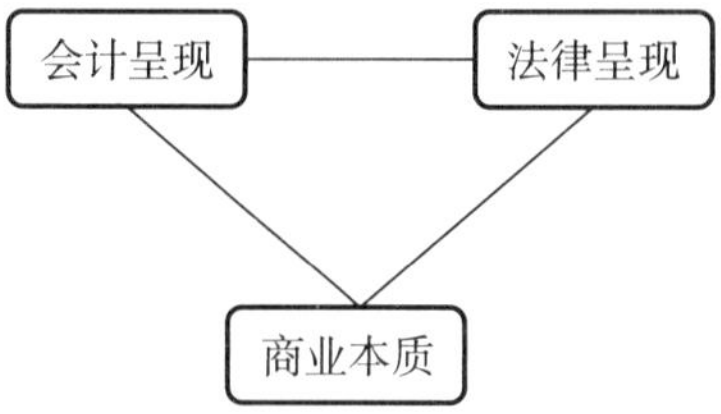

图1　商业本质的二维呈现

2. 法律与会计:识别商业本质的常态抓手

相反地,董事审议议案时候,要理解公司的商业计划背后的商业逻辑和商业意图,可以从法律维度切入,亦可从会计维度切入。"商赢环球案"表明,相比法律面向,财务面向及其背后的会计要素更直接地勾连着公司商业计划的策划方(如控股股东、管理层等利益相关者)的商业本质和商业意图。变更业绩承诺的法律议案背后的财务意涵,不但体现为上市公司流动比率、速动比率,而且还体现公司净利润指标。而净利润指标又直接关联着公司是否被实施退市风险警示——控股股东"保壳"的商业目的问题。董事在进行董事会决议时候,如果停留于法律层面的评价,而不对财务意涵予以必要理解,不对其商业本质予以基本关注,容易陷于“只见树木、不见森林”的窘境,有负广大股东对其的任命和托付。

总之,面对上市公司纷繁复杂的各样法律议案,上市公司董事要做到勤勉履职,当然需要关注显性层面的法律问题。就“商赢环球案”而言,从法律维度需要关注:项目公司旗下的土地资产是否经过评估;是否被抵押;能否及时过户;是否需要“上会”;是否需要回避表决。与此同时,董事要做到尽职履职,还需要隐形的财务意涵,即通过对法律议案背后的财务意涵充分解读,来关注控股股东、管理层以及相关方的商业意图是否合理、是否正当。董事履职如果放弃了对会计要素的关注与财务信息的解读,则必然可能停留于对显性的、可视化程度较高的法律程序和交易流程的一般性评价,只看到商业交易“冰山一角”。自然,其无法为公司和股东利益作出最佳的商业判断,辜负公众股东对其勤勉履职的基本期待。

五、法律与会计:商业本质基础上的规范协同

承前所述,在波谲云诡的资本市场,控股股东、实际控制人、董事长、收购人、交易对手等利益相关方的商业意图往往暗藏于冠冕堂皇的商业计划或并购预案之中。法律和会计则是描述商业事实和商业交易的不同技术手段。特定的商业事实,总会呈现出法律面向和财务面向。政府和监管者无法时刻洞悉并控制市场参与者的心思意念——商业意图和商业本质;相反,监管者只能通过法律维度和会计维度来对商业交易和商业实践作出肯定或者否定性评价。相应地,董事的恪尽职守与勤勉履职,不但仰赖于法律规则和法律知识,而且也仰赖于对会计准则和会计要素的熟稔。

会计揭示的是过往商业事实的被动呈现,法律程序则是面向未来的行为指引。在商业世界中,法律规则对会计要素的涵摄,使董事和管理层如果对会计揭示的商业事实的忽略,会直接导致对法律规则的违反。由此,形式违法与主观过错之间将建立起有效勾连。[①] 就董事履职而言,程序性规则如果有机地涵摄了充分的会计要素,董事履职和商业判断将更接近公司最佳商业利益。

“商赢环球案”及其背后退市规则的演进呈现出法律与会计之间知识对话与规则协同。

---

① 陆华强:《商业判断的会计约束与法律约束——以上市公司股份回购为切入》,载《经贸法律评论》2021年第1期。

（一）法律规则与财务意涵的疏离:2019版“退市规则”

承前所述,商赢环球变更业绩承诺背后重要的商业目标是通过增厚公司业绩,减少退市风险。

上海证券交易所2019年版的《股票上市规则》第12.4.2条规定了财务类退市标准和实施退市风险警示标准。具体而言,最近一个会计年度经审计的扣除非经常性损益之前或者之后的净利润(含被追溯重述)为负值,且最近一个会计年度经审计的营业收入(含被追溯重述)低于1亿元的。上市公司营业收入主要源于与主营业务无关的贸易业务或者不具备商业实质的关联交易,公司明显丧失持续经营能力的,交易所可以提交上市委员会认定在计算前款规定的营业收入指标时是否扣除前述收入,并通知上市公司。换言之,于彼时,上市公司即使有主营业务无关的业务收入,需经交易所上市委员会认定后才可能被扣除。在一般情形下,与主营业务无关的贸易业务或者不具备商业实质的关联交易,仍然可能被审计确认为公司营业收入,以使公司主营业务收入指标(1亿元)达标。有的上市公司利用该规则通过取得财政补贴、股东资产赠与、关联交易等方式来输送利益、粉饰财务指标,确保不会触及彼时适用的《股票上市规则》所规定的退市风险警示的指标。

以南宁糖业[①]为例,该公司2017年、2018年连续两个会计年度经审计的净利润为负值,2019年4月4日起被交易所实施退市风险警示的特别处理。2019年12月6日,南宁糖业收到南宁市武鸣区农业农村局转来的“双高”集体建设补助资金7094.08万元。[②] 2019年12月23日,公司又收到南宁市财政局转来的就2015年的兼并重组项目的贷款贴息补助款2000万元。[③] 2019年年报显示,公司2019年度营业收入为366,294.98万元,归属于上市公司股东的净利润3,189.12万元,扣除非经营性损益后的归属于上市公司股东的净利润为-56,955.89万元,归属于上市公司股东的所有者权益为7,099.10万元。因公司2019年度经审计的净利润、期末净资产均为正值,根据深交所《股票上市规则》第13.2.11条的规定,公司股票被实施退市风险警示的情形已消除,且不存在其他需要实行退市风险警示或其他风险警示的情形。在类似南宁糖业的案例中,财政补贴成为上市公司,特别是国有控股的上市公司,规避退市风险的惯用手段。

---

① 该公司虽在深圳证券交易所上市,但深圳证券交易所《股票上市规则》与上海证券交易所《股票上市规则》在退市风险警示的财务指标上基本一致。

② 《南宁糖业股份有限公司关于收到“双高”甘蔗基地建设政府补助资金公告》(公告编号2019-109)。

③ 《南宁糖业股份有限公司关于收到兼并重组贷款贴息政府补助的公告》(公告编号2019-114)。

不难看出,2019年版的《股票上市规则》规定的财务类强制退市规则,对营业收入财务指标的界定存在规则漏洞,缺省了上市公司普遍面临的非主营业务收入的收入确认规则问题。对上市公司董事和管理层来说,由于法律规则所对应的财务意涵的模糊,导致法律规则在实施过程中变形、走样。类似南宁糖业,一些并没有持续经营能力的上市公司董事和管理层,仅仰仗股东背景和股东实力,可以基于补贴等方式,轻松“保壳”。例如,“ST安凯”在2019年12月20日、27日分别收到合肥财政厅、安徽省财政厅5.57亿元、3.51亿元财政补贴,两者合计超9亿元。年报显示,2019年归属于上市公司股东的净利润为33,620,608.62元,因此被撤销退市风险警示。由此可见,上市公司之间的“保壳”“摘帽”大战,演变为股东实力和股东背景的比拼,上市公司董事科学决策与经营管理水平之间的竞争机制由此扭曲、变形,董事尽责履职的积极性受挫。

(二)法律与会计的规范协同:2020版“退市规则”

2020年12月,上海证券交易所新修订的《股票上市规则》调整了财务类强制退市规则。该2020年版规则,新增一项新的组合财务指标,即净利润(以扣除非经常性损益前后孰低为准)为负值且最近一年营业收入低于1亿元。并且,在计算前述“营业收入”时,需要扣除与主营业务无关的业务收入和不具备商业实质的收入。《股票上市规则》第13.3.2还规定,如果公司最近一个会计年度经审计的扣除非经常性损益前后的净利润孰低者为负值的,负责审计的会计师事务所应当就公司营业收入扣除事项是否符合规定以及扣除后的营业收入金额出具“专项核查意见”。

在“商赢环球案”中,2021年7月14日,中兴财光华会计师事务所根据上海证券交易所发布的《关于落实退市新规中营业收入扣除相关事项的通知》认定,HIMALAYAS INC业务属于商赢环球子公司的新增客户业务,相关营业收入可能影响报表使用者对公司持续经营能力和盈利能力作出正常判断。基于谨慎性考虑,该部分营业收入(7088.33万元)予以扣除。[①] 经扣除,商赢环球的营业收入指标为人民币3745.71万元,无法达到2020年版《股票上市规则》第13.3.2条规定的实施退市风险警示的财务指标(人民币1亿元)。

不难发现,2020年版的《股票上市规则》紧跟2019年修订的《证券法》关于上市

① 参见中兴财光华会计师事务所(特殊普通合伙)2021年7月13日出具的《关于商赢环球股份有限公司2020年度营业收入扣除事项的专项核查意见》。

公司“持续经营能力”[1]的立法精神，对营业收入这个会计指标进行了进一步的明确，要求扣除“与主营业务无关”的业务收入和“不具备商业实质”的收入。商赢环球存在与主营业务无关的业务收入达到7000多万元。扣除该等与主营业务无关的收入后，主营业务仅剩3000多万元，触及了《股票上市规则》中营业收入需要达到1亿元的财务指标。商赢环球因此被继续实施退市风险警示。[2] 此次“摘帽”未果，意味着公司董事和管理层的履职行为遭到交易所的否定性评价。因此，《股票上市规则》作为法律规则显然已经考虑到了上市公司经营活动中普遍存在的财政补贴、关联交易等粉饰报表的惯用模式。2020年版《股票上市规则》通过对会计报表的编制规则进一步明确，并要求审计机构出具专项审计报告方式，实现了会计规则与法律规则之间的规范协同。

就退市规则而言，交易所的法律规则恰如其分地涵摄了会计要素，形成法律与会计之间联动约束。这种联动约束使交易所的强制退市规则逐步走向“市场化、法治化、常态化”。[3] 那些依靠控股股东利益输送、关联方“输血保壳”的上市公司难以在资本市场继续苟延残喘，我国资本市场优胜劣汰的机制得以有序运作，必将激起上市公司董事更多尽责履职的积极性。

六、结　　语

聚焦于董事履职行为，法律规则和会计准则单独运作难以对其构成有效约束，引导董事勤勉履职。本文的分析表明，通过会计方法对交易实质和财务意涵的揭示，可以使董事会、管理层等法律控制程序的决策主体对交易事实获得一个相对清晰的认识，对拟进行的交易是否合理会形成一个“数量化的参照系”。[4] 基于这种参照系，包括董事会在内的公司决议机构在商业判断过程中可以更好地体恤和把握股东、管理层、债权人等不同主体的利益诉求，实现利益平衡。法律与会计两种知识的对话，两种技术性约束力量的规范协同，方可能使勤勉尽责这个抽象的法律概念得以转化为董事履职尽责的具体行动指南，提高上市公司规范治理水平。

---

① 《中华人民共和国证券法》第12条。

② 《商赢环球股份有限公司关于公司股票被继续实施退市风险警示的公告》（公告编号：临-2021-086）。

③ 《〈上海证券交易所股票上市规则（2020年12月修订）〉修订说明》（上海证券交易所2020年12月31日发布）。

④ 刘燕：《股票期权的法律与会计约束——伊利事件的启示》，载《北京大学学报（哲学社会科学版）》2008年第6期。

践行新时代“枫桥经验”　坚持以人民为中心理念构建证券纠纷多元化解机制

——以湖南辖区监管实践为例

周永明[*]　王　玮[**]　郭　静[***]

摘　要：随着资本市场改革进程的进一步加快，证券期货纠纷呈现出问题多类、人员多样、诉求多元的特点。党中央强调要“把非诉讼纠纷解决机制挺在前面”，这是提倡矛盾纠纷要从基层、从源头进行化解。争取将矛盾纠纷解决在前面，不仅体现出党和国家对国家治理体系的再调整、再布局，也为建设证券期货纠纷多元化解体系指明了方向。本文拟从湖南辖区近年来证券期货纠纷化解工作监管实践着手，分析其中存在的问题，总结取得的效果，并在此基础上提出构建监管牵头、多方参与、协同推进的证券期货纠纷多元化解模式。

关键词：诉源治理　诉调对接　长效机制

一、前　　言

证券期货纠纷多元化解机制的建立与完善，关系投资者的切身利益，也是维护资本市场健康稳定发展的有效保障。作为全社会治理体系的重要组成部分，自党的十八大以来，在党中央、国务院的坚强领导下，中国证监会成立了投资者保护局，牵头开展证券期货行业投资者保护工作，并设立专门的市场化机构负责证券期货类纠纷调解、诉讼及投资者保护等工作，逐步探索出一条既符合时代特点，又切实可行的证券

[*] 湖南证监局党委委员、纪委书记。
[**] 湖南证监局法制工作处处长。
[***] 湖南证监局投保工作处四级调研员。

期货纠纷多元化解道路。近年来,湖南辖区内的证券期货投诉举报逐年增多,针对投诉举报的行政复议、诉讼也开始增多,如何有效化解市场机构与投资者之间的纠纷,维护辖区资本市场健康稳定发展,成为监管面临的重要课题。本文拟从湖南辖区近5年的诉求处理(包括投诉举报、诉讼后的调解)实践[①]出发,找出工作中的难点和痛点,并以近年来湖南辖区证券期货纠纷多元化解工作中形成的经验做法为参考,就建立证券期货纠纷多元化解机制提出意见建议。

二、历史沿革

党和国家历来高度重视社会矛盾纠纷化解工作。20世纪60年代初,浙江省绍兴市诸暨县(现诸暨市)枫桥镇干部群众创造了“发动和依靠群众,坚持矛盾不上交,就地解决,实现捕人少,治安好”的“枫桥经验”。1963年,毛泽东同志就亲自批示要推广“枫桥经验”。之后,“枫桥经验”得到不断发展,形成了具有鲜明时代特色的“党政动手,依靠群众,预防纠纷,化解矛盾,维护稳定,促进发展”的枫桥新经验,成为新时期把党的群众路线坚持好、贯彻好的典范。2013年,习近平总书记专门就坚持和发展“枫桥经验”作出重要指示,强调各级党委和政府要充分认识“枫桥经验”的重大意义,发扬优良作风,适应时代要求,创新群众工作方法,善于运用法治思维和法治方式解决涉及群众切身利益的矛盾和问题,把“枫桥经验”坚持好、发展好,把党的群众路线坚持好、贯彻好。[②]

党的十八届五中全会提出:“建设平安中国,完善党委领导、政府主导、社会协同、公众参与、法治保障的社会治理体制,推进社会治理精细化,构建全民共建共享的社会治理格局。”作为社会治理工作的重要环节——有效解决人民群众之间发生的矛盾纠纷,日益成为党和国家以民为本,构建社会主义和谐社会的目标之一。随着社会发展脚步的日益加快,人民群众之间的交往随之增多,各种矛盾纠纷开始出现,从千年之前的县衙上堂审理,到近代以来的法官审判,再到目前的人民调解、信访投诉,无不体现出对国家对于社会矛盾纠纷化解的重视。自党的十八大以来,我国将推进国家

---

① 由于湖南辖区调解数据(仅指诉调对接案件数量,不包括投诉举报调解)源于中证中小投资者服务中心(以下简称投服中心)湖南调解工作站,且全国的证券期货纠纷调解案件中投服中心各地调解工作站受理案件量占绝对多数,因此本文关于诉调对接的数据均源于投服中心。

② 《习近平就创新群众工作方法作出重要指示　强调把“枫桥经验”坚持好、发展好　把党的群众路线坚持好、贯彻好》,载中央人民政府网,http://www.gov.cn/ldhd/2013-10/11/content_2504878.htm。

治理体系和治理能力现代化,着力提升国家治理效能作为经济社会发展的主要目标之一。矛盾纠纷解决机制作为国家治理体系的重要组成部分,也体现出时代的特征。

目前,我国有明确法律依据的非诉讼纠纷解决方式主要有 7 种:人民调解、行政调解、行政复议、行政裁决、公证、仲裁、律师调解。可以看出,在社会治理实践中,我国已经逐渐摸索出一条多元化、系统化的纠纷化解路径。矛盾纠纷多元化解工作能够将大量的群众纠纷解决在基层,解决在萌芽状态,节省了社会资源,提高了社会和谐度,维护了社会稳定。

对资本市场来说,借鉴这些方式方法,并在处理证券期货行业纠纷工作中加以运用,有助于促进矛盾和纠纷依法、有效化解,维护资本市场健康稳定发展。

三、湖南辖区证券期货纠纷多元化解工作实践

(一)总体情况

湖南辖区证券期货纠纷案件主要源于"12386"热线,监管部门、协会、投服中心转办以及投资者或市场主体自发提交申请。

据统计,2016 年至 2020 年,湖南辖区证券期货投诉举报数量呈现逐年增多趋势,尤其近两年来,湖南辖区投诉举报呈现爆发式增长,无论是案件数量,还是投资者来访来电次数,增长特别明显。

从统计数据来看,湖南辖区证券期货纠纷主要分为三个种类:第一类是涉及上市公司的,投资者主要反映上市公司存在虚假陈述方面的问题;第二类是涉及证券期货经营机构的,主要问题是经纪业务类纠纷;第三类就是近年来投资者反映问题较多的证券投资咨询类纠纷,增长特别明显(见表 1)。

表 1　湖南辖区近 5 年投诉举报案件数量

年份	受理投诉数/件	投资者来访/批	投资者来访/人	电话答复/次	书面回复/次
2016	1340	56	101	823	110
2017	1802	43	93	16	109
2018	2478	70	86	1809	86
2019	4644	146	288	3250	170
2020	4189	114	313	3062	163

从表 2 可以看出,2016 年至 2019 年湖南辖区证券期货行业纠纷主要涉及经纪业务,占比也是呈逐年上升趋势,2019 年占比达 78.23%,证券投资咨询纠纷占比在 2017 年达到峰值后呈明显下降趋势,这与全国案件类型分布总体变化趋势基本一致,也与近年来全国范围内对证券投资咨询行业乱象的集中整治有关。

表 2 湖南及全国各类证券期货纠纷案件占比数据

单位:%

案件类别	2016 年		2017 年		2018 年		2019 年	
	湖南	全国	湖南	全国	湖南	全国	湖南	全国
虚假陈述类纠纷	0.00	55.45	0.00	17.84	0.00	28.35	0.00	12.80
证券经纪业务纠纷	7.69	10.72	11.11	20.77	31.22	21.58	78.23	40.53
证券投资咨询纠纷	46.15	12.01	61.11	45.05	56.56	36.89	21.45	10.71

(二)存在的问题

1. 缺少统一规则

一是中国证监会对于证券期货纠纷,尤其是投资者诉求处理没有统一的规则性文件予以规范,各个证监局都是依据以往工作经验,并参考《信访诉求处理工作条例》处理辖区的投资者诉求,缺少专门针对投资者诉求处理的法律法规。而近年来逐渐多起来的证券期货类诉讼也是由一些司法机关出台的司法解释、判例等作为参考,对案件的审理尺度也不完全相同。

2. 诉调对接面临的困境

一是上市公司调解意愿不强。从辖区审理案件来看,在 2016 年至 2019 年的诉调对接案件中,仅两件上市公司虚假陈述民事赔偿案得以在诉前成功调解。近两年辖区上市公司虚假陈述案件开始增多,虽然 2018 年与长沙市中级人民法院(以下简称长沙中院)建立诉调对接工作机制以来,长沙中院已将 700 余件涉及辖区上市公司虚假陈述民事赔偿诉讼案件委派给中证湖南调解工作站开展立案前调解,但仍然有 130 余件经调解员征询双方意见,上市公司均不愿在法院判决前接受调解。

二是诉调对接机制不顺畅。虚假陈述类纠纷案件案情较为复杂,涉及的投资者人数众多,对于虚假陈述民事责任因果关系认定、虚假陈述实施日、揭露日的确定,系统风险扣除比例、盈亏计算等专业判断,审理的法官还需要倚仗监管部门的协助。另外,从辖区实践来看,投资者定损的依据是证券账户交易数据,但对于这类交易数据的调取还停留在司法查询阶段,诉调对接机制下的数据调取和湖南证监局调研组查询则因没有依据难以展开。

3. 调解的执行效果不明显

2018年8月,有一名外省投资者因与机构之间存在融资融券业务纠纷。经过辖区调解机构多次协调,纠纷双方终于达成和解。在签署调解协议时,投资者明确表示认可调解员提出的解决方案,并不再提出诉求,事后该名投资者获得了经营机构支付的170万元赔偿金。2019年,该投资者因为生病产生了大量医疗费用,心里又产生了新的想法,反复就同一事项通过各种渠道向监管部门、政府机关进行投诉举报,只是反复要求更多赔偿,给辖区监管带来了一定压力。针对这一情况,湖南证监局信访接待工作人员多次与该投资者进行沟通,向投资者充分解释监管职责并引导其按照《依法分类处理信访诉求工作规则》的要求合理合法地向有权机关反映诉求、解决纠纷,但投资者依然不接受。如何保障调解协议的强制执行力成为当前调解工作的一大难题。

4. 监管力量相对不足

近些年,随着资本市场改革进程的推进,投资者维权意识不断提高,一些投资者一旦与证券期货经营机构、上市公司产生纠纷,往往首先选择向监管部门投诉,导致投诉举报数量逐年增多,因编制、人员安排等原因,监管部门负责信访投诉的岗位配备多年来都没有变化,导致监管能力与辖区市场发展形势不匹配。

四、打造监管统筹、多方参与、协同共建的证券期货纠纷多元化解工作机制

(一)加强组织领导和统筹谋划

习近平总书记指出,要推动更多法治力量向引导和疏导端用力,完善预防性法律制度,坚持和发展新时代"枫桥经验",完善社会矛盾纠纷多元预防调处化解综合机制,更加重视基层基础工作,充分发挥共建共治共享在基层的作用,推进市域社会治理现代化,促进社会和谐稳定。[①] 随着中国改革进程向纵深推进,社会矛盾日益多元化、复杂化。资本市场改革日新月异,投资者维权意识不断提高,监管面临的投诉举

---

① 习近平:《坚定不移走中国特色社会主义法治道路,为全面建设社会主义现代化国家提供有力法治保障》,载《求是》2021年第5期。

报压力越来越大，证券期货行业纠纷开始出现新的特点，需要从体制机制上加强统筹和谋划，不断提升纠纷处理效能，为建设好新时代资本市场、服务实体经济铺好道路。

1. 加强制度建设

2019 年，为提高投资者诉求处理效率，规范辖区投资者诉求处理工作，湖南证监局制定《投资者诉求处理工作规程》。2020 年 4 月，湖南证监局统筹投诉举报、纪检监督、科技监管多方面工作，针对辖区诉求处理工作中面临的投诉增多的实际情况，印发《关于进一步做好诉求处理工作的通知》，加强对辖区投诉举报处理工作的监督制约。2020 年 11 月，湖南证监局再次对规程作出修订，同时制定《投诉举报电话接听工作规程》规范接听接访用语，细化诉求处理工作流程。

湖南辖区从制度建设着手，理顺各部门工作职责，投资者诉求处理工作进入规范化、制度化、长效化运行状态。2021 年上半年，湖南辖区共接收各类咨询、投诉、举报 689 起，电话答复 384 次，接待投资者来访 30 批 31 人次，相较 2020 年上半年均有大幅度下降，湖南辖区证券期货纠纷多元化解工作效果明显。

2. 加强队伍建设

近年来，湖南证监局注重加强岗位配备，提高处理投资者诉求的专业力量。一方面，在内部岗位配备上，通过岗前培训、轮岗交接、案例学习等方式，提升诉求处理岗位工作人员接待投资者的工作能力。从各业务处室挑选处级业务骨干到诉求处理岗位开展为期 3 个月的处置工作，加强诉求岗位配备，进一步提升监管干部群众工作能力。

另一方面，湖南证监局十分注重加强外部调解队伍力量，从内部挖潜强化调解工作保障，为调解工作配置专用场地和办公设施，给予调解补偿，积极争取调解员参与交流培训，建立调解员和纠纷当事人双向选择机制，有效提升辖区纠纷多元化解工作效率。

3. 畅通诉求处理流程

湖南证监局多次协调湖南省高级人民法院、长沙市中级人民法院等地方法院以及投服中心、中国证券投资者保护基金公司等系统内专业投保力量，建立投资者诉求处理、纠纷调解、诉调对接多方协作关系，畅通投资者诉求从接收到转办督办再到诉讼调解处理全流程节点。

2016 年，湖南证监局与投服中心签订纠纷调解合作备忘录，2017 年 9 月，湖南证监局指导湖南省证券业协会与投服中心组建中证湖南调解工作站，该工作站是系统内首家挂牌的调解工作站。为充分发挥人民法院、证券期货监管机构和行业协会化解矛盾纠纷的合力作用,湖南证监局于 2016 年 12 月与湖南省高级人民法院共同签署《关于推进证券期货纠纷诉调对接工作的意见》,并于 2018 年与长沙市中级人民法院建立联络机制,共同推进诉调对接工作的开展。2019 年湖南证监局、长沙市中级人民法院与投服中心联合印发《关于开展证券期货纠纷多元化解工作的实施方案》,这是中国证监会系统首次以三方联合发文的形式共同推进辖区诉调对接机制建设。2020 年 12 月,长沙市中级人民法院在中证湖南调解工作站专门设立长沙市中级人民法院证券期货纠纷调解工作站并授牌,辖区诉调对接工作进入规范化、制度化发展阶段。

表 3　湖南辖区调解案件基本情况

年份	受理案件/件	调解成功/起	赔偿金额/万元
2016	13	13	2328.14
2017	18	16	1002.06
2018	221	206	731.12
2019	317	251	3991.4
2020	1145	891	2443.6

由表 3 可知,自 2017 年 9 月组建调解工作站以来,湖南辖区受理的调解案件呈爆发式增长,2018 年受理案件增长超 11 倍,2020 年较 2017 年增长 63 倍。这充分说明调解工作站的设立为辖区调解工作开展提供了组织保障,也使辖区调解工作正式走上规范化、标准化的轨道。

2016 年 3 月,为贯彻落实最高人民法院、中国证监会《关于全面推进证券期货纠纷多元化解机制建设的意见》精神,进一步健全和完善湖南辖区证券期货纠纷多元化解机制,湖南证监局还积极推动辖区 400 多家证券、期货、投资咨询法人机构全面签署小额速调合作协议,并在调解实践中予以应用。目前,辖区大部分证券期货类纠纷都在第一时间处理完毕。

4. 着力提高诉求处理效率

湖南证监局将诉求处理情况纳入作风建设常态化关注事项,对因诉求处理事项处理不当,造成较大负面影响或严重后果以及在诉求处理工作中存在作风问题的,明确由湖南证监局纪检办牵头进行追责问责。同时,针对投资者因投诉举报处理不及时、不满意而提起的行政诉讼案件,推动各业务条线分管局领导出庭应诉常态化,倒逼各业务处室依法、高效、及时处理投资者投诉。

2020 年以来，辖区投诉举报处理时限严格限定 60 日内。近两年来，辖区投诉处理办结（包括完成答复或者调解成功）率从 73% 提升到 77%，2021 年上半年更是提升至 100%，实现办理时间和办理效果双提升。

（二）加强诉源治理

投资者最关心的问题首先是自己的投诉能否得到受理，从近年来湖南辖区的投诉处理实践来看，监管部门注重从受理、转办、督办等各个环节加强管理，有效提升诉求处理效能。

1. 受理阶段，注意分类处理

投资者向监管部门提交投诉举报材料时，湖南证监局依据《证券期货监管系统通过法定途径分类处理信访投诉请求清单》及《关于推进通过法定途径分类处理信访投诉请求工作的实施意见》的规定对投资者来信来访事项进行初步判断，如涉及经济诉求，及时告知投资者民事纠纷不属行政监管范围，建议投资者向辖区调解组织申请调解，同时，积极督促所涉机构与投诉人协商处理，尽量将纠纷解决在前端。或者在就投资者提供的线索对市场主体开展核查工作的同时，引导调解组织提前介入，在必要的时候将核查掌握的情况与调解员进行充分沟通，从而为调解工作开展提供判断依据，促成纠纷早日化解。

2. 处理阶段，注意日常监管与投诉处理的协调联动

2016 年至 2018 年，涉及辖区证券投资咨询机构的投诉举报逐年增多，且占据湖南辖区整个投诉量的近半壁江山。为应对此种不利局面，湖南局从源头上进行治理，加强对投资咨询机构的日常监管，从 2018 年连续两年对辖区投顾业务进行查处整顿，多家被投诉举报的证券投资咨询机构被采取监管措施，湖南辖区涉及投资咨询机构的投诉举报数量占比也从 2017 年的 61% 下降到 2019 年的 21%，有效维护投资者合法权益的同时，大幅降低涉投资咨询类投诉举报数量。

3. 建立日常监管常态化督办机制

好的制度没有监督制约机制很难落实落地，为使制度执行不偏位，湖南证监局以“法治建设年”契机，建立一套诉求处理监督机制。一是专门处理投诉的业务处室，受理投资者诉求后，严格把握诉求办理时限，针对即将超期事项动态跟踪了解办理进度，督促承办处室按期办结（如图 1 所示）。二是针对预期办理时间较长的事项，由专门处室建议承办处室阶段性回复投资者，降低投资者不满情绪，增强投资者对我局工

作的支持和理解。三是专门业务处室定期梳理办结事项、正在办理事项、超期未办结事项和归档情况并形成月报,通过邮件方式通报各处室,同时在局长办公会上向局领导汇报,以此推动各处室稳妥、高效处理诉求事项,及时、精准回应投资者关切。

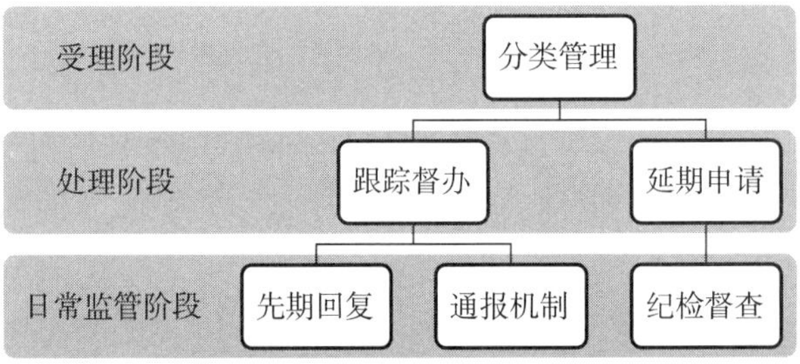

图1　湖南辖区诉求处理基本流程

4. 关口前移,推进诉源整合

为进一步便利投资者诉求的提出,湖南证监局依托现有监管资源,推进"一中心、两平台"建设,便利投资者来访来电。"一中心",就是局内专门处室处理负责日常的投资者来访来电,并处理全辖区其他途径接收或转办的投资者诉求;"两平台",就是在辖区500多家证券期货营业部、10家证券投资者教育基地设立投资者诉求受理平台,负责接收当地的投资者诉求。辖区13个地州市的投资者可以就地通过任何一家证券期货营业部或者投资者教育基地提出诉求,相关证券期货营业部或者投资者教育基地接到投资者提交的诉求材料后,及时通过行业协会向湖南证监局报告,然后由局内监管处室依据诉求情况采取"小额诉调""视频远程调解""启动日常检查"等方式,实现从"受理端"到纠纷化解"终端"无缝对接。

(三)探索诉调对接新机制,着力破解调解效率难题

1. 建立"司法确认"直通车

2020年12月,长沙市中级人民法院在中证湖南调解工作站设立"长沙市中级人民法院证券期货纠纷调解工作站"(以下简称工作站),并通过人民法院调解平台直接将在审案件委派给工作站进行调解。工作站调解后达成的调解协议(调解书)直接由人民法院予以确认并加盖人民法院公章。该调解协议(调解书)具备法律效力,投资者可以直接申请人民法院强制执行,让"诉调"变"速调"。工作站成立以来,共接收长沙市中级人民法院委派案件796件,为投资者挽回损失2400余万元。这一新型调解案件委派机制的建立,极大地缩短了投资者行权时间和维权成本,缓解了投资者与相关市场主体之间的矛盾冲突,在国内尚属首例。

另外，调解协议的司法确认能有效防范纠纷的反复，对于增强行业调解的权威性、公信力至关重要。

2. 积极搭建“诉调对接”无缝衔接新机制

近年来，湖南证监局先后与湖南省高级人民法院、长沙市中级人民法院建立常态化沟通机制，对具备开展诉调对接条件的案件，指导中证湖南调解工作站委派专人全程参与旁听案件审理，及时回应法官在案件审理进程中遇到的疑点难点问题，协助人民法院当庭制作诉中调解笔录，推动人民法院开辟民事调解书绿色通道，以减免诉讼费的方式引导投资者（当事人）采取非诉讼方式解决纠纷，有效提高证券期货纠纷案件审理效率。

这一创新做法作为先进经验向最高人民法院做了专门汇报，并得到了最高人民法院院长周强的高度肯定。

3. 引入科技手段提高调解工作效率

在诉调对接案件中，损失赔偿数额的确定历来都是难点、痛点。为了有效应对这一调解堵点问题，湖南证监局汇聚多方力量，积极指导中证湖南调解工作站研发出一套专门计算投资差额损失的软件。该软件在人民法院示范判决所确定的赔偿比例基础上，利用“先进先出加权平均横向比较法”计算投资差额损失，用电脑自动计算替代法院传统的人工计算，准确率接近100%，极大地提高了委派案件调解效率，为批量案件的集中调解奠定坚实基础。这一套损失计算软件，已经成为辖区证券期货群体性纠纷案件审理的利器，得到了湖南省法院系统的高度肯定。目前，这一套软件系统已经参与长沙市中级人民法院立案庭46起案件的损失计算，有效提高了辖区证券期货案件纠纷调解的成功率和办理效率。

4. 学习先进经验，利用示范判决机制解决群体性纠纷

诉调对接机制的另一重要内核是探索形成示范判决机制。上市公司虚假陈述民事纠纷案件涉及投资者众多且分散、单个诉讼金额较小、相对诉讼成本高。示范判决机制可以很好地解决这一问题，在处理群体性纠纷时，选取有代表性的案件先行审理、先行判决，通过发挥示范案件的引领作用，转由专业调解组织妥善化解其他平行案件，在提升审判效率的同时降低投资者维权成本。建议参考上海金融法院的做法，出台证券纠纷示范判决机制的相关细则，将示范案件与支持诉讼、示范判决与诉调对接相结合，明确示范判决适用范围、示范案件的选定程序和审理规则、平行案件的衔接处理与简化程序等，并且可以考虑运用诉讼费用杠杆调节机制，根据调

解达成的不同诉讼阶段减免不同比例的诉讼费用,从而引导当事人通过第三方调解化解纠纷。

(四)充分调动各方积极性,建立纠纷调解"跨界合作"矩阵

1. 搭建与地方政府信访诉求处理协作机制

资本市场在整个经济发展中具有牵一发而动全身的作用,各地都十分重视金融的稳定与发展。湖南证监局按照中国证监会党委的统一部署,加强与地方政府的沟通,建立信访诉求处理协作机制。湖南证监局通过省政务平台加强与省信访联席办、省维稳办、省公安厅等地方政府的协作沟通,实现证券期货信访纠纷敏感信息及时收集、办理经查随时掌握、统计数据实时共享。

2. 建立证券期货投诉通报与督办机制

近年来,湖南证监局依托互联网、大数据等电子化信息平台,及时掌握辖区投诉办理情况,对投诉较多的机构由对口业务处室负责约谈,督促证券期货经营机构正确履行投诉处理首要责任,及时、高效处理投诉,切实维护投资者合法权益。

阳光是最好的防腐剂,将辖区诉求处理数据向社会公开,实现监管与服务两条腿走路,有利于推动监管部门、证券期货经营机构严格履职履约,更有利于融洽监管、机构与投资者三者之间的关系。

3. 与其他调解组织展开业务合作

资本市场是一个开放的市场,网上开户全面放开后,越来越多的投资者跳出区域限制,开始在全国范围内寻找开户服务机构,随之而来的投诉举报也就不再局限于一省一地了。

近年来,辖区发生多起外地投资者投诉辖区证券期货经营机构的案例,也因此出现了一批多方合作调解的案例。近两年来,湖南证监局指导中证湖南调解工作站主动与广东证券期货纠纷调解中心、宁波证券期货业协会等异地调解组织展开合作,成功调解多起异地证券业务纠纷,有效维护了市场稳定。

(五)扩大调解组织经费来源,加强调解员队伍建设

调解工作质量的提升关键是加强调解员队伍建设,调解员的专业水平、业务能力在一定程度上决定着调解的成功与否。目前中证湖南调解工作站的大部分调解员主要来自证券、期货业协会工作人员和证券期货经营机构合规工作人员,基本上都是兼职,在处理部分法律专业性程度较高的案件时,难免有些捉襟见肘。投服中心在各地的工作站均不向调解当事人收取任何费用,工作站仅靠投服中心每年拨付的固定经

费维持运营，调解成功后数百元的补贴也不足以支付调解员的劳动报酬，调解工作站也无法聘请到执业经验丰富的律师及长期从事民商事审判工作的离退休法官担任调解员。如何在维持调解组织公益性的基础上扩大调解经费来源并吸引到专业人才入行，一是建议投服中心根据受理调解案件数量、调解成功率等重要指标对各地工作站差别拨付经费，平衡工作站的收入与支出；二是建议以行业协会为平台建立证券期货调解基金，基金主要面向纠纷调解案件较多的经营机构进行征集，一方面可以扩充调解组织经费，为调解质量的提升提供经济支撑，更好地帮助经营机构化解纠纷，另一方面可以作为一种警示，督促经营机构提升合规管理水平，从源头上减少矛盾纠纷的发生。

（六）加强证券期货纠纷多元化解机制的宣传

多元纠纷化解机制的全面推进，需要市场参与各方的密切配合，宣传工作的开展有助于加深经营机构的认同感，也有助于中小投资者转变观念、理性维权。目前社会公众对证券期货纠纷多元化解机制的了解还不够深入，许多投资者尤其是中小投资者维权时并不知晓在传统诉讼程序之外还有别的纠纷解决途径。2019 年，我局在岳阳组织的一次投教宣传活动中，一位投资者因看到了现场摆放的纠纷调解宣传资料，得知第三方专业调解可以帮助其维权，于是当场提出了调解申请。在调解员的专业分析与反复协商下，双方当事人确定了责任和义务，自愿签订了调解协议，投资者获得了 4 万余元的赔偿。通过这次亲身经历，投资者深刻体会到了纠纷调解的便捷与高效。未来还应拓展宣传工作的广度和深度，使更多的投资者充分认可并积极运用这一利器快速、低成本解决证券期货纠纷。

证券纠纷多元化解机制研究

贺文青[*]

摘　要: 近年来我国证券市场发展迅速,但随之而来的证券纠纷数量剧增、投资者维权意识薄弱且维权方式偏激等问题层出不穷。在面对巨大的司法压力的情况下,如何利用多元化解机制有效保护中小投资者的合法权益成为当前最紧急的任务。多元化解机制具有调解水平专业、受理范围广、有利于促进券商内部机制完善等特点,但我国多元纠纷化解机制尚不成熟,还存在立法供给薄弱、调解权威不足、调解力量弱势等问题。因此,应积极探索多元纠纷解决机制未来发展方向和实践改善,本文从整体设计和具体解决方式方面着手,结合证券纠纷普遍存在的问题,总结现有调解经验,对证券纠纷多元化解机制提出相关建议。

关键词: 多元化解机制　证券纠纷　非诉　投资者保护

一、选题的研究背景及研究意义

(一)选题的研究背景

1. 证券市场蓬勃发展、证券纠纷频频涌现

我国现代证券市场发端于 20 世纪 90 年代,伴随对投资者依法享有的各项权利的保护,逐步建立起符合各市场发展阶段的且较完善的证券纠纷化解机制。

近年来,伴随着证券行业蓬勃发展,证券市场违法失信行为逐渐增多,证券纠纷频频涌现,消费者维权难成为当前证券市场进一步发展的一大阻碍;而同时,现阶段我国证券纠纷调解机制所面临的立法不完备、制度缺乏体系化、对接机制不成熟等问

*　浙江证券业协会证券纠纷调解中心职员。

题也亟待完善。在此基础上,纠纷化解机制的扩大适用与多元化研究,提高了证券纠纷的解决效率,为我国证券市场乃至资本市场的平稳发展保驾护航。①

2. 多元化解机制填补司法空缺

各个法律领域为保证私人权利和解决私权纠纷,均设置了一定的民事纠纷解决系统。该系统由“诉讼解决机制”“非讼纠纷解决机制”,两部分构成,“诉讼解决机制”的核心在于以法院为中心的民事审判机制,“非讼纠纷解决机制”,是指包括仲裁、和解、调解等在内的非讼纠纷解决机制。

即使诉讼机制在私权纠纷判决方面更加注重程序正义和结果的公平公正,但是诉讼机制的成本问题,是其相较于非讼途径而言一直难以跨越的障碍。我国学者实证研究结论也表明,基于司法力量有限与生产生活中私权纠纷的无限的现实情况,诉讼途径只能解决其中一小部分私权纠纷。通过横纵对比研究我们发现,即使各个国家具体国情、历史渊源不尽相同,但各国社会生产各方面的私权纠纷中的绝大部分,均是通过非讼途径得以化解。

采取何种既经济而又可以作出准确判决的方式,以保证当事人能力实现实质对等,是不同法域在构建纠纷解决机制上所面临的共同难题。通过对国内外文献的梳理,我们发现,有两类策略具有可实践性:一是增加司法资源,同时降低诉讼成本,提升诉讼方式实现权利救济的可能性;二是开拓诉讼之外的非讼纠纷调解机制,构建纠纷多元化解机制。

当前,证券纠纷多元化解机制便是在证券市场领域建立的具有“诉讼调解机制”与“非讼解决机制”性质的纠纷解决机制,一方面,可以对接诉讼机制的公正;另一方面,具备非讼途径的便利,两者相结合时效兼具,为证券纠纷的化解提供更加多元的选择。

(二)选题的研究意义

1. 理论意义

2019 年,习近平总书记在中央政法工作会议上作出重要指示,明确提出要“坚持把非讼纠纷解决机制挺在前面”,这是适应新时代我国社会主要矛盾变化,推动社会治理创新的重要论断,为推动多元化纠纷化解体系建设,促进国家治理体系和治理能力现代化,从党和国家发展全局的角度指明了方向,提供了根本遵循。

---

① 沈伟、靳思远:《新〈证券法〉视角下的证券纠纷调解机制及完善进路》,载《金融法苑》2020 年第 2 期。

注重发挥调解在预防、化解社会矛盾纠纷中的基础性作用,对接诉讼和调解,构建以诉调对接为核心的良性循环机制,可以加快社会纠纷的化解,满足新时代资本市场发展需求,同时对于贯彻落实习近平总书记"把非讼纠纷解决机制挺在前面"的重要论述,积极推进诉讼与非诉讼相衔接的证券纠纷多元化解机制具有十分重要的理论意义。①

2. 实践意义

(1)更好地解决纠纷,保护市场主体

多元纠纷化解机制能弥补诉讼的周期长、跨度大、只按照法律办事的不足,能引导投资者和证券经营机构选择适合自己实际情况的处理办法,显得更有人情味,营造出和谐友好协商的氛围,更能促进当事人高效地解决矛盾,更有利于证券交易市场的维护,避免了一定程度上因为地位悬殊造成的信息不对称等情况,从而最大程度上地保护中小投资者。

(2)减轻司法压力,提高专业程度

证券纠纷通常涉及各方面的知识,不仅包括应用中的理论知识,甚至连实际操作中的具体细节都需要掌握,这就需要法院工作人员掌握更多的证券行业知识,这无疑加大了司法程序的压力。在这种情况下,证券纠纷多元化解机制的提出,一定程度上缓解了诉讼的压力,且多元化解模式工作人员都是行业内人才,专业性更高、更有利于证券纠纷高效专业解决。

(3)处理过程高效,整合社会资源

证券市场千变万化,因此在选择处理纠纷问题上,当事人更加注重效率。诉讼程序时间周期长、解决速度缓慢、执行时间慢,且如果在司法程序上严格执行,投资机构迫于压力选择破产清算,那么对投资者又是一次漫长的维权过程,而多元化解模式以调解为主要形式,便于灵活操作、执行迅速、可以采取多种方式达成和解,更加高效便捷地解决纠纷问题。且多地推出在线纠纷多元化解平台,大大提升了在线办事效率,使投资者足不出户解决纠纷问题,程序便捷,极大地整合了社会资源。

① 张甲天:《坚持把非诉讼纠纷解决机制挺在前面的实践路径》,载《人民法院报》2019年9月12日。

二、证券纠纷及诉讼化解机制的局限性

(一)证券纠纷

1. 证券纠纷的概念

证券,是指各类记载并代表一定权利的法律凭证,证券市场,是指有价证券发行和交易的场所,证券,纠纷则是指证券活动主体违反证券法的规定,在证券交易的过程中产生意见分歧或争议的行为。

证券纠纷中经济关系网络极其复杂,既有以证券的交易双方、证券服务的施予方和受予方为中心的平等主体间所发生的物质利益关系,也同时有以证券市场的监管者、自律性组织和参与者为中心的不平等主体中的行政管理关系。

2. 证券纠纷的特点

(1)证券纠纷涉及的问题专业性强

证券行业天然受各种政策的影响,证券市场瞬息万变,因此处理证券纠纷会面临各种不同的市场情境,再考虑到证券纠纷不仅技术性、专业性、政策性很强,而且涉及的法律层面也相当广泛,在处理证券纠纷相关过程中,要熟悉证券法的交易规则并作出准确判断,比如,对于证券法里面规定的一些"不超过"等内容,双方都有自己的理解,法院作为诉讼处理纠纷的主要途径,因证券纠纷涉及人员多、涉及金额高且需要极强的专业性等问题在处理过程中稍显力不从心,对法院造成了一定的压力。证券纠纷中存在的专业知识壁垒,对普通民众对证券知识的专业化了解有了更高的要求,我国资本市场中小投资者众多、理性投资意识不强,所以当纠纷产生时以日常投资经验不能更好地维护自身权益。[①]

(2)证券纠纷涉及的争议标的金额庞大

证券市场的运行过程中,在通常情况下,日交易额在几千亿元上下波动(如2020年日均股票成交额9034.80亿元),市场向好时交易额动辄超过万亿元人民币,从这个角度可以看出,证券纠纷中可能涉及的金额之大;市场运行过程中,证券经营机构与证券交易所之间,或者市场中营业机构之间,抑或是上市公司或投资者与证券经营机构、交易所之间涉及的股票、债券、基金、信托、期货等,在发行和交易中均会有概率

---

① 易楚钧、吴学斌:《我国证券纠纷代表人诉讼制度的滥觞与完善》,载《南方金融》2020年第6期。

发生纠纷,这也意味着纠纷的标的金额庞大;证券纠纷会牵涉数百中小散户投资者,而这类纠纷案件大多以集团诉讼的形式出现和一般的民商纠纷涉及的金额大有不同。

(3)证券纠纷关系复杂,社会影响广泛

证券纠纷不意味着单单与当事人间有着巨大的经济纠纷,更是关乎证券期货市场中众多投资者的实际利益,往往会造成十分广泛的社会影响。我国资本市场起步较晚,市场有着资金少、散户多的特点,散户投资者一方面投资水平参差不齐,另一方面抗风险能力不高,导致在市场投资中出现较大损失,但往往纠纷产生时不能理智应对,纠纷容易导致不良社会后果,同时纠纷中违法行为者的偿付能力与纠纷受害者的赔偿要求间有着巨大差距,不能妥善处理这对现实矛盾则会激化纠纷关系,带来两种极端后果:一是得不到符合自身诉求赔偿的情况下,纠纷受害者易出现过激的言行,作出不理智的举动;二是作为证券纠纷中的违法方,证券市场各类机构的财务状况可能会在纠纷过程中被持续看低,舆论发酵后雪上加霜,证券偿付能力骤降乃至破产,更加做不到有效补偿投资者,加之当今互联网通信十分发达,信息传播范围广速度快,将会引发社会中连锁信用风波。

(4)证券纠纷的主体力量对比悬殊

证券纠纷涉及多方主体,一方面,侵权方往往是具有专业知识的证券从业人员、资金雄厚公司董事高管;另一方面,作为证券市场的主体,中小投资者中确实有部分投资者有一定理智投资的概念,但资金量小、投资辨别风险能力差的弱势投资者占绝大多数,且这部分投资者不光投资水平较弱,而且对如何正确维权也不甚了解,双方的差距导致证券纠纷中广大投资者往往难以寻找到对自身有利的证据,使证券纠纷的解决愈加困难。

(二)证券纠纷诉讼化解机制的局限性

1. 投资者"惰性行权",集体行动难以形成

资本市场中投资者"惰性行权"现象普遍,原因有以下三点:

第一,投资者未能充分知权。我国证券市场中小投资者占据数量中绝大部分,以A股市场为例,中小投资者占总人数的九成以上。行权必须知权,从简称投服中心对A股中小投资者的调查报告中我们得出,半数以上的中小投资者对于自身拥有的权利不知情,他们没有完备且专业投资知识,以致他们甚至不能找到自身投资失败的根本原因。

第二，投资者缺乏行权持续性，对于诉讼行权保持理性冷漠。马里兰大学经济学家曼库尔·奥尔森(Mancur Olson)在解释“集体行动的逻辑”时指出，理性的个体不会为实现集体的利益而进行个人的行动。出于对证券纠纷诉讼结果的未知，以及畏于诉累，即使遭受证券纠纷损失，中小投资者也会在知权情形下保持理性的沉默，而选择不行权，或者待其他投资者提起纠纷诉讼获得胜诉结果后再进行维权。据投服中心调研结果显示，超过七成的投资者遭受侵害后第一选择都是去维权，但是在维权期间超六成投资者选择放弃，仅有近四成的投资者坚持维权，陷入证券纠纷的投资者中仅有一成能坚持到最后并取得成功。

第三，投资者大多不愿意委托律师进行维权，对于律师及律所的信任度不高。即便专业的证券纠纷维权律师发布征集公告，委以风险代理和网上委托的方式，投资者对其关注度和参与性依旧很低。

2. 诉讼成本难以控制，成本收益不成比例

集体行动困境难以消除的另一个原因是，投资者提起证券纠纷诉讼时所付出的时间成本、经济成本以及投入诉讼过程中的精神损耗与其可获取的总收益不成比例。

在时间成本方面，根据投服中心对A股中线投资者调研的结果，维权成功平均用时10个月，维权失败或最终放弃维权平均耗时1年零1个月，其中超五成的投资者在诉讼开始后的1个月内就会放弃维权。证券纠纷诉讼案件收案周期及其审理之所以如此冗长，原因在于证券纠纷案件的专业性较强、纠纷各方诉求差异很大，以及被告常提出管辖权异议以拖延诉讼时间。诉讼结果的不确定性及诉讼周期的冗长制约了司法效率，更严重影响了投资者诉诸法院的动力。

在经济成本方面，此类案件中投资者委托律师提起证券纠纷诉讼所需负担费用的包括但不限于：案件受理费；人民法院认为应当由当事人负担的费用；勘察、鉴定、公告、翻译费；执行判决、仲裁和调解协议的费用；证人、鉴定人员的食宿费和误工补贴费、交通费；保全申请费和实际支出等。总而言之，即使投资者获得胜诉判决，所需要支出的费用也不可小觑。

在精神损耗方面，此类消耗往往是在计算证券纠纷诉讼成本时被忽略的一个方面。证券纠纷诉讼案件复杂程度高，精神损耗巨大且客观存在，但又由于存在形式而不能准确度量，好的判决结果可以稍带来精神慰藉，但坏的判决结果更是雪上加霜。具体到每一桩证券纠纷诉讼案件，参与的各方均会损耗精神，法官、律师、公证处、仲裁庭等均可得到物质方面的补偿，但处于证券纠纷中的中小投资者的补偿未曾可知，

面对以上时间成本、经济成本,此时还需顶住精神压力,很容易导致中小投资者走向极端。

3. 诉讼延宕效率低,赔偿落实遥无期

在证券纠纷诉讼案件中,针对证券违法行为引发的民事责任、行政责任及刑事责任发生竞合的情形,2019 年修订的《中华人民共和国证券法》(以下简称《证券法》)第 220 条规定体现了实体法层面价值取向中的“私权优位”,以法律条文明确了民事赔偿优先原则,但程序法的保障方面出现缺位。鉴于证券纠纷诉讼周期的延宕,行政处罚的执行日期往往先于民事判决的生效日期,客观上阻碍了民事赔偿优先原则的实现。

在实务中,虽然先行赔付制度的积极探索在一定程度上缓解了上述困境;在法律层面,2019 年修订的《证券法》也为先行赔付制度提供了依据,但鉴于先行赔付协议建立在双方自愿的基础上,其积极作用目前仅在个案中得以实现,难以在全社会推广。

三、证券纠纷多元化解机制

(一)多元化解机制的概念

所谓多元化解机制,是诉讼程序(civil justice system)与非讼纠纷解决机制(Alternative Dispute Resolution,ADR)的有机结合,是各纠纷解决方式以其特定的功能和运作方式相互协调地共同存在,从而构成一种互相补充且满足社会多元化需求的程序体系,是一个总括性、综合性的概念。多元化解机制的合理性归因于社会主体对纠纷化解方式需求的多样性,这也决定了我国证券行业的发展也是如此,这些需求决定了多元纠纷化解机制对于证券市场未来发展和投资者保护具有重要意义。

(二)深化证券纠纷多元化解机制的必要性

1. 证券市场的发展现状

在流动性充足、宏观经济复苏、政策红利释放的共同作用下,我国证券市场步入了快速发展期,股债市场双双走高。

我国股票市场活跃度显著提升,交易量呈现出上升态势(见图 1)。2020 年股票市场交投活跃度较 2018 年、2019 年同期显著提升,2020 年日均股票成交额 9034.80 亿元,较 2019 年的 5599.31 亿元同比增长 61.36%。

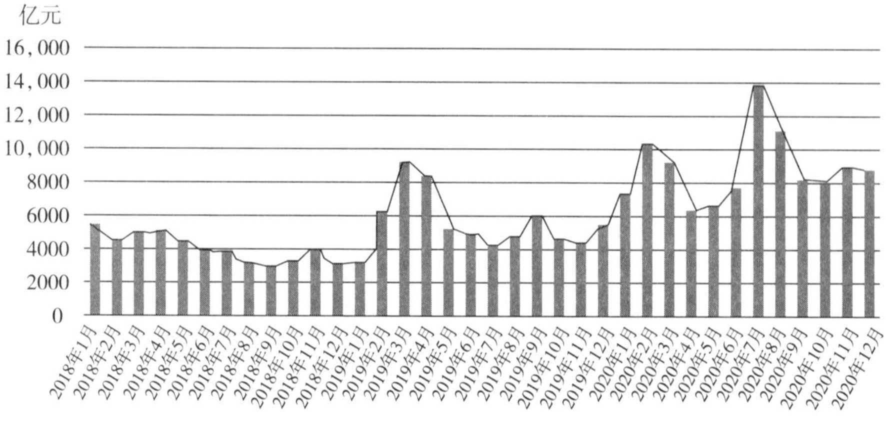

图1　2018年1月至2020年12月月度日均股票成交额

资料来源:Wind、东方证券研究所。

我国债券市场总量逐年增多,债券总规模显著提升(见图2)。2020年券商承销企业债规模达3926.39亿元,同比增长9.40%,承销公司债规模达3.37万亿元,同比增长32.43%,资产证券化规模达2.14万亿元,同比增长20.59%。

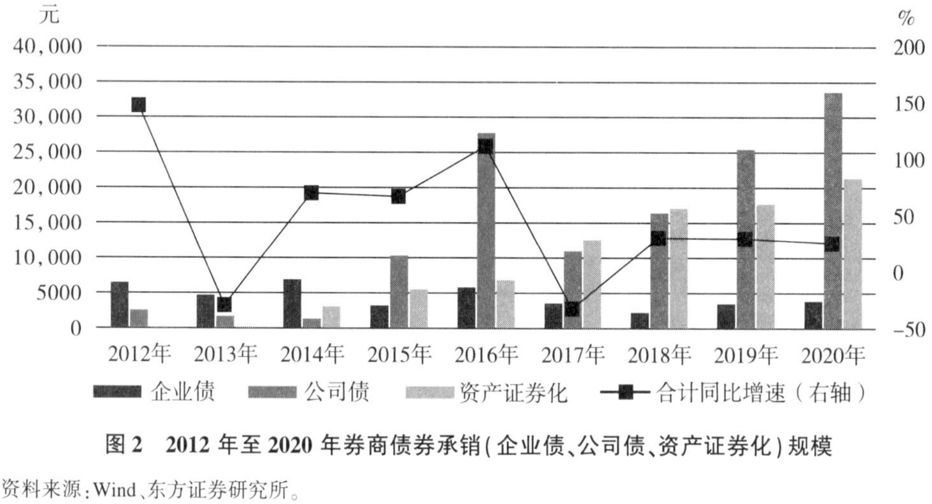

图2　2012年至2020年券商债券承销(企业债、公司债、资产证券化)规模

资料来源:Wind、东方证券研究所。

近年来在流动性充足、宏观经济复苏、政策红利释放的共同作用下,我国证券市场步入快速发展期,股债市场双双走高。我们需要认识到证券市场的迅速发展往往会加剧其中复杂的利益冲突,导致证券纠纷频频发生,而证券纠纷多元化解机制是市场经济发展到一定阶段的必然产物。新的证券市场发展阶段会出现不同的利益冲突点和利益诉求点,就要求我们必须改革创新出新的纠纷化解方式,由于可应用于我国证券市场中的司法力量与证券纠纷数量的剪刀差越来越大,因此各种代替性纠纷解决方式就有必要来填补空白，利用 ADR 优势，诉讼与非讼相结合，分担司法压力，弥补诉讼制度弊端，建立完善的纠证券纷多元化解机制，是发展社会主义市场经济的必然要求。

2. 多元化解机制是解决证券纠纷的一种合理机制

多元化解机制在实务中比其他仅依靠单一模式的纠纷解决机制更合理、实用，面对纠纷中错综复杂、利益诉求各有不同的主体，多元化解机制从多维度考虑，如各方所占有的市场资源、所提出的合理诉求、纠纷中举证抗辩能力等因素，更能合理满足解决纠纷的需要。

3. 多元化解机制给了证券市场各主体更多方式选择

证券纠纷中各类非讼纠纷解决机构的最高价值取向都是公平正义，但与诉讼相比较又各有特点，内容上各有侧重。相较诉讼，多元的非讼纠纷解决机制更注重双方协商、维系市场情谊，更加倾向基于情理和基于普遍的社会规范来化解问题，能更全面地匹配不同的主体在纠纷中的诉求差别。

4. 多元化解机制的应用为社会的和谐和稳定创造了条件

多元化解机制为证券市场乃至整个社会的和谐和稳定创造了必要条件，诉讼和多元非讼化解机制间相辅相成、互为补充，非讼化解机制在诉讼机制的主导下运作进行，并不会削弱司法和诉讼的权威及价值，相反更是其核心的展现。

（三）证券纠纷多元化解机制的类型及发展现状

根据主持纠纷解决的主体或第三方，即非诉讼程序的机构设置，可分为：

1. 法院附设的非诉讼程序，即以法院为主导单位联合调解组织参与的与诉讼程序不同的解决机制

我国司法体制多元化解机制改革中较早地涉及诉调对接，各地政府及其地方法院都做了相应的努力。以杭州为例，近年来调解组织不断扩容，与杭州市中级人民法院（以下简称杭州中院）签订合作备忘录的调解组织已由原来的 3 家地方协会扩大至中证资本市场法律服务中心（投服中心）、中国证券投资者保护基金有限责任公司（以下简称投保基金公司）和中国证券业协会（以下简称中证协）3 家全国性调解组织，大大深化了对接工作机制，极大地促进了多元化解机制的进步。证券纠纷多元化解工作实现由试点到全省全面铺开，在试点基础上，2019 年 5 月，浙江省高级人民法院联合浙江证监局印发了《关于证券期货纠纷诉调对接工作的贯彻意见》，在全省各级法院全面建立了证券期货纠纷诉调对接工作，诉调对接作为证券期货纠纷多元化

解机制最重要的一部分，由试点转为全面铺开极大程度地满足了投资者的维权需求。[①]

2019年6月5日，浙江证监局、杭州中院、浙江证券业协会共同建立的“证券期货纠纷智能化解平台”正式上线，利用科技赋能开展线上调解，在线诉调对接机制使当事人无须亲自奔赴调解现场，通过网络就可参与诉讼、调解以及申请司法确认，大大降低了维权成本。这一机制借助现代科技手段极大提高了调解效率和质量，对具备在线调解条件的案件全部采取在线调解方式，打破了“有矛盾找法院”的传统壁垒，实现了专业人士解决专业问题的有机结合，为证券期货群体性纠纷提供多元化解决方式。

2. 国家的法定行政机关或准行政机关所设或附设的第三方调解机构，如证券业协会、仲裁机构等

中国证监会下设的中证协负责证券纠纷行业间调解，构建了全国性证券行业纠纷化解组织体系。中证协根据《证券法》和中国证监会《关于进一步加强中国证券业协会自律管理职责的意见》，建立了由中证协引导、地方协会协作配合、会员单位积极参与的“三位一体”证券纠纷行业化解机制，通过发布调解业务规则、成立证券纠纷调解中心、建立调解员专业调解队伍、设立证券纠纷调解专项基金等措施建立了长效稳健的调解保障体系。2021年1月8日，中证协与中国国际经济贸易仲裁委员会（以下简称贸仲）正式签署《战略合作框架协议》（以下简称《合作协议》），根据《合作协议》的约定，双方围绕商事调解合作机制、商事仲裁合作机制、证券行业争议解决的学术研究与培训等方面展开交流、合作与共建，推动证券纠纷调解与仲裁制度的有效衔接。

投服中心是中国证监会下设直属管辖的公益服务机构，主要开展四个方面的工作：事前持股行权、事中纠纷调解、事后支持诉讼、投资者保护教育。投服中心已建立覆盖全国的调解网络，其中的小额速调机制是针对中小投资者设立的一种在争议金额较小的情况下，调解机构依据法律法规、证券行业惯例、当事人过错等进行调解，若双方当事人有一方不同意调解约定或签订调解协议书之后反悔，则可选择其他方式；若双方均认可则调解协议达成，当事人双方都需要严格遵守调解协议书内容。

---

① 陈莉：《畅通非诉讼纠纷解决机制　多维度提升社会治理》，载《人民法院报》2019年10月13日，第2版。

3. 作为民间团体组织的非诉讼程序机构

其中既有民间自发成立的纠纷解决机构,如有些社区组织的社区调解,也包括由政府或司法机关组织或援助的民间纠纷解决组织。

(四)证券纠纷多元化解机制的优势

1. 调解方式灵活,适用各类情况

我国正处于商业化程序越来越高的阶段,社会自治程度越来越高,公众纠纷解决机制选择权利自由度越来越大,不同纠纷解决方式以其特定的功能和运作方式促成和谐共处,满足证券期货市场主体的多元化需求,适用于各种灵活的情况。

2. 受理范围广泛,违法成本增加

最高人民法院和中国证监会联合发布的《关于在全国部分地区开展证券期货纠纷多元化解机制试点工作的通知》中规定的受理范围更为广泛,自然人、法人和其他组织之间因证券、期货、基金等资本市场风险投资业务产生的合同和侵权责任纠纷,均属于受理范围,这一规定几乎囊括了所有主体之间的矛盾纠纷,受理范围的扩大一定程度上提高了违法成本,在做出违反《证券法》的事情之前当事人会更多地考虑成本,从而降低了投资者的投资风险,切实保护了中小投资者的利益。

3. 专业人员参与,突出专业优势

因证券纠纷案件通常具有案情复杂、专业化程度高、涉案人数众多、涉案标的金额大等特点,在这种情况下,司法系统工作人员难免有不理解、沟通不到位、专业知识不完备的情况,所以多元纠纷化解机制极大地改善了现存的问题,做到专业人员解决专业案件,突出专业优势。

4. 提高解决效率,降低维权成本

证券纠纷通常对各方都是沉重的负担,尤其对于广大中小投资者来说司法维权周期长、成本高,多元化解机制在程序上所受约束少,各个市场主体参与方式更加灵活,大大节约了时间成本和经济成本,因为纠纷对抗性的减弱、充分的沟通协商,更容易在较短时间内达成和解,提高解决纠纷的效率。

5. 促进券商内部相关机制的规范和完善

行业多元化纠纷解决机制效应的发挥,在一定程度上有赖于证券公司内外部流程的规范和衔接,而各个证券公司设立专门投诉及纠纷处理部门等对投诉纠纷实行分类对接,形成调解前置流程,积极对接地方协会配合调解等都对证券市场多元化解机制的完善起到积极的配合作用,而外部机制的完善也会反过来促进证券公司内部机制的完善。

（五）证券纠纷多元化解机制的局限

1. 立法供给薄弱，调解机构权威性不足

我国关于证券纠纷多元化的探究已有10余年时间，在这期间取得了一些可复制推广的经验，但关于证券纠纷多元化解的整体规定中尚未形成完备的体系，程序上缺乏法律依据。《证券法》授权证券业协会组织证券纠纷调解工作，但是协会作为行业自律性组织，其会员单位是各个机构，在调解过程中如若没有作出明显有利于投资者的决定时难免被投资者怀疑偏袒机构，导致协会的公信力较弱。且协会作为第三方调解机构，在促成双方和解时出具的只有和解协议书这一合同性质的文件，双方当事人一方后期不愿意执行时依旧要考虑诉讼等其他途径，和解协议书的决定效力偏弱，没有强制执行力，因而导致调解的权威性较弱。[①]

2. 调解机构力量薄弱，资源供给不足

证券纠纷多元化解机制中调解的作用占很大的比例，证券纠纷因案件复杂、专业性强、涉案金额大等特点对调解人员的知识水平和专业能力都有一定的要求。据统计，现在行业协会的调解员多是兼职，大多来自当地证监局、律师事务所等，以公益调解为主。近年来，随着资本市场的蓬勃发展，证券纠纷数量激增。调解力量的薄弱、公益调解的局限性和证券纠纷案件日益增长之间的矛盾越发凸显，调解工作人员难以满足资本市场日益发展的需要。庞大的投资者群体给调解工作造成了很大压力，行业协会有限的调解力量无法解决增长的证券纠纷。

3. 调解机制衔接不畅，调解顺位错乱

在我国，证券纠纷的解决方式未形成明确的顺位，依旧按照投资者意愿的方式采取维权，证券纠纷多元化解机制尚未成熟，我国中小投资者具有地域分布广泛、人员众多、获取信息能力不足等特点，在这些特点下，绝大多数投资者对调解仲裁依旧不愿意去了解，甚至出现抵抗情绪的方法，诉讼依旧是绝大多数投资者选择的第一方式。投资者的法治教育跟不上时代的发展，导致多元化解没有发挥应有的作用。很多投资者都是通过投诉或举报之后觉得时间周期长或者未等到满意的处理结果时才会抱着试一试的态度选择调解等其他方式。

① 陈明克：《我国证券纠纷调解机制研究》，载《武汉金融》2018年第4期。

4.社会认识尚未明确,调解公信力不足

尽管近年来,通过加大宣传力度,加强诉前化解力度,社会公众对诉前调解工作认知程度不断提高,但仍有相当部分当事人愿意选择诉讼,认为只有诉讼具有法律效力,只有对簿公堂才能体现公平,认为调解不具有执行力,加之绝大多数律师在诉讼案件中获取报酬,所以更加不希望当事人选择其他手段。而且在调解中一方当事人不同意则调解便不成立,更有双方同意调解但在中间过程中一方选择暂停调解类似情况,最终还是转为诉讼,让调解失去了信任度和执行力。

四、我国证券纠纷多元化解机制优化建议

(一)顶层设计——立法和机制建设

我国现阶段处于多元化解机制的初级阶段,各地的试点经验未能及时总结归纳,有总结归纳的文件效力又较弱,不构成体系和系统化。可以由相关部门联合制定相应的规章制度以明确证券调解机构的运行机制和监管范围等内容,并发布更加具体和细节的业务细则,形成完整的一套规范化体系,强化调解机构的实施力度。①

(二)加强信息平台建设

在互联网迅速发展的今天,坚持互联网思维,加强在线调解平台建设,通过在线平台集合法院审判、调解资源和社会各类纠纷化解资源,为群众提供在线调解、在线立案、在线司法确认、在线审判、电子督促程序、电子送达等"一站式"线上服务,建立起线上"一站式"纠纷解决体系。打通法院系统和司法行政系统的信息管理平台,连接各调解组织,实现信息共享、资源整合,达成信息优化完善,促成线上更好地化解纠纷矛盾,从而实现纠纷分层分类化、源头化解等一体化网络解纷平台。

(三)加强调解工作人员经费保障

现阶段我国的多元化解机制主要集中在调解,但是调解力量主要为兼职人员和公益调解,长此以往,调解员的积极性降低,调解水平下降,可以考虑通过补贴等其他方式对调解员进行一定的补助,如设立调解员基金,采取调解成功一件案件给调解工作人员按照比例发放劳动费用,对于调解未成功的发放通信补贴等方式来保障调解工作人员的积极性。

---

① 陈洁:《证券纠纷代表人诉讼制度的立法理念与制度创新》,载《人民司法》2020年第28期。

（四）高度重视调解员队伍建设

一是要积极开展各类研讨培训活动，促进调解员队伍专业化。要加大力度组织各个调解机构调解员参加中证协、投服中心和各个行业协会的调解业务培训班学习班交流经验，以案说法，以案说责，开展相关法律法规和案例警示教育，不断提升辖区证券经营机构防范、化解矛盾纠纷的能力和水平。二是注重加强调解业务交流。积极邀请各地证监局、中级人民法院等相关部门的业务骨干，参与证券纠纷调解委员会委员、证券公司合规风控负责人座谈会，通过专家案例解析，学习交流资本市场新业务、新产品知识、合规风控政策规定，共同探讨证券经营机构风险防范主要举措等内容。三是注重诉讼案例经验总结，组织编写相关证券违法违规案例分析，供业内参考交流。

（五）加强宣传和投资者教育工作

在多元纠纷化解机制推进的背景下，要充分利用媒体、实体平台和分流环节，增强公众对调解的认知和理解，强化"调解优先"的意识，通过广播、电视、微信公众号等广泛宣传调解的优势和特点，利用典型案例宣传调解工作，用群众喜闻乐见的方式让投资者对诉前调解更容易接受，在诉调对接中心等通过电子显示屏、宣传资料等宣传诉前调解优势。立案时，由法官向当事人宣传诉前调解，向当事人作诉讼风险告知、执行风险预测和成本核算，引导其选择调解方式解决诉求，减轻法院压力的同时，对投资者也是一种良性保护，充分发挥舆论引导作用，努力提高群众对调解的知晓率，形成全社会认同调解、接受调解的良好氛围。

（六）提高投资者对于多元纠纷化解机制的预期

持续推进并完善示范判决和代表人诉讼制度，示范判决是针对群体性证券纠纷波及面广、受害者众多等特点提出的一种针对性制度，符合我国小额投资者众多但投资风险意识不足、盲目投资等特点，法院应积极引导投资者联合其他平行案件当事人共同申请，或者要求共同案件的当事人均摊诉讼费用。

征稿启事

中证中小投资者服务中心(以下简称投服中心)是由中国证监会批准设立并直接管理的证券金融类全国性公益机构。《投资者》是投服中心主办、拟向社会公开连续出版的综合性出版物。宗旨是维护投资者权益,为投资者提供保护与服务。

《投资者》以法学领域探究为侧重点,展现国内外投资者权益保护的最新理论与实务动态,内容以境内为主,境外为辅;以实践为主,理论为辅。分为"政策解读""理论探究""公司治理""市场实务""投教园地""案例探析""域外视野"等部分,每辑根据实际情况作适当调整。

《投资者》拟每季度出版1辑,全年出版4辑。

一、征稿范围

涉及法学、经济学及其他领域,与投资者尤其是中小投资者及其权益保护相关的理论和实践性作品。要求未曾公开发表或主体部分未曾公开发表。

二、投稿须知

1. 文章应当论点鲜明、逻辑严谨、可读性强、贴近市场,具有学术深度和实践应用价值,字数在8000~10,000字为宜,特别优秀的理论文章字数不限。

2.《投资者》编委会保留对来稿进行文字性和技术性修改的权利。除作者特别说明外,其文章均为个人观点,与其所在单位、职务无关;不代表投服中心观点,文责由作者自负。

3. 来稿请附上作者的姓名、单位或学校、职称或职务、通信地址、邮编、电话、电子邮箱。

4. 请将Word文件发送至电子邮箱:tzzbjb@isc.com.cn。文章应符合国家著作权规定、学术规范及《投资者》编辑体例要求。

5. 来稿一经录用,编委会将及时通知作者;选用后将根据文章质量及字数从优支付稿酬,并奉送样书。北大法宝法学期刊数据库全文收入本书。

6. 联系人:汤沸　　电话:021－60290620

地址:上海市浦东新区世纪大道1701号钻石大厦B座11楼中证中小投资者服务中心《投资者》编委会,邮编:200122。

投服中心

《投资者》编委会

2021年3月

编辑体例

一、标题：宋体四号字，加粗，居中。

二、作者：宋体小四号字，居中，并用上标星号（＊）作为介绍作者脚注的标志，在脚注中注明作者工作单位、职务、职称。如有两名作者，第二名作者用两枚上标星号（＊＊），以此类推。

三、摘要、关键词：中文摘要200字以内、关键词3~5个。

四、正文：宋体小四号字，首行缩进，行距1.5倍。区分标题和要点，标题层级依次为“一、……”“（一）……”“1.……”“（1）……”要点层级依次为“1.……”“（1）……”“①……”一级标题采用小四号字体加粗；二级标题采用黑体小四号字不加粗；三级标题宋体小四号字，不加粗。引用具体法律文件应加书名号，如《证券法》《上市公司重大资产重组管理办法》。法条序号（第×条、第×款、第×项）、时间（世纪、年代、年月日等）、数量金额等用阿拉伯数字，但直接引用原文的从原文。

五、注释：一律采用脚注，全文每页重新编号，注码放标点之后，注码符号为“①②③……”非引用原文者，注释前加“参见”；引用资料非原始出处者，注明“转引自”；宋体五号字。

常见注释示例如下：

1. 著作类

（独著作品）费孝通：《乡土中国》，人民出版社2015年版，第134~135页。

（合著作品）范健、王建文：《商法的价值、源流及本体》，中国人民大学出版社2007年版，第10页。

（多人合著作品）左卫民等：《中国基层司法财政变迁实证研究（1949—2008）》，北京大学出版社2015年版，第88页。

（编辑作品）何勤华编：《律学考》，商务印书局2004年版，第65~67页。

(中文译著作品)[英]洛克:《政府论》(上篇),瞿菊农、叶启芳译,商务印书局1982年版,第15~16页。

(台港澳作品)王泽鉴:《人格权法》,台北,三民书局2012年版,第15页。

(间接引用文献)参见王泽鉴:《民法学说与判例研究》,北京大学出版社2009年版,第108页。

2. 期刊论文类

(期刊)闫召华:《概率原理在犯罪嫌疑人摸排中的应用》,载《中国人民公安大学学报(社会科学版)》2013年第5期。

(论文集)尹田:《法国合同责任的理论与实践》,载梁慧星主编:《民商法论丛》第3卷,法律出版社1995年版。

(学位论文)雷丽清:《中美内幕交易罪比较研究》,华东政法大学2012年博士学位论文,第12页。

3. 报纸类

陈甦、陈洁:《投服中心持股行权:理念创新与制度集成》,载《上海证券报》2017年1月4日,第7版。

4. 古籍类

《清实录》卷一四六。

5. 辞书类

《牛津法律大词典》,光明日报出版社1988年版,第99页。

6. 网络类

汪波:《哈尔滨市政法机关正对"宝马案"认真调查复查》,载人民网2004年1月10日,http://www.people.com.cn/GB/shehui/1062/2289764.html。

单素华:《证券纠纷特别代表人诉讼相关程序性法律问题分析》,载新华网,http://www.xinhuanet.com/finance/2020-09/04/c_1126452998.htm。

7. 裁判文书

北京市海淀区人民法院民事判决书,(2018)京0108号民初142号。

8. 外文著作类

Richard H. Thaler, *Misbehaving: The Making of Behavioral Economics*, W. W. Norton & Company, 2015, p. 6.

9. 外文期刊类

Forrest Briscoe and Katherine C. Kellogg, *The Initial Assignment Effect: Local Employer Practices and Positive Career Outcomes for Work-Family Program Users*, 76 American Sociological Review, 292(2011).

10. 外文案例类

Greebel v. FTP software, Inc., 194 F. 3d 185(1st Cir., 1999).

11. 外文网站类

Stephen McDonell, *When China Began Streaming Trials Online*, BBC News(Sept. 30, 2016), https://www.bbc.com/news/blogs-china-blog-37515399.